百年安泰，百年中国梦

足迹与风采

上 海 交 通 大 学
安泰经济与管理学院

优秀校友访谈录

上海交通大学安泰经济与管理学院　编

周 林

教授、博士生导师
上海交通大学安泰经济与管理学院院长

　　周林：1982 年获复旦大学学士学位。1989 年获美国普林斯顿大学经济学博士学位。曾在美国耶鲁大学、杜克大学、亚利桑那州立大学、中国香港城市大学和清华大学等校任教。1993 年获得 Alfred P. Sloan 研究奖。2006 年出任上海交通大学经济学院院长，同年受聘为教育部"长江学者"讲座教授。2008 年当选世界计量经济学会院士，是第一位获此殊荣的中国内地院校学者。2010 年出任安泰经济与管理学院院长。2011 年入选中组部"千人计划"专家，2017 年起担任"千人计划"专家联谊会经济、金融与管理专委会主任。2015 年当选 AACSB 理事，2018 年连任。

　　2018 年对于学院来说，意义非凡。缘起于 1918 年铁路管理科的上海交通大学安泰经济与管理学院将迎来百年华诞，回首来时路，交大安泰无畏时代风雨，培养了无数优秀校友，他们在社会的各个领域建功立业，为国家和区域经济建设发展做出了重要贡献。

　　在这本《足迹与风采——上海交通大学安泰经济与管理学院优秀校友访谈录》一书中，我们采访了近百位曾在学院学习过的校友，从这些讲述校友成长足迹和创业风采的文字中，读者能够分享安泰校友们的人生经验，汲取丰富的精神营养；读出一部鲜活的安泰"院史"，找寻一脉相承的安泰"基因"，感悟生生不息的安泰"精神"！

　　近年来安泰在各个权威国际排名中表现优异，工商与管理学科连续两年进入 QS 排名50 强，上海交大成为上海地区唯一的经管学科进入教育部"双一流"学科建设名单的高校。2017 年英国《金融时报》发布的年度美洲和亚太商学院排行榜中，上海交大安泰经济与管理学院和美国沃顿商学院分别在亚太商学院和美洲商学院中名列榜首。其中，EMBA排名全球第 6 位，在独立办学 EMBA 项目中位列全球第 1（前 5 名均为世界一流商学院合作办学项目），连续 3 年进入全球 10 强、亚洲第 1；高管教育定制课程项目排名全球第 8 位，连续三次位列亚洲商学院之首，公开课程项目今年首次参评，位列全球第 32 位，居中国本土商学院之首；MBA 项目排名全球第 34 位，就业率全球第一，薪资增长率全球第二；管理学硕士项目跃居全球第 32 位，连续九年挺进全球前 50 强。这些成绩的获得，反映了安泰培养经管高端人才的综合实力，我们为之感到自豪。同时也离不开全院师生员工的努力拼搏，校友和合作伙伴的关心和支持。十年前，学院的愿景是打造"国内领先、亚洲一流、世界知名"的商学院，这个目标已经全面实现，下一步的目标是将安泰真正建设成一个世界一流的经管学院。

百年光影流转，岁月无声留痕。展望未来，我们踌躇满志，信心满怀。安泰是莘莘学子梦想开始的地方，安泰是无数业界精英梦想起航的地方，五湖四海的学子因为安泰这个共同的烙印相聚在一起。安泰，这片厚重、包容、自由、创新的沃土，见证了安泰人创造的一个又一个奇迹，放眼未来，安泰也将牢牢地扎根于中国这块高速发展的热土，服务国家战略，培养中国栋梁之才，践行伟大中国梦，成就顶天立地的安泰梦！

■ **序**

■ **第一篇章·追忆安泰往昔**

■ 第二篇章 · 秉承安泰智慧

追忆安泰往昔

　　早在 1918 年，上海交通大学设立了铁路管理科，开创了中国管理教育之先河。后经发展完善，在 1931 年定名为管理学院，其后历经风云变迁，于 1984 年浴火重生，恢复建院。从"铁路管理科"到"管理学院"再到"安泰经济与管理学院"，这所学院不断发扬着"敢为人先，自强不息"的光荣传统，这是一部安泰人的百年奋斗史，更是一幅浓墨重彩的感人画卷。

　　2018 年，上海交通大学安泰经济与管理学院将迎来百年华诞，数名优秀校友携手，回顾百年，追忆安泰往昔、感怀求学经历、回味师生情谊，真诚讲述了安泰学子自己的故事：师长们不惧风雪，薪火相传；同学们热血青春，纯真情谊……这些悠久历史长河中一个个珍贵的瞬间，伴随着学子们对母校的眷恋感恩之情，勾勒出校友们各自的悠悠人生路。正是这些至真至诚的人生感悟，勉励一代又一代安泰学子立志修身、奋发有为。

蔡 溥

1947 届工业管理系校友

岁月悠悠忆恩师——怀念沈立人教授

撰文 | 蔡溥　编辑 | 冯倩

编者语：

　　蔡溥，原纺织职工大学副校长。毕业时获得申新纺织公司奖学金，并进入了申新公司工作，后长期在纺织职工大学教授高等数学、微积分等课程。

　　抗战期间，交通大学在重庆建立临时校区，逐步增设系科，1943 年秋开办工业管理（工程）系，招收了首届学生近 30 人，我有幸被录取在内。当时，同学们对于工业管理这一专业并无所知，只是向往着能在学成以后更好地为国家工业化贡献力量。一年级，我们和航空工程系并班上课，学习负担很重，顾不上涉猎专业。二年级时，除了大部分课程仍和航空系并班上课以外，学校另为我们开设了一门专业基础课——生产管理（概论），由沈立人教授主讲。大家都为开始接近专业感到兴奋，但又听说沈教授在课堂上全部是用英语讲述，并随时点名提问，因而也有些忐忑不安。我们是带着殷切盼望而又相当紧张的心情开始和沈教授相识的。

工业管理系创办初期，学校一直未有人员编制，没有系主任，没有系办公室及工作人员，也没有高年级的学长可去请益，我们不免感到有些孤单。从二年级开始，我们有了自己的小班教室，也成立了级会，我被同学推选为级长。有时遇到疑难问题，我们会向沈教授求教，总能得到他热情的指点和帮助。在和沈教授的多次接触中，同学们都感受到，在课堂上神情严肃的沈教授，在其他场合，则是平易近人、和蔼可亲的，同时也是幽默风趣、乐于助人的。同学们都很愿意和他接近。他在校园内所居住的独立教授房，是我们在课余时间常去的地方。

沈教授不仅在我们最需要的时候为我们排忧解难，还尽力帮助我们开展课余的班级活动。他曾带领我们全班同学举办过模拟某个专门委员会召开会议的活动，并针对我们在掌握英语方面偏重阅读、忽视口语的问题，要求我们打破顾虑，在会议上大胆地用英语踊跃发言。同学们都在会前做好准备，在会上积极投入，沈教授则在旁及时给予鼓励、讲评和引导，让大家在行动中学习，在实践中锻炼，我们也由此懂得了提案（motion）必须有人附议（second one's motion）才能立案（case）进入讨论的会议规则。大家对于这种在实践中学习的过程感到兴味盎然，觉得受益匪浅。

当年，校内各系都不时地推出各种学术讲座，在校园内洋溢着浓厚的学术氛围。我们也曾以班级的名义，恭请沈教授作了题为"The Role of Management"的学术报告，吸引了很多听众，讲堂内座无虚席。在我的记忆中，沈教授在报告中回顾了古典经济学中关于劳动力、资本和自然资源（土地）合称为生产三要素的概念以后，阐述了如今已把管理认作是第四个生产要素的缘由，他论及了管理的科学性和艺术性，并着重指出，若要做到科学管理，必须借鉴物理、化学等几门科学的长处，充分运用观察、测试、实验、记录、分析、比较、检定等手段，用事实表明真相，用数据进行量化，使结论能够做得到并经得起验证。他在谈到工业发达国家里新涌现出来的、从事企业经营管理咨询的顾问工程师事务所这一现象时，认为这说明企业界对于管理的要求在广度、深度和难度上都显著地增大了，并就此提出了管理人员应具备的素质等。由于内容丰富，寓意深刻，报告取得了热烈的反

响。报告会后，就立即有一位机械系二年级同学向沈教授表达了要求转到工业管理系来的愿望。他后来在进入三年级时办妥了转系手续，和他一起转系到我们班级来的还有多位同学。

时局临到 1945 年，日寇已是败象毕露，自抗战开始以来，从上海等地内迁的工厂、企业都在规划胜利后的有关举措。申新纺织公司设立了公益工商研究所，邀请纺织、染化、化纤、工商管理等领域的专家学者加盟，从事本学科内新知识、新技术的汇集、研究和应用，沈立人教授被聘主持工商管理组，仍兼任交大教授。与此同时，申新公司也接受了沈教授的提议，在交大工业管理系设置 5 个奖学金名额，并同意为获奖的学生毕业后提供工作岗位。1947 年 7 月，首届工业管理系学生毕业，在沈教授的关切和促成下，我们班级共有 6 位同学进入申新公司工作。

1945 年 8 月，日本终于无条件投降，抗战胜利结束。交大自 10 月开始按照年级次序，由高到低分批迁回上海徐家汇校区，我们三年级是第二批迁回，于 12 月在上海复课。沈教授因公益工商研究所在重庆工厂里有调研任务，至 1946 年秋季开学前才回到上海。在暌违期间，他仍关心我们的学习，来信嘱咐我们到上海江宁路（当时的戈登路）他家中，请他夫人从藏书中找出 *Laws of Management* 和 *Industrial Management* 两本书，交给我们班级作为补充读物，随后又寄来他的工厂调研报告作为我们的课外阅读材料。在当时的条件下，这些书本和材料都是极为欠缺的。

我们四年级时，沈教授先后给我们讲授成本会计和会计制度两门课程。在四年级上学期，他结合讲课内容，联系到近郊的一家修船厂作为我们的实习基地，并带领我们班上 11 位同学组成的课题小组，每周一次从外滩乘坐船厂的交通船，到工厂现场进行实地的观察、测定和调查，运用学过的知识，探讨减少浪费、降低成本的切实可行的途径，并估算可能获得的效益，以此来培养我们发现问题和解决问题的工作能力。

我们在交大求学那些年，是成长道路上的关键时段。在这段岁月里，我们有幸能和沈教授相聚在一起，感受他的亲切关怀和悉心培育。他启发我们的智慧，激励我们的志向，充实我们的知识，提炼我们的能力，引导我们从对专业无知走向能独立思考和工作，登入工业管理学科的殿堂。沈教授离开我们已有 52 年了，他亲和的音容，宽广的视野，开阔的胸襟，求实的风格，至今仍然清晰地存留在我的脑际。我会永远铭记和恩师沈教授相聚的这段珍贵岁月，永远不忘他的恩情。

陈一存

1948 届工业管理系校友

从九龙坡到徐家汇

撰文 | 陈一存　编辑 | 冯倩

编者语：

陈一存，原台北市区地下铁路工程处副总工程师，高级工程师。毕业后即入台北铁路局材料处，从实习开始，历经升迁，工作达 41 年之久。曾先后被派往日本、美国、英国、联邦德国、瑞典、新加坡、南非等地考察、谈判，并负责采购和验收工作。在世界银行贷款、台湾地区铁路电气化工程和台北市地铁工程等重大项目中作出了贡献。

回忆往事，顿觉有苦有甜。谨将在九龙坡艰苦岁月片段，抗战胜利复员由重庆至上海的旅程琐事以及在徐家汇生活的点点滴滴略述于下，如有谬误，请学长们不吝指正。

‖ 龙坡艰苦岁月

从重庆乘汽车沿长江北岸西行，约一小时车程即抵达九龙坡母校。诚如张国浏、钮友侠学长曾描述的：同学所住的宿舍是竹编泥糊墙，经不起冲撞。睡的是双层床，两张床之间有一张桌，可供四人自习之用。教室是竹材结构，难蔽风雨，夏热冬寒。我们这届工业管理系是与造船系合班上课，微积分及物理所用的课本与其他工程系相同，月考是全部工程系以同一考卷在同一时间举行，让人紧张万分，因此月考前，宿舍内通宵灯火通明，人人开夜车。第一学期开学后，学校尚未设立男生盥洗室，早上洗脸刷牙，下午擦澡，都要

到学校旁离公路不远的水池凑合解决，既不方便，被过路的人看到也极不雅观。至于伙食不好，盼望打牙祭，以及坐茶馆消闲，魏文川学长的两首小诗表达得很传神。茶馆坐落在学校左边与公路垂直的一条小街上，那里还有邮局、文具店及小饭馆等，小饭馆供售的红烧牛肉面及大卤面等味道虽佳，但穷学生哪能常常光顾呢！由此种种，可见在九龙坡两年生活之艰苦。

‖ 复员旅途琐事

既有对日抗战的动员，就有胜利后的复员。我校与交通部渊源深厚，复员就较其他学校便利，且时间也最早。我们这班同学是由陆路复员。记得当时是初春，由交通部派遣的多辆美援大卡车作运送工具，车中间放行李，人坐两边，春光明媚正是旅行的好天气。第一天中午到达遂宁市，学校发给的旅费不少，大伙儿上餐馆吃了一顿丰盛午餐，更觉精神百倍，庆幸这趟旅程有好的开端。下午到达梓潼附近的留侯庙，这是一个丘陵地，苍松古柏郁郁葱葱，庙内香火鼎盛，子房先生塑像古朴，让人肃然起敬，这位不求名利、急流勇退的豪杰，比萧何、韩信更为高明。车再向北行，经过剑阁，公路边山坡上竖立一座巨大石碑，上书"汉将军姜维屯兵处"，笔力雄健，代表着姜维抵抗魏兵的大无畏精神。第一天黄昏抵达广元市，这座名城是武则天的故乡，吴心潜学长也家居此宝地。承蒙吴学长盛情，招待全班同学享用一顿山药席大餐，在四川吃山药就如同现在吃鱼翅一样珍贵。

第二天离开广元市北上，经过汉中、留坝等地，然后车队就驶上秦岭，上下山的公路都是七弯八拐的道路，十分险峻，若非司机先生驾驶技术高超，确有翻车的危险。行行复行行，傍晚就到达宝鸡市了，吃过晚饭后，进入宝鸡火车站月台候车，上半夜迷迷糊糊地坐在行李上打瞌睡，后来冷得受不了，就走动走动，发现有些同学在稍远轨道上的空车厢内点蜡烛打桥牌，于是也进去占一个座位休息，直到凌晨去西安的专车进站，才让我们熬过艰苦的一夜。

在西安停留了三天，住在一所学校教室内，我其间身体有点不舒服，但仍和同学结伴前往华清池及大雁塔游玩。第四天上火车时即感觉头痛发烧，在车上沉沉昏睡，车行速度很慢，到站必停，这样停停走走，通过潼关，也看不出这一名关如何雄险，然后到达灵宝，这是一个盛产枣子的地方，正当枣子成熟季节，吃了既大又甜的枣子，果觉名不虚传。

没想到灵宝以东有一段轨道不通车，只得下车步行，走的是一条小路，幸亏当地有出租马匹供人乘骑。骑马到达一个小站后，又乘火车到达洛阳，这座名城古迹甚多，不胜枚举。在洛阳乘坐的火车是没有座位的行李车，可以把铺盖卷摊开睡觉。河南省是黄土高原，乘火车有两件事印象深刻：其一是早上睡醒时竟发现被面及地板上铺满一层黄沙；另一是火车进站停靠月台后，就有不少小贩叫卖烧鸡，一只烧鸡仅卖法币一毛钱，可见当时河南老百姓生活之困苦。

从徐州经南京换乘京沪线火车到上海，抵达徐家汇母校。第一件大事就是到福利社理发，然后沐浴。第二件事是去虹口旧衣市场买衣服装饰自己。

最后报道这趟行程最大的喜事，那就是杨霞华老师与钱谷融老师同乘一车，相互扶持照应。果然，到上海后不久，他俩就结婚了，所以这趟行程也让人有点罗曼蒂克的感觉。

‖ 徐家汇生活点滴

在徐家汇生活比较轻松，功课压力不大，不需要开夜车。上海十里洋场，好玩的地方很多，乘公共汽车及电车十分方便，逛逛大世界及四大百货公司是初来上海人不可少的节目。看电影是周末的娱乐活动，"大光明"及"美琪"都是设备甚佳的电影院，但因离学校较远，比较少去；最常去的戏院则是出校门顺霞飞路东行不远的"兰心"及"国泰"戏院，曾看过克拉克·盖博及费雯丽主演的《乱世佳人》，琼·芳登主演的《蝴蝶梦》，以及苏联片《钻石花》等。当时学生组成的社团在学校赞助下，也曾举办多次高水准艺术活动，如"管夫人独唱会""周小燕独唱会"及"上海交响乐团演奏会"；也常放映电影让同学观赏，如《一江春水向东流》可以说是让人印象深刻的影片了。最后又忍不住要谈到两场篮球赛，其中一场是由李震中领导的上海篮球队与联勤的辎重篮球队比赛，两队球技差不多，赛程紧凑，谁胜谁负已不复记忆；另一场是上海篮球队与菲律宾华侨组成的群声篮球队比赛，后者完全是新式打法，走位灵活，频施假动作，让上海队无从捉摸，无法防守，弄得灰头土脸，观众大乐不已。总之，在徐家汇两年的生活，可谓多姿多彩，令人回味无穷。

朱燿琥

1948 届工业管理系校友
济南供电局教授级高级工程师

交大足球队的源来

撰文 | 朱燿琥　编辑 | 冯倩

　　2000 年 11 月，我重返思念已久的母校。当我站在学生时代经常驰骋的足球场上，情不自禁想起当年交大足球队的赫赫战绩。

　　1945 年 10 月，由 47 届同学秦鼎新发起经体育主任陈陵先生同意，交大足球队成立了。队员有秦鼎新、郑世文、黄绍康、沈熙敬、潘承杞、望洪书、黄瑞棣和我等。球队在校内球场修复和置备足球鞋后开始活动。当时没有教练，有些队员的球龄不长，因此战绩较差。到 1946 年秋，由冯汉斌先生担任体育主任，球员也有较大的变动，刘隆馨、奚祖桢、何增、陈德若、肖继桢、赵孝山、沈崇勋、郑镜彤、吴安等相继加入校队，队员的球龄大多逾八年。又请到足球名将戴麟经（交大校友，新中国成立后首任国家队主教练）担任教练。在戴先生的悉心指导下，足球队的整体水平迅速提高。到 1947 年初，球队除在站位、布阵和相互配合上有显著改善外，很多队员还掌握了凌空传球和射门、用落地开花法射门（在来球落地弹起的瞬间出脚）以及倒挂金钩射门等技艺。戴先生常对我们说："别忘了球衣上的'交大'两字"，因此球员们上场时头脑里只想"要努力踢好，为交大争光"。在 1947 年 2 月至 1948 年 6 月间，交大足球队在和其他大学的比赛中没有输过一场，射门大多能"有的放矢"（当然不是球球进门），如获角球，就有三分之一的进球可能。

‖ 远征南京

1947 年初春，经学校体育组联系并得领队李雅谷（校外人士）资助，足球队赴南京比赛。成行日，上海有些报纸刊出"交大足球队今日远征南京"的报道。

我们由体育组王振亚先生率领在傍晚乘火车去南京。承铁路局的校友协助，为我们专设一节硬席车，并用大字标明为"交大足球队专车"。清晨到南京后，入住当时的中央大学体育馆底层一大屋内。

当天下午三时将和中央大学比赛，我们胜得较轻松。第二天下午和金陵大学比赛。在下半场，我正欲起脚射门时，对方队员陶乃杰（我认识的南模校友）突弯腿跃起，用膝盖猛击我正发力的左大腿，我即受伤倒地。但此役仍是交大获胜。第三天对战南京空军学校，我因伤未去。据队友介绍，对方身强体壮，球风相当野蛮。门将陈德若扑地抱住险球后，被对方球员用脚踢头致昏，陈被冷水泼醒后继续守门。王振亚先生为免使其他队员受伤，要求大家以防守为主，并将数名主力队员换下。最终双方踢平。

三天踢三场，穿的是汗湿未干的球衣裤。

‖ 逼和汉城

1947 年 5 月，汉城足球队（相当于现韩国队）抵沪访问，洋洋得意地先后以大比分战胜上海联队和香港星岛足球队。汉城队领队申国权（1932 年中国参加第十届奥运会的六名代表之一，朝鲜族）和戴先生相熟，经联系后他们同意来交大开展友谊赛。比赛定于下午进行。在中午时分，球场四周已聚集很多观众，其中不少是校外来客，连树上、邻近球场的屋顶上也站了不少人。赛前，戴先生要我们务必顽强拼搏、进攻和防守要相互照顾、前锋队员要来回奔跑。鸣笛开赛后，我们常受汉城队假动作的迷惑，他们相互间配合和传球较好，一般是闯入我方禁区后才射门。我队队长秦鼎新因腿伤改任守门员，身高1.87米穿红球衣的他扑救了多个险球，煞是好看。上半场汉城以1:0领先。中场休息时，戴先生就如何对付假动作和撕破汉城防守网的战术作了布置。下半场的情况有所改观。约在20分钟时，"朱燿琥妙传吴安，吴安快速推进一脚破网"（次日报刊标题）。打成1:1后，观众欢呼雀跃。汉城即遣全部主力上场意欲取胜，但未能得手。我队中坚刘隆馨（时为副队长）助攻辅守，前卫赵孝山善用腹部截球，后卫沈崇勋和奚祖桢等表现亦佳。终场时欢声又起，我们很多队员被观众抱起上抛，申国权竖起大拇指并和戴先生握手。次日上海很多报纸在头版以通栏标题刊出"交大逼和汉城"六个大字。

现在每当我看到有关中国足球"恐韩症"的报导时，就会想到此战，想到纯由交大在校学生组成的足球队。

‖ 荣获冠军

1948年2月某星期日上午，我们和上届上海大学生足球联赛冠军同济大学队在逸园（现文化广场）进行争夺大二部冠军之战。上半场交大以1:0领先，下半场同济在禁区内犯规，由郑镜彤罚点球入网，战成2:0。至终场前一分钟同济才进一球。力克同济后，我们和大一部冠军上届联赛亚军震旦进行决赛。这场比赛是紧张、快速、有礼、有序的，最后我队以2:0取胜，荣获大学联赛冠军。

交大足球队之所以能取得如此好的战绩，除了学校的重视和队员有一定球艺并能顽强拼搏外，还得到了很多老校友的关爱和支持。如老校友戴麟经先生无偿地担任我们的教练，他干得极为出色。如果没有他的悉心指导，我们绝不可能夺得大学联赛冠军。

当时学生的伙食较差，而足球队员的体力消耗大。为缓解这个矛盾，有位老校友每天派人送一大桶牛奶给我们喝，另有几位老校友经常给我们送鲜鸡蛋和美制菊花牌炼乳，他们还和校方联系后安排我们在容闳堂北侧的教职员食堂进餐。每逢较重要的比赛，都会有

不少老校友备好横幅、锣鼓、鞭炮、饮料等到场边站着为我们加油，还用英文唱起自编的
歌 *Jiao Da Will Shine Today*（《今日交大将光芒四射》）为我们鼓劲助威。有些老校友虽
已白发苍苍，仍劲头十足。此情此景，我至今记忆犹新。

图 1　1948 年春交大荣获上海大学生足球联赛总冠军后留影

　　（左起）前排：望洪书、何增、郑镜彤、朱耀琥、吴安；中排：预备员、张寿岑、萧继桢、刘隆
馨（队长）、赵孝山、预备员；后排：缪观生（足球队干事）、奚祖桢、陈德若、冯汉斌（校体育主
任）、范濂源、沈崇勋、戴麟经（教练）

王则茂

1948 届工业管理系校友

回首沧桑迁校杂谈

撰文 | 王则茂　编辑 | 叶玲杰

编者语：

王则茂，原西安交通大学副校长、教授及高级工程师。毕业后留校任助教，后调任基建科长。1955 年奉高教部指示，与当时总务长赴京接受西安交大新校址的筹建任务，负责勘察选址、采购建材和搬迁教学设备等具体工作。在时间紧迫和困难条件下，于 1956 年开学前完成艰巨任务。他是西安交大建设功臣之一，永将为交大人称颂。

适逢百年院庆，我也该写一点东西。写什么呢? 往事并不如烟，回忆也颇有乐趣，敞开记忆写点往事吧!

我与交大有缘，重庆入学，上海毕业，留校任教，改事行政，西安建校直至退休养老。时光如箭，岁月如梭，入学至今，已近70年矣。70年间，我总忘不了交大"东迁"和"西迁"两件大事。

‖ 交大东迁

"交大东迁"，历史上并无此载，是我杜撰。1937年日本帝国主义对华发动侵略战争，"八一三"事变后，交大校舍被日寇占领，交大师生迁移至法租界内上课，一部分师生奔赴川黔大后方，经一批老校友热心奔走，四处呼吁，并筹款支持，于1940年在重庆小龙坎筹建交通大学分校，1942年在重庆九龙坡建立国立交通大学本部。当时办学条件极为艰苦，经费短绌，物资缺乏，渝、沪两地交通大学传承老交大的优良传统，在艰难困苦中坚持办学直至抗战胜利。1945年8月日本无条件投降，消息传来，举国欢腾，交大两地师生和全国人民一样，满怀胜利的喜悦。于是渝校积极行动复员回沪，当时交通还比较困难，三、四年级同学于10月由水路沿长江乘轮船回沪，我们一、二年级同学则在1946年3月走川陕公路由重庆到西安，再换乘火车走陇海路经郑州、徐州、南京回沪。这条路线行程万里，条件也极其艰苦，但大家带着胜利的喜悦心情，一路风尘一路歌。乘汽车抵达西安后，铁路发生故障，在西安滞留一周，只得改乘马车到临潼再搭火车。那时的西安马路不平，电灯不亮，电话不畅，房屋破旧，给我们留下了大西北贫穷落后的印象。火车到徐州车站，大家下车休息，却看见两个日本军人穿着日本军装，还戴着勋章，洋洋得意地走过来，大家非常气愤，纷纷围上去严厉申斥，这两个人一看形势不妙，马上低头哈腰，摘下勋章，显出一副狼狈相，这时过来几个中国宪兵给他们解围，才灰溜溜地跑了。这也是胜利复员中的一个小插曲。如果我记得不错的话，我们回上海的那天是4月6日。

回到上海后，沪、渝两部分会合，也并非一帆风顺。当时国民党政府竟称上海的交大为"伪交大"，上海部分同学被称为"伪学生"，教师要停职，学生要甄审。经两地师生以及社会各界人士强烈反对抗议，国民党政府才不得不取消了"伪学生"的决定，但又改称沪校为"临时大学"。斗争一直纠缠到6月，沪校同学800余人、渝校同学1 200余人才汇聚在徐家汇老校址正式开学上课。这时渝校的工业管理系与沪校的实业管理系合并，我们 48 届同学组成了一个全校最大的班，我记得最初是 97 个人，其中有全校闻名的足球健将朱耀琥、篮球高手杨协和、剧艺天才张海威……真是人才荟萃。大家同窗学习，和谐共进，其乐融融。

‖ 交大西迁

交大西迁是 1955 年 4 月党中央国务院正式决定的。当时是根据我国在社会主义建设中，国民经济发展不平衡，特别是工业主要集中在沿海地区，布局极不合理，同时国际形势也不稳定，故决定将沿海地区部分工业和高校内迁支援大西北建设。

4 月 9 日，彭康校长接到高教部的电话通知，中旬即派老总务长任梦林同志和我去北京高教部接受新校址的筹建任务。当时高教部刘副部长明确指示，交大西迁是党中央的决定，必须坚决执行。学校按照 12 000 学生的规模在西安建校，要在两年内完成迁校任务，并须于 1956 年暑假后在西安开学上课。我们随即携带高教部致陕西省人民政府的公函前往西安察看选择校址。这项工作得到陕西省和西安市党政领导和人民群众的热烈支持，西安市城市建设规划局热情而详细地介绍西安市的建设规划，并提出市郊五处可供选择的地方，让我们实地考察选择。

5 月初彭康校长由沪去北京开会，会议结束即转赴西安亲自视察了解情况，并电邀德高望重的朱物华、钟兆琳、周志宏、朱麟五、程孝刚五大教授前来西安共同决策。经过一番实地考察，大家对城东咸宁路南这一块千顷良田（北临即将兴建的兴庆宫公园，南望青龙寺故址，西距城区 1.5 公里，东临规划中的环城大道），一致满意。彭康校长当即拍板，交大新校址定了下来。紧接着的基建任务非常艰巨，首先是时间紧迫，1956 年暑期后开学，即一年时间至少要完成十万平方米的建筑，而当地条件甚差，新校址地面上看起来麦浪临风，一望无涯，非常漂亮。但是勘察后发现，此为八级地震区，地下是三级大孔土而且墓葬很多，同时正值 1954 年开展增产节约运动，国家经费控制很严，房屋造价压得很低，学生宿舍 48 元 / 平方米，教学楼 72 元 / 平方米。且西安尚处于贫穷落后的年代，施工力量不足，建筑材料一无所有，不仅钢材、水泥靠外运，木材靠东北和湖南支援，就连搭脚手架的竹子都是江西运过来。这个任务用时髦的话语说真是"压力山大"。但在各方

面的支援和基建同志们的努力下，终于在 1956 年开学前完成了 11 万平方米的基建任务。在此阶段，上海方面组织工作的落实，人员的调配，教学设备的搬迁安装，物资供应工作的准备等，都紧张有序地进行。1956 年暑期后到西安报到的学生 3 906 人，西迁的教职工 815 人，家属 1 200 余人，9 月 10 日在西安举行隆重的开学典礼。

迁校工作前一阶段实施顺利，但在认识上也并非完全一致。随着毛泽东主席发表《论十大关系》，他论述沿海工业和内地工业的关系，对形势作出新的判断，这一精神的传达引发作为工科大学的交大西迁是否有必要的疑问，接着 1957 年毛主席又发表《关于正确处理人民内部矛盾的问题》，在这样的形势下，对交大的迁与不迁，校内展开了热烈的民主大讨论。学校集中各方面的意见向国务院反映后，周恩来总理非常重视，亲自听取意见并做了大量工作。在此基础上，1957 年 6 月高教部形成了交大分设西安、上海两地，两部分统一领导、业设置统一安排的方案，经国务院批准，嗣后即按照这个方案执行。到 1958 年暑期前，全部完成了交大迁校的各项工作。1959 年 7 月教育部根据两部分具体情况以及发展前景提出并经国务院批准，交通大学西安、上海两部分分别独立成为西安交通大学和上海交通大学。西迁故事至此告一段落。

交大东迁，沪、渝两校合二为一；交大西迁，沪校一分为二。几十年峥嵘岁月中，两处母校交大人秉承老交大历史传统，爱国爱校、思源创新，为国家培养出大量的科学家、工程师、企业家、国家干部，为国家作出了巨大贡献。现在两个母校同为国家重点大学，国内名校，本是同根生，携手奔新程。我们相信两校都会弘扬传统，再创辉煌，迅速向世界最高的一流大学目标迈进！

回首沧桑，岁月如歌。同窗学长许多已经作古，健在的也很少有晤面机会，他们的音容笑貌仍清晰地在眼前："但愿人长久，千里共婵娟"。

夏 晴

1948 届工业管理系校友
原上海纺机器材公司计划科长、高级经济师

最美不过夕阳红——记我们的"团队"

撰文 | 夏晴　编辑 | 叶玲杰

‖ 恰同学少年时

1944 年，兵荒马乱，我们上海 30 余位同学与跋山涉水奔赴重庆九龙坡的 60 余位同学怀着相同的读书梦，分别入学交大。抗日战争胜利后，上海交大因战时受汪伪政府管辖，而被国民党政府称为"伪交大"，在校学生也被冠以"伪"字，不予承认学生学籍，并办"临时大学补习班"以加强政治教育。学生们为此走上街头，抗议"学生无伪"，一时轰动社会。

1946 年春，重庆同学复员回沪，我们上海同学作为"临大旁听生"虽同堂上课，却难免有思想隔阂。幸而随着时间推移，双方矛盾逐渐淡化，学籍问题也终于被默认，不再有交大、临大之分。复校伊始，校舍修建整顿，不硬性规定学生全部住校，因此同学间接触不多。加之其时风气保守等原因，在校时 90 余人的大班很多人之间并无交流，甚至彼此毫无印象。1948 年毕业，匆匆离别，同侪从此天南地北，散如飘萍。

Ⅱ 悠悠同窗情，谱写新篇章

世事难料，谁曾想当昔日同窗年逾古稀、步入耄耋之年时，还能重拾当年的同窗情谊，在离别半个世纪后，重新聚首，重温旧梦，迎来一片温馨又从容的夕阳红。

1996 年母校上海交通大学百年校庆让散落在各地的交大学子有了重聚的机缘。我们一众在沪同学见报载母校邀请校友回校的消息，喜不自胜，便立即奔走相告，复印回执发信动员平时有联系的外地同学来沪参加庆典，并特别约定在新上院教室晤面。庆祝大会会场上，因按届就座，我们得以重逢外地来沪的李庆美、何莘耕、杨满湖、李培瑜、白良和朱良红、龚邦华同学（图 1）。

图 1 1996 年 6 月校庆活动合影

前排（左起）：夏晴、程竟新、陈致果；后排：聂平、何莘耕、张国浏、钮友侠、杨满湖、武维尧

同年 6 月，海外校友应邀来沪参加校庆活动，张国浏自美国远道抵沪，更有陈致果、聂平夫妇坐着轮椅从杭州赶来。犹记得那天校园内大雨积水，陈致果被困在招待所，大家

皆为她抱病回母校的深厚感情感动，偕行蹚水去看望她，并合影记下那久别重逢的珍贵一刻，可那却也是陈致果最后一次回母校的见证。从那时起，我们1948届工业管理系同学便开始了寻觅级友的"浩大"工程，其中周成元同学因工作机缘得以联系上许多昔日同窗。1996年初百年校庆，在何莘耕、王则茂、钮友侠等同学的支持下，周成元同学牵头制定的通讯录如滚雪球般渐渐成势。自始至终周成元同学都是组织、推动校友联系、通讯的中坚力量，在一年多的时间里，他先后发出200余封信，打了几十个长途电话，收到同学们回信194封，整理过11次通讯录稿，经过二三十位同学提供信息、线索，联系、追踪，通讯录最终由周成元汇总完成、王则茂印刷成册，并在各地建立联络网。从那以后，我们1948届工业管理系离散了半个世纪的同窗好友得以再度互通音讯。

‖ 重拾旧谊，弦歌再续

为庆祝毕业50周年金禧活动，1998年我们共有31位同学参加校庆，并组织同游无锡。在山明水秀的太湖之滨，大家忆往昔峥嵘岁月，畅谈离校各自遭遇，缅怀已故师长同学，再叙阔别之情。依依惜别之际，李汉浩学长提出编辑《通讯》，得到大家的赞同和支持，并决定每年出一期，旨在坦诚、亲切、真挚、温馨，而在往后的日子里，它也确实起到了沟通信息、交流情感的作用。

2000年4月，应王则茂学长的邀请，我们部分同学赴西安交大母校参加校庆，老同学们欢聚一堂延续珍贵的友谊，约定除每年一期《通讯》外，每两年组织一次全班规模的聚会，并商议编印永久性的班级纪念册、初步筹措班级活动经费。每次班级活动后，给未参加活动的同学也寄去照片数张，让全班同学共享欢乐和喜悦。

2002年9月中旬，我班首次拜访北方交大母校，受到校领导的热情接待，感受到交大母校一脉同根，源远流长。饮水思源，倍觉亲切，并向校方赠立轴一幅，以表达对母校的情谊。令人感动的是，此行有七位昔日同学首度参与，其中三位来自海外，实属难得。

依两年一聚的约定，2004年4月中旬，我们在上海交大聚会，并得到校友会办公室主任卜立鸣的热情接待。同学一行共同观看母校108周年校庆庆祝大会录像、参观校史博物馆，已退休的曾勖良顾问特意赴校为我们讲解。我们谨以立轴一幅向母校祝以"发扬光荣传统，争创世界一流"。同年 6 月，上海交大安泰管理学院迎来恢复建院 20 周年院庆，我班有三位同学应院办张永春主任邀请参加院庆大会。

2006 年母校 110 周年华诞，我班有 10 人从海内外来沪参加此次校庆活动，并另行组织聚会叙旧。

2008 年，上海交通大学建校 112 周年暨 1948 届工业管理系校友毕业 60 周年，这是我们一众同学翘首以待的大事，也是班级"大团圆"的最后一次机会。除自身健康和家庭确有困难者外，一众同窗皆争取出席校庆大会。校庆大会后，我们借此机会参观闵行校区，亲眼目睹母校飞速发展的现状和展望建成世界一流大学的灿烂前景。同年 6 月 12 日，我班 4 人应邀参加安泰经济与管理学院 90 周年院庆，并作为嘉宾接受采访，忆 60 年前求学和生活之苦，勉励当代安泰人要惜福、上进。

我们一众同窗虽约定 2010 年世博会再聚首，却因种种原因，组织安排困难、时间无法集中，只能分散聚谈。旧友纷纷从美国、无锡、大连来沪，我们在沪的同学借地理优势得以多了几次相聚之幸。

从 1996 年到 2008 年，1948 届工业管理系共组织七次班级聚会。此后虽不再举办全班性的活动，但从未中断，而是改为分散、小型、及时的叙谈方式。《通讯》出版十五期，又发布了两次信息。2016 年 3 月止，重聚时的 64 人只留了半数，其中还有老中之老、生活不能自理等情况，鉴于此，同学们决定中断定期的信息交流，今后将代之以分散的、及时的联络报道。

在历次活动中，我班杨锡山、夏宗辉、唐祖诏老师先后参与，并赞助经费，现昔人皆已作古，却令我们同学感动在心，难忘师生情谊。

‖ 难忘夕阳红，绵绵母校情

百年校庆让我们一众年逾古稀的老人在分别半个世纪后找回记忆，重续友情，谱写夕阳红新篇章。1996 年校庆首聚至今，20 年，在历史的长河中，只是弹指一瞬间。但对我们 1948 届工业管理系校友而言，分散在全球 34 座城市的兄弟姐妹们经历从古稀到耄耋的时间考验，始终团结在一起，形成一个亲密和谐的大家庭，谈何容易。

　　人人都情系班级，心向集体。千里迢迢、远渡重洋每会必到的有之，双目近盲、仍牵挂祝福同窗的有之，饱含深情、给人精神慰藉的有之……感人的故事实在太多了。大洋彼岸的陈一存、远在四川的王其勋和定居台湾的潘君泽，在校时没说过一句话，更记不起他们的模样，当电波中第一次传来他们的话音时，可以想象，双方的心情是何等激动。身卧病榻的同学，忍痛写作，积极投稿；郁师欧同学为说明文稿中的有关问题，从海外寄来18页的说明，其认真程度令人敬佩；义务"摄影师"，每次活动都会拍上百余张照片，为同学们留下难忘瞬间，成为历史见证。

　　最感人至深的是，严忠璎学长毕业后赴阜新煤矿工作，与大家失去联系。百年校庆后，我们才再度找到她。她本已做好准备，拟回沪和同学相聚，无奈疾病缠身，未能如愿。而她去世三年后，她的女儿趁来沪之便，身怀母亲遗像，到交大校园内捧回一大把土和树叶，带回阜新妈妈墓地，让它们永远陪伴妈妈，完成妈妈一心想回"家"看看的夙愿。

　　我们的活动逐渐吸引家属与其他班级的校友们，他们也乐意成为我们"团队"中的一员，参加聚会和撰稿达33人之多，一致赞赏我们班级的强大凝聚力。20年来，全班64人中，有44人参加班级聚会，46人写稿，43人赞助经费，达到了百分之百的参与率。

　　人生旅途中短暂同窗四年，而今悠悠岁月友谊弥笃。是母校的伟大吸引力将四散的昔日学子维系在一起，让永远的交大人得以回家，得以不远千里回"家"和兄弟姐妹们团聚，共享"天伦"之乐。

　　我们有着共同的心声：母校的召唤让昔日同窗重逢，母校的教诲让交大学子感恩，母校的沧桑让耄耋老人思念，母校的辉煌让交大人自豪。同是交大人，绵绵不尽母校情！

杨振基

1948 届工业管理系校友

怀念恩师杨锡山教授

撰文 | 杨振基　编辑 | 叶玲杰

恩师杨锡山教授离我们而去已一年有余，但他的音容笑貌依然时常浮现在我脑海中。半个多世纪来，杨先生对我的循循善导和殷切关爱，使我一生受益，终生难忘。

‖ "知识也得从实践中学"

早在交大学习期间，杨先生就是我最为崇敬的老师之一。他在教学之余，非常支持同学们自发组织，以联络感情、切磋学业为宗旨的社团组织"更新社"，并担任顾问，指导工作。他说："知识不仅要在书本上学，课堂里学，还得从交往中学，实践中学。"在他的指导下，我们先后参观了当时著名的五洲皂厂、昌明钟厂、中国钟厂等单位，他还组织我

图 1　在上海轻工业局企管协会年会上
（左起）杨振基、杨锡山、吕也博

们调研当时面临危机的牛奶行业。我写毕业论文时，他指导我与曹永和学长参观相关工厂，阅读专业文献资料，完成《棉纺厂的设计和管理》一文。杨先生在我们尚未走出校门时，就让我们迈出了踏上社会的第一步。

Ⅱ　给年轻人创造更多学习机会

"文革"后，百废待兴，年轻人的培养教育尤为关键。一个偶然的机会，我在杨先生家中说起两个儿子都毕业于恢复高考后的大学，基础差，底子薄，还需进一步深造。杨先生得知后，便说："要给年轻人创造更多的学习机会。"于是，他和师母亲自陪同我去亲友处为长子收集当时十分稀少的美国大专院校招生资料，介绍英语老师补习托福，亲自写推荐信给美国大学。又推荐次子到他在交大创办的"香港班"学习。如果说我的两个儿子能有所成就，无疑离不开杨先生的教导和培养。

‖ 管理必须先提高人的效率

20 世纪 70 年代末，我主持上海轻工业局企业管理处工作。杨先生非常支持我的工作，并接受担任轻工业企业管理协会顾问之职。他认真负责，一年一度的年会必亲自参加，会前问清情况，会上必有重要讲话。是他指出提高企业管理必须与推广现代化管理相结合；也是他高度赞同利用"协会"这一平台，开展群众性学习、宣传、推广、交流，提高现代化管理知识和提高管理水平。1980 年他的著作《西方行为管理科学》问世，很快在我局系统流传。我局成立有 100 多位企业领导和管理人员自觉参加的"行为科学研究会"。"事在人为，物在人管，财在人用，管理重心在人""管理必须先谋求人的效率提高，才能把事情做好"等思想，逐步深入人心；"以满足不同等级层次的需求，尤其满足高层次自我实现的需求来调动人的积极性"的思想，逐步为我系统企业管理者所接受。一时，杨先生"以人为中心"的管理思想成了我局开展企业全面整顿、企业升级等工作的基本指导思想。不少企业在加强企业基础管理的同时，推行目标管理、民主管理、公共关系，等等。杨先生的管理思想成为我局提高企业管理水平的理论基础。

‖ 治病不忘同病人

杨先生晚年因病，长期住华东医院，主要患有难治之症腰脊柱骨狭窄。我患有同病，曾走遍全市各大名医名院求治，都告无效。在绝望中，竟然在我家附近一家地段医院以独特治疗方式治愈。杨先生得知后非常高兴，在我陪同下多次前去求诊，唯因交通等原因无法坚持，但杨先生对这种疗法颇有信心。他说，患有我们同样病痛的人很多，如能在华东医院推广，可以造福一方。于是，杨先生一方面要我摸清所需治疗设备的规格型号，拟自己出资购买一套捐赠给华东医院，另一方面邀请华东医院电疗科和针灸科各抽调一名医生，以杨先生家属陪同治病名义去地段医院学习取经。孰料，这两位医生未能掌握医疗技术而未获成功，成了终身遗憾。然而，杨先生支持新生事物、想同病人所想的精神，值得我辈敬佩。

薄纸难载恩情，恩师杨锡山教授光辉一生，永远铭记我心。

石金涛

1982 届工业管理工程系硕士校友
原上海交通大学管理学院副院长、管理学院教授

教书育人，同心协力，谋求发展
——忆 90 年代的管理学院本科教学改革

撰文 | 石金涛　编辑 | 李震

▌自力更生

　　管理专业恢复建系不久，杨锡山从周志诚、张震老前辈手中的"工业管理工程系"接过了建院的重任，担任了 1984 年正式成立的上海交通大学管理学院首任院长；而后，在建设管理学院的初期又与徐柏泉书记、张震教授等领导全力推进管理学院的学科建设，积极与海外联络各种资助，比如朱传榘（J.C. Chu，世界上第一台通用计算机"埃尼阿克"的 6 位创始人之一，曾获美国电子和电气工程师协会颁发的"电子计算机先驱奖"）等华

人的支持、与沃顿商学院的联合办学等。同时，积极推动与鼓励各个系、所的建设与发展，相继成立（或从外系调整进）了工业管理系、工业外贸系、旅馆管理系、会计与财务管理系、决策科学系等，以及在学校的支持下，由校领导下文成立了具有正式建制的三大研究所（吴健中为所长的系统工程研究所、后由王浣尘任所长、徐纪良为所长的人力资源管理研究所、张震为所长的交通运输管理研究所）。（附图1、图2）

图1　老前辈周志诚、刘涌康等工管系恢复　　　　图2　杨锡山院长、徐柏泉书记、徐纪良教授等
　　　创办人与作者的合影　　　　　　　　　　　　在结业典礼上

当时管理专业社会认同度不高，资金较为短缺，硬件设施陈旧，教师待遇不高，呈百废待兴之景。为编写教材、构建实验室、保证教学质量，人力资源管理研究所只得自筹资金。一方面，人力资源管理研究所所长徐纪良教授与上海市行为科学学会联合举办了多期"行为科学""模特排时法"（MODAPTS）等培训班，办班收益成为采购实验设备的重要来源；另一方面，日本早稻田大学横沟克己教授来华讲学，向企业传授以"MODAPTS"制订标准化作业与劳动定额的技术。我也应教授之邀，赴日访学，并在回国之后将这一技术发扬光大，得到了上海市电子仪表工业局、航天工业局等业界的鼎力支持，还获得了航天工业部的科技进步奖。而有了这些背书之后，我也顺利地向上海市行为科学学会筹集经费，用作教材编写。

▌"院为实体"

1994年，管理学院已经成立十年，各个系、所的发展如火如荼，学科建设与科研成

果广受赞誉。随着老一代院长逐渐退离，1992 年以后，新任常务副院长张国华对比他在国外访学的世界一流国际商学院的办学情况，提出各个系、所各自为政的情况应要改革。起初，刚升任教学副院长的我对此并不理解，认为管理学院理应"藏富于民"，但不久后，我发觉教学中存在着诸多问题：师资力量极度匮乏；课程编排有失严谨；当时教学计划仍由老师们手动编排，过程繁琐，各自为政，甚至出现学生连续两学年上同一门课的窘况。我深感"院为实体"是必须贯彻的一个做强管理学院的大政方略。而后在李家镐名誉院长、徐柏泉书记的力主之下，在后被聘为管理学院院长的张祥博士的努力推动之下，"院为实体"的各项政策与举措也逐步酝酿出台。

重中之重便是共性较强、关系到教学基础的本科教学。由学校统一部署、白同朔任副校长主持的教育思想大讨论，达成了"扩大知识面、增强适应性"的教学方针共识。学院据此认为，本科教学应响应其号召，对教学计划进行改革，让百年传承下来的"交大的教学传统：起点高、基础厚、要求严、重实践"在管理学院继续发扬光大。

027

首先，在宣国良主任领导的工业管理系的努力下，将教课任务最大、学生来源人数最多的情况作为问题提交给院务会与各系系主任讨论，因为涉及各系、所的教师最多、课程分布最广，急需"四个统一"（教学计划、大纲、教材、考试标准的统一），院内讨论后归纳了一本《95 教学计划》作为样本，统一了由金铭负责的财务会计专业方向、徐纪良负责的人力资源方向、陈俊芳负责的质量管理方向、李国振负责的市场营销方向、胡邦涛负责的旅馆管理方向等众多原来各自为政的教学计划；稍后，与唐元虎为系主任、屠梅曾为副主任的经济管理与决策科学系、唐元虎负责的技术经济专业和国际金融专业（走读班）、屠梅曾负责的房地产管理专业、罗叔儒与黄国祥负责的工业外贸系等有关老师商议，将经济类的各门教学计划也纳入了《95 教学计划》。这一计划体现了工商管理和经济金融两大块的思想，也可谓是教学思想大讨论"扩大知识面、增强适应性"的产物。（附图 3）

图 3　作者与白同朔副校长在教育思想大讨论座谈时的合影

　　其次，李家镐名誉院长身体力行，发起制订教师工作量考核制度。推行过程中，院领导做了大量工作，消除了老师们的质疑；院办陈昌辉老师克服困难，用386PC机安装了张维炯老师从加拿大带回的一套数据库软件，并进行汉化与LOTUS软件的再开发，在考核与奖励分配上首次应用信息技术，一直完善并沿用了十几年。此后，教师工作量考核制度也不断完善，如教材编写、教学研究、学生实习、学科建设、实验室建设、本科论文指导等教师主讲基本工作量以外的重要任务也进入了考核范围。

▋ 机遇与挑战

图4　校教务处向隆万处长带队进行教学评估

　　1997年6月27日，由校教务处长向隆万教授带队，吴健中教授为评估专家组组长，外语系刘祖慰教授、物理系张馥宝教授、数学系程极泰教授等为专家组的本科教学评估工作展开。作为主管教学的副院长，我主导开辟了管理学院本科教学评估展览室，各系主任、研究所所长也向专家组展示了丰富的教学科研成果。此次评估自查为学校的"211工程"申报提供了重要材料，可谓是本科教学改革的大检阅。（附图4）

　　这一阶段，我与系统工程研究所所长陈宏民、人力资源管理研究所所长徐纪良教授商议，预备申报工业工程（IE）与人力资源管理（HR）的本科专业。

　　国际上对人力资源管理非常重视，国内也有着旺盛的需求，培养HR人才是当务之急。人力资源管理研究所经历了数年的自筹资金之后，与美国国家实验中心陈郁立（Robert Chin，波士顿大学社会心理学教授、费孝通先生的老友）、沈瑗琍（马萨诸塞州立大学社会学教授、雷洁琼先生的好友）建立了合作建设组织发展（OD）的关系，引进了大量OD学术精华和技术手段，还建立了管理工效学实验室；人力资源管理研究所也编写了成套教材，如杨锡山的《行为科学》、徐纪良的《组织行为学》、我根据早稻田进修材料独立编写的《工效学》以及后来进入国家教委统编教材的《人类工效学》。上述工作为之后的申报打下了厚实的基础。

工业工程（IE）方面，IE 人才对我国制造业的现场管理、提高工效、环保安全、改善作业起着至关重要的作用，可谓是管理上的"实体经济"之增长点；而交大身为国内首屈一指的工科大学，也理应起到先锋表率作用——引进国外先进学科经验并加以传授。工业工程专业申报也由此滥觞。

彼时，令国家教委批准一个本科目录上的专业颇为不易，因为这不仅意味着本科名额与教育经费的增加，还意味着获批院校须承担与知名度匹配的、与日俱增的社会责任。幸运的是，在人力资源管理研究所、系统工程研究所的不懈努力之下，国家教委批准了 HR 专业与 IE 专业的本科招生培养方案。

而随着社会各界对管理学的重视程度越来越强，校领导也进一步加大了对管理学院的支持力度。伴随国家"211 工程"的推进、交大百年校庆（1996 年）的到来，"院为实体"遇到非常重要的发展机遇。美国安泰保险集团公司征得朱镕基总理同意后，决定赞助上海交大 1 000 万美金，在法华镇路校区新建教学楼并冠名安泰管理学院。可口可乐、麦肯锡咨询等公司紧随其后，纷纷进行资助。同时学校给予管理学院的 MBA 办班政策、培训中心集中举办的高级经理培训班等也给管理学院的发展提供了资金资源。

在这一阶段，得益于院领导的重视、学院经济实力的提高、"院为实体"的举措落地，学科建设不断完善。各系系主任也进一步认识到与国外一流商学院的差距、教师教书育人的重大责任，教师积极性有所提高，教学质量提升显著，每年都有教学成果获得国家教委的奖励。至 20 世纪 90 年代末，管院已有五个系、八个专业、六个硕士点、二个博士点、一个博士后流动站，为 90 年代管理学院本科教学改革画上了圆满的句号。

施瑜伟

1984 届（首届）工业外贸班校友
蒙特雷国际研究院政策管理学院院长

历练积累人生，快乐酝酿成功

撰文 | 施瑜伟　编辑 | 叶玲杰

‖ 交大青春

　　青春飞扬的记忆让我仿佛重回年少，一路走来，在交大的学习经历，对我人生之路的选择影响重大。犹记得 1984 年时自己每日往来于新上院与中院间，研习西方哲学、西方美学与机械制图课。数周后，我义无反顾地报名首届工业外贸班，并凭借优异的成绩成为工业外贸班的一员。"1284 工业外贸班"由学校各专业选拔的大学三年级学生组成，班内个个都是佼佼者，也大都活跃于学生活动。工贸班注重外语培养，学校安排外教帮助大家学习英语，并负责半数课程，同时为每位同学配备四喇叭录放机用以学习。记得那时夏天傍晚，我们班同学经常和外教一起围坐在徐汇校区的大草坪上，听各种英文歌曲。在多方面的助益与培养下，我们班同学的英语听说读写能力均出类拔萃。

工业外贸班的培养、学习，也令我开始向往国外的学习和生活。后南美以美大学法学院来上海招生，听说最好的学生学理工科，最好的理工科学生在交大，于是便来到交大，工业外贸班学生以英语优势拔得头筹。在交大三年理工课程学习，两年经济、商业和管理课程培养，所有点滴积累，最终汇成我在 1987 年获得全额奖学金留学美国的契机。

‖ 海外人生

在南美以美大学法学院获得比较法学硕士后，我在达拉斯一家中型建筑工程咨询公司实习。一年后再度求学于得州大学达拉斯分校管理学院，并获国际管理博士学位，随后任教于新加坡南洋理工大学商学院，并在安达信（埃森哲前身）兼职。我的人生绝非一路康庄，也难免历经荆棘与颠簸。我曾与两位志同道合的同事至硅谷为共同理想奋斗、创业，最终惜败，却也让我再度探索人生的机遇与方向。

转回高等教育后，我任教于蒙特雷国际研究院（Monterey Institute），现任该院政策管理学院院长并兼职做一家创投公司顾问合伙人。我院隶属全美前五名的文理学院（Middlebury College），浸润着深厚的人文精神，是以政策和商业交织的艰难复杂问题为课程设置支点、有独特教学内容和方法的专业研究院。于我而言，这所学校的教学工作既使得以自我实现与认同，也令我的生活因对教育的更多探索而充满创意、笑容与正能量。

‖ 十年树木，百年树人

毕业 30 多年来，1284 工业外贸班的同窗们分散在五湖四海，在各行各业创造着自己的人生，却始终格外珍惜彼此的友谊，始终不忘交大同窗情。虽隔山隔海，我们班依然通过邮件、微信等通信手段紧紧凝聚，班级近期聚会时全员 27 人中有 22 位参加。就时间、距离而言，1284 班可谓分得开、离得远，而我们却始终走得最近，连得最紧。

十年树木，百年树人。随着年纪积累人人都不禁寻求归属感，寻找曾有过的青春和向往，情系母校，旧址，故人。曾经，母校是我们共同的荣耀，是我们事业的发源地。而今，我们依然希望各自的成就能为母校增添一份新的荣耀，让我们将来的校友能有更坚实的基础。

人生之路的选择取决于一份份不同的经历，人的一生以经历来量度，远比寿命、资产或学历要有意义得多；人的一生总是与一群群不同的人在一起，临终时回想所助之人要比记忆所受之恩愉悦得多。生活和工作的经验，让我看清世事的繁杂，却更澄清自己的心灵，在权利、金钱、利益当道的社会，我希望能为我们年轻的校友指明方向。不论原由或幸运与否，所有的经历都将成为个人发展的支点，要学会不断反省、认识，利用每一段经历，以此培养、提升自己，为自己赢得更多成功的机会，也让生活更有意义。

李 德

1985 届 3122 班校友

一篇报道引起的回忆

撰文 | 李德 编辑 | 冯倩

编者语:

1985 届 3122 班李德学长，1988 年至 1998 年在上海交通大学管理学院人力资源研究所工作，之后在邮电部 519 厂（邮电部最大一家通信企业）从事新产品设计及任中高层管理职务十余年。

每次收到母校寄来的安泰校友季刊，我总是会细细研读，透过文字，母校的一草一木，老师的一颦一笑，仍记忆犹新。翻开 2017 年第四季度《同窗·安泰》，突感眼前一亮，一条消息映入眼帘。2017 年 12 月 4 日，英国权威财经媒体《金融时报》(*Financial*

Times）发布年度美洲和亚太商学院排行榜，上海交通大学安泰经济与管理学院和美国沃顿商学院分别在亚太商学院和美洲商学院中名列榜首。短短一行字让我想起了 20 年前在交大管院工作时的那些往事。

上海交通大学管理学院是中国最早开设工商管理硕士（MBA）的重点大学。组织行为学（以下简称 OB）是各国 MBA 教学中的一门必修课程，交大管院又是国内最早开设此门课程的大学。管院已故德高望重的老院长杨锡山教授是中国组织行为学的奠基者。杨老与管院前人力资源研究所所长徐纪良教授（已故）是中国最早将西方组织行学引入中国的著名学者。杨老主编的《西方组织行为学》是中国最早的 OB 经典著作。该书无论在学术价值、应用价值、指导价值均在国内堪称一流，直至今日也是我在 MBA 教学与课程设计中的指导书籍。徐纪良教授、徐柏泉教授（时任院党委书记兼常务副院长）编写的中国第一部《组织行为学手册》，为中国推广组织行为学起到了奠基作用。该书堪称组织行为学的"万宝字典"。时至今日我有任何关于 OB 的不解之处还习惯性地去查阅此书。在校期间我有幸聆听了徐纪良教授主讲的组织行为学（54 学时）。徐教授引经据典、深入浅出，将 OB 理论与中国改革开放实践结合的授课方式深深吸引了我。之后我还有幸聆听了徐柏泉教授主讲的 OB 课程，徐院长对 OB 期望理论的一段精辟论述至今还为我教学所借用。一次我看到讲台上徐院长的讲稿（一本笔记本），每一页都写得如此详尽，字迹工整，真令我难以忘怀。

由于当年交大管院在中国高校 OB 领域的领头羊地位，上海行为科学学会理所当然地挂靠上海交大，由杨老任学会会长，徐纪良教授任副会长兼秘书长。当时以上海交大管院为核心、以学会理事会为平台凝聚了上海教育界、学术界、企业界等领域的 OB 研究和应用的最早一批精英。

20 世纪 60 年代另一门学科即组织发展（以下简称 OD）在美国应运而生。OD 作为一门应用性的组织行为学，其宗旨是系统开发一个组织的自我变革与自我更新能力。OD 作为一门新学科具有蓬勃向上的发展活力，著名的管理学者彼得·圣吉在《第五项修炼》中所提出的创建学习型组织的著名论点，追究其理论源泉均可在 OD 学科中得到验证。管院领导高瞻远瞩，始终注视西方这门学科的发展，决定与美国 OD 最高学术机构 NTL 合作并引进 OD，聘请两位美国 OD 著名教授为客座教授。1987 年 7 月，由交大管院、美国 NTL、上海行为科学学会联合举办了中国第一期 OD 研修班（为期三周）。杨锡山院长、徐柏泉书记亲临一线挂帅，徐纪良教授直接坐镇指挥，NTL 派出了 4 位著名教授执教，可见当时学术阵容之强大。该班聚集了来自全国的 40 多位学员，其中包括大学教师、企业党委书记、企业厂长和各级管理人员。交大管院是全国高校第一个 OD 学科的开导者，挂靠上海交大的上海行为科学学会下设 OD 专业委员会，由徐纪良教授直接领导。在徐教授的主持下，美国 NTL 在华正式举办了四期高级研修班，我有幸参加了全部培训并取得结业证书。杨老对 OD 学科引进十分重视，每次 NTL 教授来校讲学，他都要点名青年教师参加。交大学者治学严谨、务实落地，为探索 OB、OD 在中国企业的应用途径作出了很多贡献。在徐纪良教授安排下美国 OD 教授曾赴当时的上海玻璃器皿二厂、永生金笔厂、协昌缝纫机厂等众多企业进行 OD 咨询培训活动。美国 OD 教授还直接应华亭宾馆之邀开展中外管理人员沟通与合作的咨询活动（为期 4 天），杨老不顾年迈也亲临华亭宾馆观摩研讨。事后我将器皿二厂的 OD 咨询培训内容编写成案例，作为当时我在交大公共必修课程——管理科学基础，讲课的教学案例。由于该 OD 案例管理理念新颖、管理方法独到，受到了学生的一致好评。

在 OD 治学的理论深度方面，徐纪良教授曾主持了当时的国家自然科学基金"组织发展 OD 项目"的课题研究。他领导的上海 OD 专业委员会曾多次在沪举办 OD 学术研讨会。

当时人力资源研究所青年教师陈荣鑫、姜守刚两位老师翻译了大量 OD 学术资料留给了学校。徐纪良教授还安排赵维衡老先生整理众多 OD 研讨会资料。当时杨老的研究生冯燕君老师毕业后曾在上海国际商学院任教，她在 OB 教学中大量引入 OD 进行探索。当时她曾主持了上海一家大型百货商场的 OD 咨询项目，之后又赴美攻读了 OD 博士学位。

在 OD 治学的应用实践方面，石金涛教授与我本人曾主持了中美庄臣公司"提高工作效率"的 OD 咨询课题。冯燕君老师和我还赴中美施贵宝制药公司开展了"员工激励和团队协作"的培训课程。我们组合运用勒温的变革三步曲模型、力场分析技法、群体建设技法、镜像法、角色协商法等 OD 技法开展了对以上两个专题的实战培训，获得上海施贵宝公司的好评。此外，我还在中国《行为科学杂志》发表了《探索 OD 在中国企业应用途径》的文章。

在 OD 教学课程设置方面，时任管院副院长的石金涛教授对 OD 教学十分重视，在他主持下于 1998 年春将组织发展 OD 列入本院人力资源专业的教学计划（36 学时），当时安排由我讲授该课程。

我于 1988 年至 1998 年在管院工作，十年间有幸在这些著名前辈领导下工作与学习。这十年，我看到管院的前辈们治学严谨、锲而不舍、孜孜不倦、坚持把 OB 学科建设放在首位，并走在全国高校的前列。这种争创第一的治学精神给我留下了深刻的印象。

岁月流逝，记忆永存。饮水思源，思绪万千，触景生情，心潮澎湃。祝愿交大管院基业长青，始终走在全球商学院教学的最前列。

田念慈

1985 届工业管理工程系校友

我珍藏的上海交大管理学院的自编教材

撰文 | 田念慈　编辑 | 冯倩

　　自 1985 年从上海交大管理学院工业管理工程专业毕业至今，整整 31 年过去了。在这期间，我数度迁徙，每次搬家，便丢弃一些物件。然而，在母校就读时管理学院（包括其前身 12 系和工业管理工程系）自编的教材（见表 1）却始终跟随着我，保存至今。整理如下表所示教材时，看着装订简陋的书本，一笔一划刻写蜡纸油印的书页，黄草纸上油墨化开的字迹，我自然感慨良多。

　　上海交通大学安泰经济与管理学院的历史可追溯到 1903 年的南洋公学高等商务学堂。1916 年上海交通大学建立了铁路管理科。1979 年成立工业管理工程系，复建管理专业。1984 年经教育部批准，上海交通大学重建管理学院。上述富含历史沧桑的教材足以印证 30 多年前学院复建前后的筚路蓝缕和师长们的呕心沥血。

表1

教科书名	出版者	编/著者	译者	年份	页数	纸张	印刷	任课教师
《工业企业经营管理学》	上海交通大学工业管理工程系			不详	310	黄草纸	打蜡纸油印	
《工业企业全面质量管理》				不详		白报纸	铅印、影印	陈俊芳教授
《系统工程》	上海交通大学工业管理工程系			1982	264	黄草纸	打蜡纸油印	
《技术经济分析》	上海交通大学管理学院工业管理工程系	丁仁才		1984.6	323	白报纸	铅印、影印	宣国良教授
《管理科学基础教程》	上海交通大学管理学院	于骏民、谢家正、季连如		不详	201	白报纸	刻写蜡纸油印	石金涛教授
《运筹学—原理与实践》	上海交通大学机电分校管理工程系	D.T. 菲利浦斯	叶庆桐、张优德、徐克绍、林同曾等	1982.1	534	白报纸	铅印、影印	石金涛教授
《抽样检验》	上海交通大学12系	盛宝忠		1982.1	399	黄草纸	打蜡纸油印	陈俊芳教授
《组织行为学》	上海交通大学工业管理工程系	杨锡山、徐纪良				白报纸	铅印、影印	徐纪良教授

当时工业管理工程系的老师，大多从其他行业或学科转行过来。记得教授组织行为学的徐纪良教授和技术经济分析的宣国良教授来自海军军工项目，陈俊芳教授毕业于船舶工程系，班主任石金涛教授则毕业于复旦大学的数学系。正是缘于老师们的理工科背景，才使我们学到了定量分析微观经济的初步本领。

20世纪90年代，我着手编制上海家化集团的前身上海家化联合公司总部大楼建设项目的可行性研究报告。那时，尚无Excel财务软件模块，计算建设项目全部投资财务内部收益率（IRR，即求使现金流入量的现值等于现金流出量的现值时的贴现率）全凭宣老师讲授技术经济分析中叙述的基本方法和听课时相应的笔记，依靠计算器和笔算反复测算逼近。进入新世纪，到了Excel普及后，我独自编制了十来个大型投资项目的可行性研究报告，遇到计算全部投资财务内部收益率和进行敏感性分析已经变得得心应手。上学时学到的知识，没曾想毕业后受用了 20 来年。

班主任石金涛讲授的管理科学基础和陈俊芳讲授的工业企业质量管理更是让管理的最优化思维和方法（如规划论、决策轮、博弈论、排队论、存贮论、抽样检验）植根于我们日后的管理实践中，让我们在企业大批量零部件元器件的进厂检验、车间流水线节拍的设计、大型机电设备的采购等经济、技术事务中有了超出传统的管理方式以及与跨国公司平等谈判的知识储备。

上海交大已经走过两个甲子、跨越三个世纪。建院百年的管理学院也已经蜚声海内外。今兹，翻阅和整理管理学院在 1984 年复建前后的自编教材，深深感到母校在教材选用、编辑出版和课程设置上渴望追赶世界潮流以及锐意进取、先人一步的精神，让我们离开母校后，在不同行业，不同岗位学以致用，发挥所长。难忘师恩！难忘母校！

图 1 《管理科学基础教程》为人工刻写蜡纸油印的教材

图 2 《工业企业经营管理学》为打字机刻写蜡纸油印的教材

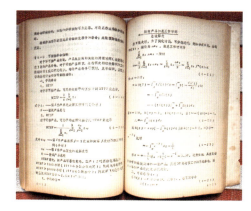

图 3 《系统工程》为打字机刻写蜡纸油印的教材

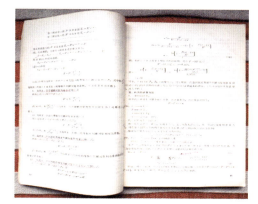

图 4 《技术经济分析》为白报纸铅印教材

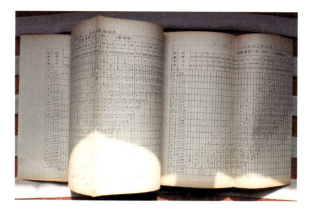

图 5 《抽样检验》教材中的文字部分为打字机刻写油印

康 力

2003 届人力资源管理本科、2008 届企业管理硕士
2011 届企业管理博士校友
上海交通大学医学院院办副主任

双城记

撰文 | 康力　编辑 | 冯倩

　　对于 1998 年考入交大的我来说，虽然已经 20 个年头过去了，但越是时间久远的记忆却越是显得清晰可触。那时的安泰还叫做安泰管理学院，被称 12 系，现在的学生们可能已经不知道当年这些数字所代表的含义，但对于我们来说，"12"就是深深烙印在身上无法改变的印记。管院的学生一般都是前三年住在闵行校区，最后一年回到法华校区。而我由于 2002 年本科毕业后即留校担任辅导员工作，于是毕业后从法华校区搬回闵行校区，而一年后由于工作岗位变动，我又再次从闵行回到了法华，直到我 2010 年离开安泰。因此在安泰学习工作的 12 年，我往复来回于这两个校区，于我而言，闵行就如同儿时成长的家乡，割舍不掉的是那份记忆中的纯真与慈和；而法华则更像我此刻生活、热爱着的上海，是汗水挥洒的土地，是梦想远航的方舟。

那时的闵行还远不如现在这般交通便利，设施现代，具有世界一流大学的万千气象。彼时的我们要进一趟城区，至少要从"拖鞋门"步行25分钟或骑行10分钟来到沪闵路口，再搭乘徐闵线，45分钟后才能到达莘庄地铁站继而转乘一号线30分钟，最终抵达上海的西南中心徐家汇。因此，多数时候，我们都是独自徜徉在5 000亩的大闵行，完成青春期尾期的"野蛮成长"。那时的东区还是一片杂草丛生的荒芜之地，如同过去未开发之浦东，因此学霸们总是早早地占据上中下院的大小教室和包图阅览室作为他们"士兵突击"的重要阵地；铁生馆、菁菁堂、南区体育馆则是校园活跃分子的青春舞台，各个院系在菁菁堂每年上演的迎新晚会比拼的是各个学院学生会的人气和创意；初尝爱情滋味的男女恋人则在思源湖、南区女生宿舍的海报栏后和包图五楼的"两人一机"前完成他们的初吻或者第一次许下那些不大可能实现的山盟海誓；商业街、南区小吃广场，甚至是河北食堂（后来叫华联中心）则是我们购物饮食的不二去处。对了，那时的闵行还有光明顶的流星、开水房的热水瓶、公共浴室的洗澡票、公共电话亭的排队长龙、物理楼的恐怖故事、电脑机房里的ICQ和聊天室，东川路上的海京阁。

好吧，也许那时的闵行是挺破、挺远、挺无聊、挺闹心的；夏天挺热、冬天挺冷、女生太少、壮汉太多，但那里就是我们最美好、最真实、最难忘的记忆。在那里我们第一次离开了父母的呵护，独自面对人生的风雨；在那里我们结识了那些陪着我们一起哭、一起笑、一起成长的一辈子的同学和朋友；在那里我们第一次领略了专业知识的艰深晦涩，聆听了大师学者的深深教诲；在那里我们第一次拥有了属于自己的梦想和爱情。现在，即使离开闵行在其他地方工作，我仍会时常回到闵行看看、走走、吃吃。现在闵行越来越大，大楼越来越多，环境越来越美，我们住过的34幢已经不再是闵行最边远的北方之境，闵行的基础部也从南2幢搬到了曾经的老行政楼校长室，但不变的依旧是那份心底的牵挂和依恋。

而法华则完全是另外一种味道。法华不大，常对她的形容就是"麻雀虽小，五脏俱全"。刚从"闵大荒"搬到梧桐环绕、静谧安逸的长宁法华，我们就被她典雅端庄、摩登时尚的魔都气质所震撼。那一抹中国黄的安泰教学楼大气典雅，与中国顶尖商学院的气质天然相符。篮球场旁的那一排两层小楼经过装修变成了具有独特韵味的法式小洋楼，在里面办公或居住会感受到一种温馨和洋气。

　　作为自诩是"根正苗红"的人力资源专业本硕博贯通毕业的学生，每一位人力资源所的老师都给了我许多的教诲和帮助。导师石老师人瘦但永远精力充沛，是人力所的领头人，现在即使退休了还时常和他的学生们在微信中交流互动，晒出自己幸福的生活；姜老师是我们人力资源管理班的第一个班主任，温婉贤淑，对我们一帮刚上大学的毛孩子关怀备至，现在还是我们的好大姐，好朋友；唐老师英语极好，讲课引人入胜，学术上让我们叹服；此外还有顾老师、颜老师、郑老师等，正是一代接一代人力资源的老师，传承了安泰这个不算很大专业的火炬，让我们为成为其中一员而倍感自豪。不知为什么每次和学生组的老师在一起总觉得最亲切，大概这是我工作的第一站。作为闵行的铁三角，徐老师、何老师已经退休了，洪老师还坚持着，如今她的女儿也留校工作继续为交大释放着光与热。张老师和赵老师是学生组铁打的"营盘"，看着我们这些"流水"兵进进出出，自有一番为人师的感慨与感动。职业发展中心从万老师到我的初创期，再到黄老师的坚守10年，为安泰学子成就未来之路。院办的陈老师就是一部安泰的活字典，所有的安泰典故如数家珍，还有徐老师、钱老师，每个人都很热心，真诚可信。校友办的陈老师严谨、认真，有想法，有作为，和她共事让我特别放心，可靠。还有小杨老师、小章老师，以及现在的很多可能我都叫不上名字的几位年轻老师，我想说，校友办就是我们的家，只要有空，就要常回家看看。

　　还有很多其他的人和事，写着写着都一一浮现在了脑海，无法叙述太多，但始终感恩于心，多年之前我们还是陌生人，现在我们成为了彼此的珍贵记忆。闵行、法华，如我的双城，无法分清的是哪边是成长，哪边是岁月，只因她们已交织在一起，成为了我的梦。

王 丽

2008 届国际贸易专业硕士校友

我与安泰的故事

撰文 | 王丽　编辑 | 李震

‖ 缘起

2001 年 9 月 10 日教师节，我拿到了人生中第一张工作证，工作单位是上海交通大学安泰管理学院，岗位是思政教师。这是我的第一份工作，那天也是我第一次以教师身份庆贺教师节。17 年过去了，当年的安泰管院早已更名为上海交通大学安泰经济与管理学院，当年的法华镇路校区如今已回迁至徐汇本部校区，而我依然清晰地记得 17 年前的那天下午，我走在包兆龙图书馆门前的林荫道上，把交大管院的工作证攥在手心，来回翻看，满脸兴奋和幸福。

‖ 为师

最初在安泰，我是一名思政教师。我曾在炎炎烈日下带领大一新生军训，为处理突发事件在教师办公室彻夜不眠；我也曾带领数名硕博士生组成的社会实践团，远赴内蒙古支教；也曾在非典肆虐之时，戴上两层口罩前去探望因被隔离而情绪低落的博士生。最难忘是在青浦，我与误入法轮功歧途的学生朝夕相处，日夜谈心，直至她踏上正轨。

作为安泰的思政教师，我懂得了责任如山，大象无形，学会了以诚挚之心和满腔热情投入工作，学会了关爱学生，也因此得到他们的信任与爱戴。我很骄傲，我是安泰人。

2004年，我被调至安泰MBA项目办公室工作。在任职项目主管的两年里，每周六下午在管院演讲厅内，策划、组织、安排MBA论坛是我最有乐趣的事情。论坛台前幕后的每一个环节都必须反复推敲，论坛活动流程的每一个细节也必须周到妥当。两年多时间里，马云、袁岳、卫哲等诸多知名企业领袖与职业经理人在此分享他们的成功经验与人生感悟，我也见证了安泰MBA论坛逐渐声名鹊起，成为安泰的一张品牌名片。

作为安泰的教学服务人员，我懂得了细节见真章，细节定成败，学会了在工作中勤勉勉力，兢兢业业，永远向着王方华老院长所倡导的追求完美、追求卓越的工作目标迈进。我很骄傲，我是安泰人。

‖ 求学

2005年9月，我考上了安泰国际贸易专业研究生，开始了脱产两年的研究生学习生涯。从此我不再是安泰的教服人员，而是安泰的一名普通学生。

我从徐汇的联兴楼搬到了徐汇女生宿舍四号楼。还是熟悉的校园本部，还是熟悉的安泰楼，但在我眼中，它们又被赋予了新的涵义。仍记得一直屹立在四号楼窗口的那棵大树，冬挡寒风夏遮荫凉；仍记得冬日里透过窗户洒在书桌和床铺上的明媚阳光，温暖和煦如同恋人的脸庞；最难忘南楼二楼WTO研究中心里，师兄师姐们济济一堂、切磋交流的美好时光。还记得赵旭老师的微观经济学，记得秦向东老师的国际贸易理论与政策，更记得我的恩师任荣明老师，他不仅指导了我的学习研究，更教导了我的为人处世。

2007 年，我随恩师参加南宁学术会议，因而得到北京商务部国际经贸关系司的实习机会；2008 年，我尚未毕业就得到工作单位的录用，被派往香港培训学习。这一路从北到南，从政府机构到行业知名的外资企业，一切大门之所以向我敞开，都感恩于母校的培养。在安泰学习的两年半里，我有了前所未有的丰富体验，并从这里起步，迈上新台阶，翻开新篇章。

作为安泰的普通学生，我懂得了严谨治学，精益求精，学会了敢为天下人先，为自己的梦想全力以赴。我很骄傲，我是安泰人。

‖ 缘续

2008 年 3 月，时值研究生毕业季，我重新扬帆启航。带着恩师的嘱托与万般不舍，我离开安泰校园，踏上新的征途。

回顾安泰的这七年，我从青春懵懂到意气风发，这一路有鲜花和掌声，也有挫折和迷茫，更有历练和成长。我很庆幸，这一路能与安泰共同成长，也很感激，有安泰陪伴我走过人生中最为宝贵的青春时光。从法华到徐汇，校园里的每一幢楼，每一段林荫道，每一寸土地，都载满了我青春的美妙回忆。虽然我离开了安泰，但无论我去到哪里，追求完美、追求卓越将永远是我的信念，饮水思源、爱国荣校将永远是我的航标。上海交大安泰经管学院，于我而言，它不仅仅是一块铭牌，更是我们共同的回忆，深入骨髓、融于血液。

因为我是安泰人，我无比骄傲。谨以此文献给我最亲爱的上海交通大学安泰经济与管理学院，祝贺院庆 100 周年。

周 石

2014 届国际贸易专业硕士校友

回忆我的老师

撰文 | 周石　编辑 | 李震

　　我通过 2010 年夏天的"安泰优才夏令营"拿到保研资格，于 2011 年金秋进入安泰学习，算起来，与学院的缘分已有八载。提笔的今天，又恰是四年前研究生毕业典礼举行之日，也算巧合。安泰承载了太多学子的青春、梦想、成长与回忆，我作为其中最为普通平凡的一员，怀着敬意回忆母校、回忆过去，第一篇必须献给我的研究生导师、我的恩师——陈宪老师。

　　初见陈老师，是在夏令营的论文面试。台下坐着一排陌生的老师，中间的一位长相微胖、戴着眼镜、有几分弥勒佛相，但神态却不苟言笑，甚至有些严肃。面试之后与学长进餐，我便向他请教导师选择相关事宜。学长推荐陈宪老师，赞其理论功底深厚，待学生极好，值得跟随学习。我又追问老师的长相，发觉正是那位"严肃的弥勒佛"。我颇有些惊讶，之后上网搜索，发现陈老师是一位笔耕不辍的学者，不仅学术类论文丰富，随感笔记、社会问题探讨也颇有见地，正符合我内心所敬仰的老师形象。

收到正式的录取通知后，听闻导师所带学生名额有限，我便赶忙写邮件联系陈老师，简述自己学业与科研方面的表现。邮件发送后我忐忑不安，教授们日理万机，不知是否会拨冗回复。不曾想我很快便收到回信：

> "谢谢你的信任。我可以考虑你作为我的研究生，不过，此前一位交大的直升研究生也找过我，开学后再看一下，通常我们每年只能带一个学生。你有任何事情都可以找我。
>
> 陈宪"

事实证明，邮件中的最后一句话并非客套。大四一年的学习过程中，虽然当时我并非安泰的学生、之后也未必能拜在陈老师门下，但当我向陈老师请教阅读书单、论文撰写等众多学业问题时，陈老师总是不厌其烦地为我解答。后来我才知晓，陈老师当时还是经济学院的院长，除课程及学术工作外，还有诸多管理事宜，繁忙之余，对陌生的晚辈学子依旧不吝指导，陈老师的作风令人敬佩不已。

本科毕业后，我在安泰（当时还在法华校区）的办公室里再次见到了陈老师。办公室里藏书极多，这次见面也不再"严肃"，陈老师坐在书桌对面、满面笑容，我紧张的心情也有所放松。陈老师简单问了我毕业的情况，对研究生阶段的想法，读过的书籍，临走时还送了我两本他写的书，并细心地签了名。尊重、亲和、爱书、有学识，是我与陈老师二次见面后的印象。

"师者，传道授业解惑者也"。授业自然不必说，老师本就给研究生与本科生授课，在中国宏观经济专题课程上，陈老师能深入浅出地解释宏观经济学原理，又能将原理应用于现状分析，而且往往针砭时弊、敢言敢论。除课堂教学外，陈老师也常分析目前经济形势，对一些宏观措施进行评析，见诸书刊报纸；也会将旅游所见所感从经济学的角度加以分析，形成随笔小品文。老师即是学生之榜样，耳濡目染之下，我也开始参加《文汇报》组织的经济学讲座，写下读后思考寄给编辑部，并得以发表。授业，不仅是知识传递，更是思考维度的启发，是思考习惯的传承。传道也不在话下。陈老师与学生们聊天时，也会提到自己的经历，包括上山下乡、在铁路部门工作，后续是自己如何学习、考到中国人民大学，获得博士学位。陈老师说，在学校，人会比较自由。这个自由，指的是思想自由。人要自立自强、追求思想之独立与自由。

对于解惑，我想我更有发言权。"迷茫"似乎成了年轻一代的代名词，每个人都不可避免地会有迷茫的时刻，我也不例外。每当此时，除了家中父母，我往往会想到请教我的老师。在研究生阶段，我曾经有一段时间情绪很消沉，一方面是生活上遇到一些挫折，一方面是意识到对父母责任之重大、对未来担忧，一时间竟有些难以排解。于是便给陈老师写邮件表明自己的困惑。当时导师在外地参加会议，立即回复了我。经济上，他安排我继续担任助教，提醒我注意申请；学业上，他嘱咐我开始准备小论文；生活上，他提醒我要注意心情、多加锻炼。陈老师回到学院后，便与我见面聊天，讨论了后续安排，也不忘对我鼓励。我想，后续自己快速调整心态、投入到学习与实习中，提前发表小论文并拿到论文稿费，毕业时同时拿到国家奖学金与优秀毕业生证书，与老师对我的关心和鼓励有着必然的联系。年轻人往往有失落和困惑的时候，这些在长者眼中也许不足挂齿，但尊重、共情、机会和点拨，正是年轻人所需要的，也能帮助他们走出低谷、迎接更加积极的生活。

我要感谢我的老师。回过头想，环境与人相互影响，如果没有交大的包容、安泰的自由氛围，也留不住这样的老师。在每个学生的心中，自己的老师都是独一无二、大放异彩的，他（她）们学识渊博却平易近人。借此机会，祝贺学院成立 100 周年，祝福老师们桃李芬芳。

蔡 蕾

2008 届（首届）MPAcc 校友

上海市第一人民医院院务办公室副主任、法务办公室主任

大美之境

撰文 | 蔡蕾　编辑 | 冯倩

　　一位尊敬的师长曾告诉我这样一则故事：树林中有一棵小树，被大树们遮蔽了视线。它想要看看外面的风景，只能努力生长，超越其他树的高度；可是当它渐渐超越四周的树木、能够看到外面的风景时，却愈发地不满足，因为它想要领略大美之境，于是继续努力生长，终于长成了森林里最高的一棵树。这个故事的主题是励志的，而使我更为着迷的是"大美之境"究竟指什么样的景色，以至于诱使小树不停生长，从而成就其最后的高度。

　　幸运的是，在安泰 MPAcc（Master of Professional Accountant，职业会计硕士）项目三年多的求学经历让我收获了和这棵树相同的感悟和生命体验。"大美之境"指的不是风景本身，而是指为了看到风景而付出的所有努力和领悟到的所有生命真谛，或艰辛，或潇洒，或坚毅，总而言之是壮美无比的。

　　2005 年 2 月，MPAcc 项目在安泰首次举办时，我大学本科毕业已经 6 年，在市政府机关谋得了一个衣食无忧的职位，当然，我还顺利取得了注册会计师证书！辛勤工作之余，原本计划美美地休个长假，可当我听说上海交大安泰经济与管理学院正在招收 MPAcc 在职硕士时，我突然决定和身上的慵懒懈怠做斗争，理由和小学语文课本中高玉宝的口号一致："我要读书！"

　　凭借注册会计师考试时奠定的扎实基础，我顺利通过了国家在职研究生入学统一考试和安泰组织的全英文面试，被首届 MPAcc 录取了。当时，我是班上仅有的两名政府公职人员之一，其他的同学不是来自银行、基金公司，就是来自会计师事务所。和他们相比，虽然我也有一定的个人优势，可是在专业领域，比如会计、审计、金融、证券方面，我还缺少很多必要的知识和经验。

　　记得入学时，我们班与 MBA 班联合进行拓展训练。班级里涌现出许多具有领导力的人才，他们身上充满着久违了的理想主义、实干主义，以及追逐成功、不计回报的干劲和斗志。这些来自会计、金融、证券行业的生气勃勃的面孔带给我很大震撼，相比之下，我的公职生活是如此按部就班和缺少活力，以致让我从沾沾自喜的云端一下子跌入自卑的泥潭。

　　但我的坚韧内在促使我不轻易退却。在三年专业知识学习的时间里，我感到自己再次回到了睁开眼睛看世界的状态，安泰的导师们带给我的是一个全新的、丰富多彩的时空，我就像一块干涸的海绵，贪婪地汲取着知识的养分。MPAcc 的课堂上名师汇集：陈亚民教授的幽默，胡海鸥教授的博学，黄沛教授的潇洒，张天西教授的缜密，张鹏翥教授的豁达……让我这只初入行的"菜鸟"受益匪浅。结束了一天的本职工作，我每每怀着雀跃的心情来到安泰的校园，让自己的思绪从日常生活的繁琐和闭塞中飞奔出来，认真聆听导师们的教诲，积极参与各种形式的管理学小游戏，或者与不同的职业人士交谈、辩论。我在 MPAcc 学习期间所掌握的技能，有效地弥补了我职业发展上的不足。例如，在 MPAcc 就读之前，我在本职工作中很少使用 PPT 这种有效展现自己观点的形式，即使偶尔自己制作，也比较简单粗犷，与美观练达相去甚远。在 MPAcc 就读期间，通过来自美国的外籍教师的专业辅导，我掌握到 PPT 制作的精华是形式简洁、逻辑清楚、富有条理，因此在设计和制作技能方面获得了很大提高。

在所有的课堂学习形式中，我最喜爱的是自由分组的团队作业。每次组团时，小组中都会产生一名领导者、一名参谋长和若干专业技术型骨干。这些人才的涌现完全是自由的、符合团队作业的要求和个人的实际性格特征、工作能力，而不受行政命令或者人际关系的干扰，因此，MPAcc 团队作业的成果是非常优秀的。至今，我都为同班同学们的多才多艺所倾倒，他们中有的善于谋划全局、有的善于组织协调、有的善于电脑设计和动画制作、有的善于引经据典的辩论、还有的智商情商一流且能歌善舞。最为可贵的是，每次团队作业时，大家总是互相帮助，高质高效地完成老师们布置的各项任务，丝毫没有推诿、不耐烦或虚伪、嫉妒。在各类课程布置的团队作业的磨练下，同学的情谊也在不知不觉中增长。大家互相帮助和支持，克服一个一个的困难和疑惑，留下了开心的笑声。

当然，在职研究生的生活中也有各种磨难。为了学业，我必须比同事们牺牲更多的业余时间，付出更多的体力脑力。当别的同事周末陪伴家人休闲娱乐时，我还在教室中绞尽脑汁，冥思苦想；当别的同事在国外的海滩上喝着夏日嬷嬷茶时，我还在资料室里挥汗如雨，殚精竭虑。甚至生活本身于我也开了一个大玩笑，准备毕业论文的时候，我已经怀孕8个月，也许因为劳累或者孩子先天的缺陷，我最终失去了他。我茫然不知所措，心里沮丧万分。是全班同学的帮助和老师们的鼓励支撑着我。最后那个学期的团队作业，我是躺在妇产科的病床上完成的。我的好同学们充当了通信员，一次一次地通过手机指导我如何完成作业。最后，我获得了 MPAcc 优秀论文奖。在领奖台上接受院长的祝福时，所有在三年间历经过的困难、挫折都凝结成了心路上的一块丰碑，让我体验到了久违的幸福。

如今，从 MPAcc 毕业已经 10 年了，班上许多同学升职加薪、家庭和美；也有许多同学换了工作、换了心情。我年岁日长，仍旧在岁月的洪流中奔波劳碌，然而我的微笑已经不再青涩，心境已经不再懵懂，思想已经不再狭隘，处事已经不再局促。我深切地明白，我只是"站在巨人肩膀上"，离自己成为巨人的日子还遥遥无期。

"山不厌高，水不厌深"，我们每个人都有着对成功人生的不同定义。杨振宁博士曾说过：我所取得的成就，无非是在海滩边偶然拣到了几个好看的贝壳而已。我们奋斗的过程将是漫长的，而且不可能一帆风顺。但是不论我们将会在人生旅途中看到多少风景，在安泰度过的这几年必然是通往"大美之境"的必要历程。我期待着，安泰培养莘莘学子也能够如同那棵小树一样，最终领略到人生的"大美之境"！

吴明炜

2010 届 MBA 校友
美国 Data I/O 公司中国区销售总经理

我的交大人生

撰文 | 吴明炜　编辑 | 罗湘

　　2015 年的初夏，我收到了本科时一个同班女生的电话，说今年是我们本科毕业 20 周年，交大邀请我们返校参加活动。没有犹豫，欣然应允。

　　返校的当天，是 6 月 28 日，也是我的生日。尽管一个专业的三个班级没有到齐，但近百人的阵势，依旧体现了当初交大第一大专业的风貌。飘忽不定的梅雨，并没有浇散多年重聚的兴奋。尤其在食堂的午餐，同学们依旧话题不断，其乐融融，仿佛真的又回到了 20 多年前的校园。看着年轻的学弟学妹们稍带诧异的眼光，算是前辈的我们完全沉浸在自己的时空交错之中。

　　相聚总是短暂的，但这次的离别没有了本科时的伤感，因为大家都在不同的行业和领域中展示着自己的才华，收获着各自的幸福。这其中，上海交大给我们的烙印是那么的

深，无法抹去。而我，也许是其中烙印最深的一个，因为上海交大对我不是一个简单的符号，而是已经深入了骨髓和灵魂。

大多数人和上海交大的缘分，早的始于收到本科录取通知书，而晚的，可能要到研究生，甚至三四十岁读 MBA。而我却完全不同，因为我和交大的接触，从三岁就开始了。

1976 年，懵懂的我被在上海交大当老师的父亲从出生地无锡带到了上海，住进了本部的 2 号宿舍楼（该楼已经拆除，原址上是现在的研究生楼，但记忆中，该楼和"饮水思源"标志后的 1 号楼是同一规制）。从那时候起，就开始了我的上海交大之缘。

那时候，我们这些学校的教工子弟都会到交大子弟小学读书，操着全国各地口音的小朋友们，在六年的小学学习中，慢慢聚拢，慢慢相识，慢慢开始用标准的普通话沟通。而大家的家长，就是交大各个院系的教工。但那时，并没有什么特别的感觉，仅仅是去过的场所可能不同于校外的人：我们会去船舶实验室外面用过的木船上攀爬，去"饮水思源"的水池中戏水，在华山路校门桥的栏杆旁捉迷藏，或者去父亲楼下的机械实验室闻特殊的机油味道。总之，童年的记忆，都是交大的场景。

中学的六年，我是在南洋模范中学度过的。这所中学，其前生其实是南洋公学的中学部，1921 年才分离出来的。对于我们来说，南模和交大的血缘是要远超交大附中的。考上南模，对我们大多数人来说，是再正常不过的选择了。135 名小学同学中，竟然有 45 人考入南模的初中，其影响力可见一斑了。

中学再去交大，不再仅仅是玩，会结合学习的内容，去找家长询问。毕竟，我们居住的教工宿舍，身边同学的家长，都可以解答我们浅显的问题。而日常的接触深刻影响了我们的人生，使我们中的绝大多数在高考时，毫不犹豫地填报了上海交大。

1991 年，我如愿考入了交大的机械系，专业是机械制造工艺与设备，那其实也是父亲的专业。在闵行校区，有不少和我一样经历的交大子弟，很多人都最终如愿进入了自己父母的专业学习，从中可以看到遗传基因和家庭的影响有多么重要。然而，伴随学习便利的，却是生活的尴尬。那些从小喊叔叔阿姨的同学家长，突然真的成了自己的师长。去同学家玩，也许老师问学习的时间要长于同学间的寒暄。在学校的任何行为，不出半天父母就已经知道，谨小慎微的我们的生活绝不是其他我行我素的同学可以想象的。

然而，也正是在这样的环境中，专业学习的基础被打得很扎实，对日后工作的影响力至今不减，再加上各地同学不同生活态度的影响，使我的大学生活丰富多彩。大三的时候，我开始担纲组织系里的各项文体活动，组织了大四的毕业舞会。而我毕业时是学校管乐团的团长，是很多同学都不知道的。

那个年代，会乐器的大学生并不多，相关的演出也不像现在这样层出不穷。本来仅仅是学校选修课的器乐，对于中学玩了5年的我并不困难。但在刚入交大时由于没有环境，渐渐淡忘了。大四临近毕业的时候，一个偶然的机缘，却又把我拉回到了音乐中。因为1995年是交大的百年校庆，学校为了恢复过去的传统，在1994年开始恢复了正式的乐团，并召入了大批器乐专长生。我正好那时很好地融合进了乐团，在毕业前夕，又为传统的传承尽了自己的绵薄之力。可惜的是，因为工作原因，没有随乐团参加学校百年校庆的各类活动，甚为遗憾。

本科毕业后，我在日常工作中遇到了大量的问题，感觉知识需要继续加强，在2000年又考入机械学院，攻读了工程硕士。而随着工作角色从技术应用到销售管理的转变，在2008年又考入了安泰经济与管理学院攻读MBA。

对于从小在本部长大的我来说，交大就像是同学家边上的小区，而不是校园。可是，当我真正开始MBA课程学习的时候，我知道，自己骨子里对交大的眷恋会让我更深地融入学院。于是，我参加了学生会干部的竞选，当上了文体部部长，尽我所能让大家融合在一起。2008年底我参与策划和组织的迎新晚会，2010年10月由我主持的毕业典礼，让很多同学至今仍津津乐道。

百年光阴流转，四十年岁月不惑，母校伴随我茁壮成长，成为我生命中永远无法抹去的印记。我以安泰为荣耀，安泰有我而精彩！

秉承安泰智慧

　　恰同学少年，风华正茂，书生意气，挥斥方遒。从前你我从五湖四海来，后又各自逐梦走天涯，曾经的学子如今已是头顶一片天，脚踏一方土地的参天大树。这些优秀校友耕耘的行业虽不尽相同，但都同样秉承共同的安泰智慧，展现了安泰人博学致用、诚信立身、上下求索、万里笃行的事业历程和精神风貌。

　　"饮水思源，爱国荣校"，数代安泰人不断坚守与耕耘，致力于服务中国企业成长和社会经济的发展，甘为人梯，跬步千里。正因为有安泰人的不懈努力，安泰才能风云变幻的浪潮中不惧风雨，砥砺前行，成为中华民族伟大复兴的重要源泉。

朱福增

1989 届工业管理工程系本科校友

深圳市伯尼实业有限公司董事长

美时美刻，匠人匠心——朱福增和他的钟表世界

撰文 | 冯倩

编者语：

　　1997 年朱福增创办深圳市伯尼实业有限公司，从事钟表业 20 多年来，他一直坚持务实、稳健、诚信的经营作风，为钟表行业的健康发展尽心尽责。同时，致力于推广"伯尼"品牌，践行匠心执着的创新精神，传承精益求精的钟表文化，探究传统钟表企业的经营方式，努力打造适合自身的企业发展模式，谋求企业的快速成长。

‖ 执著实业　传承梦想

每一个成功企业背后，都有一部奋斗史，伯尼公司也不例外。"1989 年，从上海交通大学毕业后，我只身来到深圳，一无所有。"伯尼公司董事长朱福增深有感触地回忆起白手起家的创业历程。

来到深圳以后，朱福增就职于航天部下属的一家公司。20 世纪 90 年代，深圳进入了改革开放的第二个十年，催生着"大众下海，万众创业"的浪潮。在这股创业浪潮的推动下，朱福增与赵年真伉俪二人赤手空拳，以初生牛犊的闯劲，怀揣东拼西凑的十几万元资本，于 1995 年扎进了深圳钟表制造业，在开创了一份家族事业的同时，也开启了伯尼品牌的成长之路。创业初期，伯尼公司主要生产多功能电子表。由于电子表的价格低廉、质量稳定，一经推出便受到市场的热烈追捧。在国内同类产品中，伯尼公司的产品具有较高的知名度和市场占有率。

‖ 寻求突破　打造品牌

凭借深圳外向型经济的窗口优势，2000 年后，朱福增开始接触到海外市场的需求，伯尼开始为国外一些品牌进行 OEM、ODM 代工制造。在与海外客户的合作过程中，朱福增学习到了一些国际品牌产品的开发设计经验和品牌运营管理方法，不断夯实自身的技术创新能力，逐渐积累起丰富的制表经验。2008 年世界金融危机后，国际市场需求普遍不振，出口低迷。为应对危机，朱福增带领伯尼公司及时调整营销策略，打造自己的品牌。同时，加大自身品牌在国内的市场推广力度，规划全渠道营销模式，积极拓展网络营销，寻求国内市场的发展。

2012 年，伯尼公司顺利入驻光明新区深圳钟表产业集聚基地，成为首家投产企业。"伯尼通过整合钟表产业价值链的资源配置，综合经营实力实现了根本性的跨越。"朱福增介绍，伯尼在品牌定位、企业信息化建设、国内外渠道建设、品牌形象与客户体验等方面确立了自身的发展模式，进入了快速发展时期。

企业成长的市场环境一直在变，但朱福增对技术的追求始终没有停顿。同行对朱福增及其执掌的伯尼的印象是，"内向的技术型企业家，空间很大的发展中品牌"。对此，他本人只是谦虚地并由衷地感慨："现代社会知识更新很快，怕被时代淘汰。"在他的词典中，"淘汰"是一个出现频率很高的词。这种仿佛是与生俱来的紧迫感，一直激励着他如饥似渴地学习、亲力亲为地管理。

‖ 传统产业"遭遇"创新风暴

从给人做定制加工出口，到做自己的品牌，伯尼走的是一条典型的深圳钟表企业发展路径。随着消费市场的不断变化，钟表行业作为传统产业也开始了从"制造"到"智造"的转变。朱福增给伯尼规划了轻奢时尚和科技时尚的新路径，希望能凭借企业多年的技术积累进入到可穿戴产品领域，在运动健康的智能化领域和轻奢时尚腕表领域，实现企业的可持续发展。

"我们这个行业最大的特点就是产业链配套非常完整，生产、设计、零配件都是专业化分工。"朱福增说。他对企业战略方向调整实际上依托的正是深圳雄厚的产业基础。

作为全国重要的电子信息产业基地和创意设计基地，深圳发展可穿戴设备产业有得天独厚的优势。中国可穿戴计算产业技术创新战略联盟（CWCISA）报告显示，国内可穿戴设备产业链主要分布在华南，从原材料、方案设计到制造加工，都比较完整和成熟。该联盟认为，深圳是可穿戴企业的最大集聚地。

"钟表行业一直融合于社会的进步和发展。一直以来，手表产业与现代技术的结合是紧密的，为新材料、新工艺的创新和应用提供了非常良好的产业基础。"朱福增坦言，钟表企业大多着力于工业制造，对大数据、云计算、智能通讯等技术的认知或应用，相对薄弱。以智能手表为代表的可穿戴设备正处于风口浪尖，对钟表产业影响巨大。身处这样一个快速变革的时代，钟表企业倍感压力和挑战。"跨行、跨界、跨领域的尝试势在必行。智能穿戴开启了一个全新的时代，对于钟表行业既是挑战，也是机遇。"

他告诉记者，在可穿戴产品的研发中，伯尼具备良好的工业设计能力和硬件解决能力，而在软件上面，则可以选择与其他行业合作。"在进入可穿戴产品领域时，钟表企业做的是加法，在手表的基本框架之上植入智能功能；而 IT 行业可能倾向于做减法，把智能设备精简为手表等形态的可供佩戴的产品。钟表企业具备工业设计、精密加工、装配制造等硬件解决能力，IT 企业具备系统集成能力，彼此合作是最好的选项 。"

为了更好地实现创新驱动，伯尼与深圳智能穿戴研究院达成了战略合作，共同启动"智慧时间、众创空间"项目。双方将以钟表产业为依托、以智能穿戴为创新主题，为创客们提供更多的创新和研发资源。

‖ 人才是创新发展的关键

人才是经济社会发展的第一资源，创新驱动实际上是人才驱动。"要吸引人才，配套环境很重要。"朱福增说。伯尼大厦的一楼是一个开放式图书馆——光明新区图书馆伯尼分馆，由伯尼实业有限公司投资建设，这也是光明新区首家由政府支持、企业运营的社区图书馆。伯尼分馆使用面积约 300 平方米以及近 1 000 平方米的配套空间，馆内有各类藏书 4 000 余册，包括各类专业杂志、报纸等。分馆对社会公众开放，提供各类图书免费借阅服务；馆内藏书与深圳市内的各个公众图书馆实行联网漂流，读者可以免费预订借阅、异地借还。此外，分馆还配置了咖啡水吧、音响投影等设施，适合时间谷的设计创意人员进行技术沙龙、项目路演等活动。

"见证您的传奇"（Witness Your Legend）是伯尼的品牌精神。作为置身于深圳特区建设的普通一员，朱福增耳濡目染了许许多多特区创业者的传奇故事，和他们一起共同见证了特区的发展，而诞生于深圳特区的"伯尼"也同样见证了这些创业者的人生传奇。

22 年弹指一挥间，在深圳这片生机勃勃的土地上，朱福增执掌的伯尼，如同一个蹒跚学步的孩童，历经风雨，执着前行，步伐已经变得稳健而自信。未来，他将继续坚持匠人精神、匠心态度，依托行业积累的精密制造优势和工业设计能力，谋求新的机遇，推动产业的发展。

孟庆海

1997 届国际金融班本科校友
麦腾股份创始合伙人

围绕产业做孵化，打造企业价值高地

撰文 | 冯倩

编者语：

　　作为中国最早的新三板基金投资人之一，过去十年以来孟庆海一直致力于中小创新型企业的孵化。2017 年 2 月 21 日，麦腾股份（证券简称：麦腾股份，证券代码：870777）的挂牌申请获得批准，正式登录新三板，成为"双创""产业升级"趋势背景下，上海创新创业孵化领域的又一颗新星。

‖ 华丽转身，投资人投身众创

麦腾股份是一家由一群"创投老兵"组建的新兴创业孵化机构，两位创始人孟庆海和俞江虹均在投资行业从业多年，手上有过数不胜数的投资案例。2009 年之前，孟庆海曾担任德国 Centrotherm、CETECOM，美国 Litepoint、Coeur 等多家跨国公司或上市公司的中国区项目的财务投资顾问事务；同时作为国家创新基金评审专家，孟庆海参与过近百个国家创新基金项目的评审。

孟庆海在中小企业投资方面更是拥有丰富的经验，他长期关注中国新三板市场的研究与投资，并致力于对中小创新型企业的投资孵化。曾担任鼎昌投资执行董事（管理着鼎昌上海基金、鼎昌黎曼基金、鼎昌基金）的孟庆海，参与过数十个初创期及成长前期项目的投资，也是国内最早一批在五年前就开始关注新三板并投资企业挂牌上市的投资人，除此之外，孟庆海还主持操作过数个早期项目的 OTC 市场挂牌。

至于为何要转变身份，做起众创空间？孟庆海说，萌生启动众创空间的念头是在 2013 年初，最初的想法是，与其四处到各个园区寻找项目、企业去投资，还不如自己做成一个孵化器，自己投资孵化然后资本运作提升企业的价值，最终走向资本市场。孟庆海笑称"颇有几分'自留地'的感觉"。2013 年 12 月麦腾创业天地注册成立公司，2014 年 2 月麦腾第一个位于普陀区的创业孵化器开张。

‖ 围绕产业做孵化，致力于打造有内容、有温度、有氛围的孵化加速机构

麦腾创业天地自建成以来，可谓发展迅猛。2014 年 7 月获得上海市市级科技企业孵化器认定，8 月获得张江高新区普陀园子园认定，同期麦腾创投也在证监会备案，11 月麦腾天使基金成立，获市、区两级政府引导基金注资，到 2014 年末麦腾创业天地已经有近 100 个创业企业入驻，入驻率 90%。仅在 2015 年，麦腾创投就投出了近 30 个项目，目前其中不到一年收益最高的一个项目回报率达 8 倍多。

秉承"领投创业前沿，全过程价值孵化"理念，麦腾始终围绕产业做孵化，重点对文创、技术孵化、消费升级、企业级服务、高端制造等领域的创新创业企业进行孵化加速。截至目前，麦腾已经拥有了五家孵化器，分别是位于上海市普陀区的麦腾创业天地、黄浦区的麦腾集创空间、浦东新区的麦腾智慧天地、宝山区的麦腾365众创小镇，以及位于杭州梦想小镇的麦腾连力空间，总体量超过50 000平方米，累计孵化企业超过500家，累计孵化企业估值超过100亿元人民币。此外，麦腾还建立了创业商学院课程、创业训练营体系、创业服务机制，正逐步成为国内创业孵化生态系统最完备的创新创业孵化机构。

麦腾成立三年以来，已有数十家孵化企业崭露头角，如表情领域的"表情MM"、媒体传播领域的"摩邑诚"、汽车后市场领域的"车通云"、已经登陆新三板的北斗导航领域的"普适导航"、雷电预警领域的"晨辉科技"等。

▌ 饮水思源，昂首前行

毕业20年，光阴荏苒。在母校交大求学的三年又一载，在孟庆海看来是他人生中最美好的时光之一，那里是梦想开始的地方。书山有路勤为径，学海无涯"我"作舟。感恩那段求索求知的光阴，母校给予了他"饮水思源"的人生准则，也给予了他不断攀登人生高峰的知识积累，使他受益终生。孟庆海说："20年，不忘初心，而今再次出发，心中满是感恩，也想借此机会，向母校道声感谢，祝愿母校辉煌永续，人才辈出，桃李满天下，期望日后能为母校的发展贡献绵薄之力。"展望未来三年，麦腾将进一步依托过去三年打下的良好基础，全面切入"泛孵化"领域，加强"要素孵化""内容孵化""技术孵化"的投入，加快全国孵化器布局和国际创新实验室布局，对接更多产业巨头和产业资本，真正让中国产业转型升级拥有更多创新创业资源。

谢 雨

1998 届本科、2004 届 MBA 校友
普华永道中国管理咨询合伙人

在人生的长跑中修炼自我

撰文 | 冯倩

编者语：

谢雨，拥有十几年知名咨询公司从业经历，目前担任普华永道中国管理咨询合伙人，主要负责协助客户解决管理上的商业问题。作为一名"老交大"，他获益于本科及 MBA 期间汲取的专业技能、做人之道以及平台人脉，结合自身的优势，逐渐沉淀出独特宝贵的人生智慧与事业圭臬。

‖ 深厚的交大情节

作为交大安泰经济与管理学院 1998 届工业管理工程系涉外会计专业的校友，谢雨在 2001 年再次走进安泰就读 MBA。作为普华永道中国管理咨询合伙人，他给人的第一印象是思路清晰、高效果断。而每每谈起母校，他总是流露出深深的眷恋，谢雨的家族中有很多成员都是"交大人"，谢雨说，从小在家人的言传身教中，自己心中早已种下了对交大美好印象的种子。

‖ 恩师教诲受用终生

1994 年，谢雨来到交大闵行校区上大学，虽然当时的校区只有现在的四分之一左右，但在谢雨看来却已经非常广阔，现在他经常会跟着公司招聘去到闵行交大，看看日新月异的校园，仍感慨不已："在交大的学习给我打开了一扇通往更广阔的世界的大门"。

本科四年，从闵行到徐汇，从校园到社会，从少年到青年。谢雨回忆当年的恩师："纪凯风老师在开学欢迎词里跟我们强调，大学四年，不光是学习知识，也是学习做人做事的道理，考入交大的学生在各方面都不输别人，希望我们在今后的人生路上都走得正直，不要误入歧途。当年纪老师的一番话我一直铭记于心，也时刻提醒着我在前进的路上保持正直。我们的班主任周丽老师，就像一个大姐姐，她为我们在为人处世方面做了很好的榜样。还有搬到徐汇校区后的班主任王耕老师，为同学们介绍了很多实习和工作的机会，她给我们的帮助让我们受用至今。"

说到重返校园就读 MBA 的契机，谢雨表示他更愿意把 MBA 当成是他职业生涯中的一次重新选择的机会，谢雨本科学的是管理工程系涉外会计专业，毕业在一家上市公司做财务、风险控制和投资方面的工作，但是在他心里却始终有一个从事创造性的，跟规划、战略相关的工作的念头。谢雨说，"在 MBA 学习的 18 个月，让我有时间停下脚步去沉淀，重新思考人生方向。交大之于我，不仅是培育我的母校，也是让我心灵沉淀的地方，到了这里我就很安心、很放松，毕竟这里是我开始的地方。"

‖ 交大学风是永远的正能量

　　MBA 毕业后，谢雨进入一家咨询公司。目前，谢雨作为普华永道中国管理咨询合伙人，主要负责协助客户解决管理上的商业问题。他说交大的背景让他获益颇多。一是交大严谨的求学态度，给他打下了良好的基础，"我们当年应聘面试，不像现在大部分考验的是陈述能力，我的面试官给了我一个做了一半的财务模型就走开了，让我在他回来之前完成这个财务模型，首先我要用数学的语言理解读懂这个模型，然后按照他的逻辑思维把它做完，动作要快，在交大养成的学习习惯和知识积累帮助了我，这是一辈子受用的。"二是交大强大的校友网络，大家互相帮助也起到了很显著的作用。第三是交大的品牌形象在国际上也越来越好，与海外知名院校的密切交流与合作，安泰也已经建设成为一个国内领先、国际知名的现代化商学院，是国内第一家通过 AMBA、EQUIS、AACSB 三大权威认证的商学院。谢雨说，"这些都是在我离开交大很多年以后发生，但对我的生活和工作一直有着正向的影响。"

　　正因为有了这些基础，谢雨在工作上的成长是迅速的，他始终坚守三个信念。

　　正直，商业社会的成长是一场长跑，暂时的输赢并不重要，我们在职业生涯中会面临很多诱惑，有序经营，有强烈的风险意识，才能越走越踏实，越走越远。

　　真诚，无论是对同事还是对客户。

　　生活和工作的平衡。谢雨表示："从做事者到管理者，转变的关键是要学会授权，而授权的前提是学会信任。我花了很长的时间教年轻的同事，我发现一旦教会了就是一劳永逸的。所以学会以你年纪、资历、工作与你的授权等级匹配，才能做到平衡。"

‖ 人生不争一时快慢

　　工作之余，谢雨喜欢打太极拳，他热爱这种不追求速度，却蕴藏力量，以中国传统儒、道哲学中的太极、阴阳辩证理念为核心思想，集颐养性情、强身健体、技击对抗等多种功能为一体的刚柔相济的拳术。谢雨说："刚从事这个行业的时候我内心也很浮躁，天天觉得时间不够用，但是经过十几年的积累和沉淀，让我明白，最慢才是最快的，脚踏实地一步一步往前，只要确定是向着自己的目标前进，每天都在进步，时间到了，利益自然会来。"这两年谢雨所在的班级也举办了返校活动，多年不见的同窗好友相见叙旧，他除了感慨时光飞逝之外，"我发觉，同学之间没有差很多，刚毕业那几年，大家很喜欢互相作比较，觉得自己的发展快了或者慢了，但很奇怪，如果把人生拉到足够长，那些当年在相同起跑线出发的同学，无论是当年班里的佼佼者，或是沉溺游戏的大小孩，虽然可能途中忽快忽慢，但最后在每个人的领域里大家都达到了差不多的高度。所以年轻人做事不用太急躁，不用去争一时得失。"

说到学院百年院庆，谢雨深深地祝福母校，他说，"我的孩子现在 10 岁，希望他 18 岁时能考上交大，如果想要上 MBA，希望他的第一选择依然是交大安泰，更希望那时候的交大能全面跻身国际一流大学。"

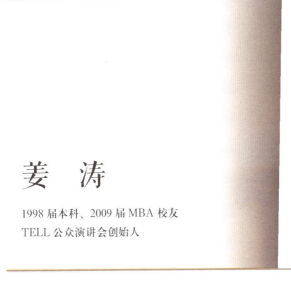

姜　涛

1998 届本科、2009 届 MBA 校友
TELL 公众演讲会创始人

用故事展示生活的可能性

撰文 | M1712096 钱洁　编辑 | 姜涛

编者语：

　　姜涛，交大安泰 1998 届本科、2009 届 MBA 校友，社会企业创业者，TELL 公众演讲会创始人，微博"@抗战直播"创始博主，阅读马拉松比赛发起人，安泰读书会发起人。本科毕业后的 16 年中，姜涛在零售行业从业，2012 年创立了新浪微博上最大的历史直播类微博"@抗战直播"，2014 年创立 TELL 公众演讲会，致力于研究和发展讲故事的艺术与技术，定期举办 TELL 和 TELL+ 演讲会，采用舞台演讲形式，把来自我们身边的领导者创新和改变的决心及实践展现给世界。每年组织各类公众演讲活动超过 20 场。2016 年发起创立阅读马拉松赛是中国乃至世界上参赛规模最大的阅读推广赛事。

‖ 交大的实干型思维深植心中

姜涛本科和 MBA 都就读于交大安泰，交大崇尚实干的精神成为他的行动准则，对于社会现实，作为交大人选择的不是抱怨，而是用行动去推进改变。在他的履历里看似不相干的几件社会创业的工作，就是出于行动的目的实践，这些实践其实是有内在联系的。这种联系第一体现在对社会认知改变和社群的把握上，第二体现在运用的手段和工具上。作为一个拥有多年经验的互联网观察者，他在 1998 年就注意到互联网将给中国经济和社会带来重大改变，当其他人还在探索互联网的经济价值的时候，他转而用互联网推进社会价值的转变。

‖ @抗战直播：多角度讲述一个民族的故事

中华民族的抗战历史，并不仅仅是一段屈辱的历史，而是从多个角度展示了这个民族在近代的思考和行动，"@抗战直播"从大的维度上展示这个民族 75 年前的故事，对于现实有着深刻的意义，这既是一种行为，又是一种艺术。姜涛联合了另外两名安泰 MBA 校友，钱寅浩和席康，从 2012 年起用同步直播的方式在新浪微博上展示 75 年前每一天发生的事情，把这段历史以向先辈致敬的方式呈现，至今已经将近五年。持续发布微博超过 2.5 万条，文字超过 300 万字，从政治、经济、军事、外交等多个角度的描述，让这段历史显示出更为多元的价值。五年多的努力也让他们赢得了 150 万粉丝的关注，虽然数量不是很多，但对于这个小团队的每一个人来说，这更像是一个持续八年的承诺，是一场人生的探索。从这场探索中，他们得到的生命体验的收获是第一位的，这也是文化和经济的不同点，"@抗战直播"的尝试，也让姜涛对故事这种形式的作用和意义有了更为深刻的体认。

‖ TELL 公众演讲：讲述身边领导者的故事

姜涛认为互联网给每一个中国人都带来了社会行动的能力，大家所缺乏的是行动的意愿和决心，这便是他做 TELL 公众演讲的初衷——向大家传播一种能够付诸行动的领导力，告诉大家，在面临世界变化的时候，要考虑哪些事情，要如何做出选择。TELL 的核心就是变化和选择，希望在大家身边的社会变革者通过讲述他们的实践，去推动每个听众对自身的思考——在变化的世界中，应该如何定位自己，应该如何去行动。TELL 所有的演讲者有一个共同的特点，那就是他们不会被动地接受命运的安排，他们总是主动地去推动、去改变现状，这是社会最需要的一种能量，而 TELL 则是制造和传播这样一种能量。

TELL 起步于交大安泰的支持，2014 年 8 月在当时的法华镇路校区的演讲厅举办了第一次的 TELL 故事演讲会，到场的 300 余名观众见证了第一批七名演讲者的人生探索，之后 TELL 故事作为 TELL 公众演讲会的核心演讲活动每年固定在交大安泰举办两场。除此之外的演讲活动，一律称为 TELL+，是 TELL 和其他主办单位合办的公众演讲活动。比如 "TELL+DREAM" 是发掘漕河泾开发区内的工作者的故事，"TELL+MED" 则着眼于医疗行业的变化，"TELL+ 公益" 是讲述公益组织中的领导者和志愿者的故事。"TELL+历史" 则致力于寻找历史当中的人和故事对于现实世界的意义。

和上海市文明办举办的 TELL+ 上海公众演讲，是 TELL+ 活动的标杆性演讲，TELL+ 上海从一个城市的层面去展现上海的文化与精神——不管是企业还是城市，最快成长的群体和个人，总是最符合企业及城市精神的。TELL 则专注于如何将这些无形的内在精神变成一个个有形的故事，借助于在百多场公众演讲中形成的演讲理论框架体系和教练体系，TELL 对所有演讲候选人教授演讲和故事的技术与艺术，帮助每一个演讲者达成自己生命中一场最佳的演讲。

在一场演讲的准备和实施过程中，演讲者在 TELL 的帮助下对人生故事做了回顾、梳理和阐释，对生活、工作和生命有了全新的体认，突破了自身的演讲极限。由于讲者大部分是来自于我们身边的普通人，他们的故事和我们每天所经历的事情的相似处非常之多，因而对听者有非常大的感染力和影响力，很多听者在听完 TELL 的演讲后最大的体会是

"我也能够这样"。这也正是 TELL 所希望的。

姜涛对 TELL 的定位是一个研究故事的机构。TELL 有 50% 的时间是在研究故事，包括故事内在的结构和逻辑是如何呈现的，探索故事的原型，结合讲述者特定的文化特征，也就是演讲者的特殊性，呈现出各种不同的故事形态。讲故事的秘诀主要在于调动自己和听者的情感，把能真正感动自己的故事告诉别人，让别人去思考，当然这些技巧也可以运用到商业中。TELL 代表 THINK、ENJOY、LINK、LIVE，这几个词概括的就是 TELL 核心的能力：反思的能力，融入的能力，建立连接的能力以及将概念深植在他人脑中的能力，TELL 希望能让更多的人了解和学习这些能力，也相信这对于未来的中国十分重要。

▌ 阅读马拉松：创造一个阅读故事

如果说 TELL 还是一种理论探索的话，"阅读马拉松"则是直接的社会领导力的实践。展现了当我们有了意愿的情况下，如何在一个零起点上，利用互联网和社群去改变世界。2016 年姜涛创立的一项简单、有趣的赛事——阅读马拉松，在上海乃至全国的阅读推广领域里成为一个热点话题。

"阅读马拉松"提出了一个 6 个小时完成一本书的挑战，上千名参赛者，分散在不同赛场展开阅读技术的比赛，在比赛的组织、过程中和完赛的所有环节，借助于社交网络、社群做了大量的体验性的传播环节，使得阅读行为在比赛期间得到了充分的展示。作为一个资深阅读者，姜涛知道阅读本身是无法比赛的，这个比赛更重要的意义是在于把阅读者从分散的状态，集合起来向世界展示阅读的行为，让世界了解和思考阅读的意义和价值，并利用群体影响力，帮助每一个参赛者实实在在地完成一本书的阅读，翻越自己的阅读障碍。这项赛事创造出一个阅读者的共同记忆，从而让阅读通过集中展示，成为一种每一个人都必须重视的个人选择。

从 2016 年创立以来，阅读马拉松已经成为公共阅读推广领域最大的阅读赛事，分为春季和秋季两场大赛，参赛规模超过 1 000 人，并在稳步扩大。上海各公共图书馆、高校图书馆都成为了阅读马拉松的合作伙伴。以此为基础，阅读马拉松创立的阅读组织和创立的核心阅读体系也正在形成和推进当中。而这一切的缘起，正是来源于阅读故事的创造。让大家相信、感动、选择，进而把思想上的创造变成现实。这便是故事的威力。

人类之所以不同于动物的原因之一，是人类喜欢和相信故事。故事是维系人类社会的重要基石之一。TELL 对故事的理论和实践探索还在继续，TELL 也相信这对我们的未来十分重要。

陈韦予

2004 届本科、EMBA2012 秋 1 班校友

凹凸租车联合创始人、CEO

"不持有"反而让你拥有更多

撰文 | EMBA 中心　编辑 | 冯倩

编者语:

　　陈韦予,2004 年本科毕业于国际经济与贸易专业,毕业后创办品牌策划公司,2012 年秋就读交大安泰 EMBA。2013 年,她再次自主创业,率先将全新"车共享"理念带入中国,创建了私家车共享平台——凹凸租车,致力于在未来 10 年内,通过汽车共享,在付出最小的环境和道路资源压力下,解决 7 亿驾照持有人的汽车生活梦想。凹凸租车现已发展为中国共享租车的领导品牌。2017 年 2 月 23 日,凹凸租车获近 4 亿人民币 C 轮融资,此轮融资将主要用于产品服务升级以及城市扩张。

‖ 创业初心：美国之旅首次感受共享的魅力

2013 年的旧金山湾区，陈韦予和创始团队考察的第一站。他们提前通过 Airbnb 预订了一幢民宿——海边浅蓝色的二层小楼，房主是一对老夫妻。卧室里体贴地摆放了香薰，房主说希望大家在舟车劳顿后可以好好睡个觉，离开前，还为他们留下了两瓶红酒和一个微笑，这是他们第一次通过一个互联网平台住进了陌生人的家里。作为房客礼仪，他们离开时把垃圾打包，将房间打扫干净。这是他们第一次感受共享的魅力。

在美国，人们的价值评判标准，并不仅仅基于个人资产的拥有情况。所以美国的年轻人在大学毕业后并不急于买房买车，因为他们可以租用，生活得非常轻松，幸福指数很高。而中国的传统价值观，评判一个人的社会地位是基于一个人拥有多少资产，所以年轻人的生活压力非常大。

当时陈韦予就在思考，中国人为什么一定要为固执地拥有一样东西，而牺牲自己的幸福指数？即使对于中国的"有产阶层"，如果闲置资产没有被反复利用而再次产生价值，这样的"拥有"就真的快乐吗？中国人可不可以通过"共享"的方式，去体验更多样化的生活方式和人生经历？

‖ 事实证明：中国需要共享，且接纳共享

根据中国公安部交管局数据，截至 2016 年底，中国私家车保有量为 1.46 亿辆，但机动车驾照持有人数高达 3.6 亿人。这个数据未来还将大幅增加，据中国汽车工业协会预测，十年后中国驾照持有人会达到 10 亿人，而中国眼下的道路和相关基础设施对汽车保有的最大容量仅为 3 亿辆，有本无车一族将达到 7 亿，中国的汽车供需矛盾将异常突出。拥挤的街道、恶劣的环境让陈韦予意识到：与其无节制地拥有汽车，不如通过共享来解决人们的自驾需求。

2014 年 5 月，凹凸租车正式上线，其业务目前已覆盖北京、上海、广州、深圳、南京、杭州等 25 个城市，在线用户突破 500 万。在线车辆超过 20 万辆，车型逾万款。其单

个城市目前已实现盈利，业务量已接近该城市整体租车市场的 20%，现已发展为中国 P2P 租车的领导品牌。

寻找创业方向需要从两方面进行考虑，一是考虑这个方向是不是大势所趋，凹凸租车的共享理念显然是目前大热的领域；二是要考虑用户是否有痛点，凹凸租车显然抓住了有本无车这类人的最大痛点。大家对共享的接受速度大大超出了陈韦予的预期。凹凸租车并没有将自己仅仅定位为一个简单的租车平台，陈韦予希望汽车共享不仅是租车，更是一种有乐趣的自驾出行体验和全新的生活方式。

‖ 不持有，反而让你拥有更多

凹凸租车所倡导的"不持有生活"，正在让越来越多的人放下对外物的执着。美国共享经济协会数据显示，每共享 1 辆汽车，可以减少 13 辆汽车的购买行为，减少 75 克二氧化碳排放量。凹凸租车所倡导的"不持有生活"，减少不必要的浪费，通过分享交换的形式，使闲置资源再次产生价值，降低资源的消耗，减轻地球环境的负荷。

凹凸租车还携手包括徐小平、潘石屹、陆毅、张靓颖、江一燕、程雷、蔡志松、曹启泰、刘清扬等在内的众多行业领袖和明星，共同发起了"不持有生活 / 汽车共享"大型公益活动，通过视频短片号召大家以租赁代替购买，充分利用闲置资源，改善道路交通压力，他们还将自己的闲置车辆放置于凹凸租车平台上用于租赁，并将租车所得款项全部捐赠于中国民促会绿色出行基金，支持更多低碳、环保事业。

陈韦予表示，未来将更加着力于产品和服务体验的全面升级，更加纵深地拓展汽车后市场上下游产业链的布局，与更多整车厂商、经销商开展新业态合作，加快盈利模式的优化和探索，将共享租车模式变得更多元化。

或许，不久的未来大家都会理解，"不持有"生活才是真正能够让人持有生活本真的乐趣！

林成栋

2005 届博士校友
上海朱雀投资发展中心创始合伙人
上海富善投资有限公司总经理兼投资总监

创业要有合作和分享精神

撰文 | 冯倩

编者语：

　　作为新上海人，林成栋是国内较早从事金融工程研究的专业人士之一，国内阳光私募基金行业第一批参与者，国内知名阳光私募基金公司上海朱雀投资发展中心（有限合伙）的创始合伙人之一。2013 年他在浦东创立了自己的投资公司——上海富善投资有限公司，专注量化投资，用数量化程序化的方法做投资。幽默风趣如他，能言善道如他，举手投足之间又无不流露交大人特有的质朴与踏实。

‖ 交大情结考博圆梦

谈起交大，林成栋毫不讳言他有交大情结，本科硕士选择了西安交大，考博士时，另一所以财经金融出名的大学以第一名录取了他，但他还是义无返顾选择了上海交大。他说，他已经从交大博士毕业十多年了，让他感触颇深的是，交大安泰的博士学位其实很难获得，为了博士顺利毕业，当时的同学们都很勤奋。他坦言，读博士时他在学校住的时间不多，博士一年级把学位课程上完后就出去创业，在他难得回宿舍住的时候，看到大家都非常努力地埋头学习。相对来说，林成栋的学习是在与实践结合中逐步获得的，他认为这样更有效果。

交大人务实，也总是铭记"饮水思源，爱国荣校"的校训，在工作中干活严谨、认真、脚踏实地，在林成栋公司里的交大校友就是如此。他身边的很多同学，在工作中都比较容易沉下来，跳槽的相对少，厚积薄发，专注的时间久了，都有不错的发展。以前交大没有专门的金融专业，但是近几年有了较大的发展，进步显著，林成栋毕业的时候赶上行业大发展，现在金融行业里从事金融工程和量化研究方面的人才，不少都是交大毕业的。他觉得这得益于交大文化对每一个交大人潜移默化的影响。

‖ 做资产管理责任感很重要

在国内阳光私募资产管理领域中，林成栋属于比较早的创业者，他在 2007 年参与朱雀创立时，它算是第一批阳光私募股票基金，经过 10 年多的努力经营，现在朱雀已是业绩不错、很有名气的大公司了，他目前还是该公司的合伙人。朱雀投资还管理过交大校友会基金会的资金，他后来创立的富善投资现在也在跟一些校友会洽谈和接触，例如清华教育基金会。

2013 年是量化投资对冲基金的元年，林成栋创立富善投资，致力于成为国内量化投资领域的品牌企业。富善专注于量化投资和程序化交易策略的研发，在不断吸收和引进全球领先金融机构在量化投资领域成熟经验和技术的同时，结合中国市场的实际情况，探索和研究适合于本土资本市场特色的投资和交易策略。作为专注量化投资的私募基金公司，林成栋深知，中国资产管理行业的未来属于具备核心竞争力的专业团队，富善目前已拥有26位专注量化投资领域的投研人员。五年来，富善投资的品牌赢得了众多机构客户、高端个人客户和合作伙伴的认同和信赖。富善作为量化投资资产管理领域最大的私募管理机构之一，是国内多家银行总行和资产管理机构的投资顾问。

对于这些成绩，林成栋深感责任重大，"在我们这个行业做事是急不得的，管理资产动辄以亿计算，承担的社会责任还是蛮大的，责任感很重要，对待客户的资产要像对待自己孩子般呵护和用心。"

‖ 管理经验点石成金

在行业里摸爬滚打这么多年，在管理经验上，林成栋表示有几点心得可以和大家分享。第一，作为一个管理者，要做到公平，多劳多得，奖惩明确。第二，管理要制度化。用好的制度去管理公司，他们现在就是在量化投资领域研究出一套适合行业特点的科学的制度流程。第三，强调合作和分享。金融行业要发展，人才是第一位的，要重视人才。俗话说，财聚人散，财散人聚，公司里的高端人才非常多，如何把这些人凝聚在一起，除了强调团队建设，除了经济物质上的激励，股权层面的合伙人文化，还要有精神层面的认可和分享。

林成栋从交大博士已经毕业十多年了，说到座右铭，他要送给大家一句话，"友以交情可久，富由善取利长久"，富善投资的名字也取之于此。具体说，就是做朋友要讲义气，要真诚，做生意赚钱要取之有道，他是个喜欢分享的人，但他会选择分享的对象，和值得分享的人分享。有的人只进不出，一来二去也就作罢。这是为人理念，也是经营哲学。

‖ 不妨先就业再创业

对于年轻的校友想要创业，有多年创业经验，并已经拥有两家成功的创业公司的林成栋很有发言权，他也非常想要分享他的心得。他说，现在创业的机会很多，选择是否创业要看专业，看自身能力，看家庭条件，综合考虑。积累了一定的资源，有合适的机遇再开始。他大学时候通过兼职就已经积累了一定的人脉，大家对他的能力比较认可就给予一些机会，他觉得有这样的机会，就去尝试，就赢得了越来越多的信任。

所以创业要背靠大树，创业需要合作和分享精神。创办朱雀投资时，他也是从开始的小股东做起，到现在再次出来创业，创办富善才严格意义上算是独立创业，并担任公司的一把手，这是需要过程的，不能一步到位。年轻人创业要沉得住气，专注下来，而不是看别人创业好像很容易自己也去创业，如果不是个人非常有能力或有非常充足的资源，按部就班地找一个自己喜欢的行业先做起来可能更合适。就业时选择行业很重要，不是一定要跟自己的专业相关，应该选择自己有兴趣的行业，去大企业工作几年积累一些人脉，然后再等待机会创业，也是很好的选择。

对于母校，林成栋充满感情，希望交大，希望安泰越来越好，也希望金融行业的未来发展越来越好，能有更多的优秀校友与其并肩作战。

王玉荣

1999 届管理科学专业硕士校友
AMT 共同创始人、AMT 高级副总裁

要做成一家由中国人创办的世界级咨询服务企业

撰文 | 冯倩

编者语：

　　王玉荣，长期致力于中国企业的转型升级、流程优化与管理信息化方面的研究与实践，累计出版了 9 本书籍：《流程管理》第 1 版到第 5 版、《流程管理实战案例》《瓶颈管理》《别让会议控制你》《CRM 行动手册》等；被很多 AMT 咨询公司服务过的政府与企事业单位称为"中国流程管理第一人"；曾获得由国际管理学会颁发的"中国卓越管理专家"称号；被上海市区发改委、无锡市政府、中国通用技术集团公司等聘请为管理咨询与信息

化咨询领域专家。在她看来，创业就像跑马拉松，没有一蹴而就。创业路上的痛苦和枯燥，发展期的喜悦，企业转型的阵痛，然后又是再一轮冲刺，在这期间需要不断地学习、磨炼，才能跑得稳、跑得好，也唯有从不间歇地跑，才能遥遥领先他人，捷足先登。

‖ AMT 文化的核心是"共享"

"我们所共享的是知识，是交互，是经验，以及我们的未来。"

1998 年的秋天，有感于中国企业管理信息化的蓬勃发展，而中文的 ERP 以及相关领域的资料非常少，王玉荣与合作伙伴孔祥云先生率先提出"网上虚拟的信息化研究中心"的概念，利用互联网，交流企业管理和信息化的各种最前沿资料。也就是今天，大家熟知的"AMT 企源"的前身。他们为这个网站起了个名字：Active Management Team，简称 AMT，中文名"企业资源管理研究中心"，致力于研究如何管理企业各种各样的资源，包括人财物产供销都是可供管理并开发出效益的资源。"AMT—企业资源管理研究中心"很快就成为企业管理与信息化领域最权威、资料最丰富的中文站点。

2000 年，王玉荣申请提前毕业，比同学早半年完成所有毕业要求，投身创业创新的大潮，这比"双创"提出早了十几年。

2001 年 12 月，AMT（上海企源科技股份有限公司）成立，2010 年成为国内首家获得风险投资的管理咨询企业，2015 年 8 月新三板挂牌（证券代码：833132）。截至目前 AMT 已累计服务客户 3 000 多家，收入从 300 万到 2016 年的 6.38 亿，增长 200 多倍，连续 14 年年化复合增长率超过 46％，成为中国"管理 +IT"咨询服务领域第一品牌，以及行业内第一家进入新三板创新层的企业。

‖ 聚焦"管理 +IT"，打造"咨询 + 运营"的中国埃森哲模式

咨询行业龙头公司众多，无论是在战略咨询还是在人力资源咨询等任意一个领域，都有响当当的龙头公司。但是 AMT 并没有将麦肯锡、BCG、盖洛普等公司作为自己的发展目标。AMT 结合自身的发展对公司定位进行了充分考虑，从初期就积累着丰富的"管

理 +IT""咨询 + 运营"的经验，而埃森哲的成功经验也是"咨询 +BPO"的业务模式。这种模式能够保障公司整体经营业绩的持续稳定增长（埃森哲咨询和 BPO 两块业务中，咨询收入以每年 5.7% 的速率增长；BPO 收入以每年 10.2% 的速率增长），所以 AMT 把埃森哲作为学习对象和希望赶超的目标。埃森哲 2015 财年的收入是 310 亿美元，市值超过600 亿美元。

无论在管理及信息技术咨询方面、企业经营外包方面、企业联盟方面还是投资方面，AMT 都在以埃森哲作为学习的目标，但是 AMT 没有盲目地照搬埃森哲的模式，而是结合自身情况和中国市场情况打造出一个具有自身特色的"管理 +IT"咨询服务企业。

‖ AMT 成为中国咨询业入口，一家基于互联网的平台型咨询服务

企业 2014 年起，AMT 开始进行平台化转型，致力于通过打造"管理与信息化咨询平台 + 云服务平台 + 投资孵化平台"三大平台联动的商业模式，为客户提供从战略规划、商业模式设计、组织及人力资源优化、业务流程优化及知识管理、PC 端和移动端 IT 系统规划及落地、云服务综合运营、融资、改制、上市项目管理等全链条的综合持续服务。

这个行业中 AMT 是行业中的骨干企业，但还有成千上万的咨询公司，年收入不到500 万元，它们和资本市场没有什么关系，它们可能也从事质量很不稳定的咨询和服务。AMT 希望通过赋能平台的打造，进行行业资源整合，从而形成围绕客户的综合服务能力。

2016 年，AMT 已经连接了行业中 200 多家中小咨询公司成为 AMT 的事业合伙人，运用 AMT 的平台为这些事业合伙人提供多项共享赋能服务，同时通过项目全生命周期的质量管控体系，确保客户的价值交付。

‖ 围绕产业做孵化，致力于打造产业互联网集群

AMT 通过"赋能平台 + 开放共享的事业合伙人机制"正在打造传统咨询产业的互联网，同时通过服务一个个行业骨干企业，帮其打造各垂直领域的产业互联网，如鲜易已经

成功打造冷链产业互联网、洛可可正打造创新设计领域的产业互联网、源来鲜正打造生鲜产业互联网……

AMT认为，未来在每一个市场份额分散、行业参与者众多、无寡头垄断、无法律特许经营的传统产业领域都会出现产业平台型企业，通过产业链资源整合，推动产业模式升级。BAT、华为、电信运营商等，它们是属于互联网时代的一级基础设施，而这些产业中的平台型企业将通过为产业中的从业者提供云服务而成为产业的二级基础设施，形成新的产业价值创造网络。AMT将通过在"产业互联网+"领域不断实践创新，帮助行业骨干企业和产业家，做产业互联网的规划者和运营者。

‖ 马拉松与创业，中国第一批遍历世界六大马拉松的跑者

作为一个典型的都市职场女性，工作、出差、会议、孩子、丈夫，这些构成了王玉荣的日常生活画像。职场生活的压力、家庭生活的琐碎、两个孩子母亲的默默付出，在这些不断变换的角色中，跑马拉松，便成为她调剂身心的一种方式。

跑步两年，她成为国内第一批遍历世界六大马拉松赛的女子业余选手，面对这样羡煞旁人的经历，王玉荣很淡然。"过去是个菜鸟，至今还是一个菜鸟"这是她对自己的评价。穿上跑鞋、踏出原地，逐步实践跑步时的科学呼吸、跑前拉伸和跑后放松，在她看来，创业就像跑马拉松，没有一蹴而就。创业路上的痛苦和枯燥，发展期的喜悦，企业转型的阵痛，然后又是再一轮冲刺，在这期间需要不断地学习、磨炼，才能跑得稳、跑得好，也唯有从不间歇地跑，才能遥遥领先他人，捷足先登。

"要做成一家由中国人创办的世界级咨询服务企业"是王玉荣创业之初定下的目标，这些年的发展历程才刚刚是走完前路的一小段，面向未来百亿市值、世界级咨询服务企业的目标迈进，这一路需要更长时间的打磨、更多心血的累积，绝不言弃，持之以恒，忍受孤独，如此反复，终能跑到幸福的终点！

任 敏

2005 届本科、2008 届硕士校友
Enactus 创行中国区总经理

让公益成为人生中最重要的事

撰文 | 章君秋　编辑 | 冯倩

编者语：

　　从大学时期的赛扶队长，到现在全球最大的大学生社会创新机构 Enactus 创行〔原赛扶（sife）〕的中国区总经理，从事 NGO 事业十几年的她既是一个学霸，也是一名辣妈，在工作上升期选择结婚生子拥抱家庭，并在生产后一个多月快速投入工作。她被创行全球授予"全球领导力奖"，却说自己曾经并不是一个好 leader。她就是任敏，一个充满侠气的女性领导，她说："公益是需要使命感的，没有逼出来的公益人。我开始去改变很多自己的领导方式，去改变团队氛围，更多地放权，容错和包容。"

▍ 就读安泰结缘公益

Enactus 发源于美国，任敏希望去搭建一个自发性的生态圈，更多地去做沟通、支持和培训，而不是监督和管理。她介绍："我们想要给不同的团队更多的自由和空间，让他们自己去组建筹备。这需要强大的品牌和文化支撑，我们通过比赛，培训、纠正一些团队，使他们在这样一个框架内运营。"她带领的总部员工一般维持在十个人左右，减少了很多的行政付出，这意味着整个团队自我修复和运营的能力在不断加强。任敏认为，行政指令越少，团队成员的归属感才会更强。

2004 年初，在安泰读大三的任敏参加了赛扶团队。任敏回忆："特别感谢当时学院给我们提供了一个宽松、开放的校园环境，并通过老师的介绍，我了解了赛扶。我当时被'社会创新、社会企业'这样全新的商业模式和理念所打动，很快就召集到了 10 多个安泰的小伙伴一起开始了社会创新项目的开发和实施，最后我们团队取得全国亚军。"

后来，任敏顺利获得赛扶中国的兼职机会，从此开启了十几年的赛扶职业生涯。"当时大四，总部给我的主要任务是发展北京、广州、深圳、香港和上海的学校，从上海拓展到其他地区，团队也要从七个增加到五十多个。预算相当紧张，去哪里都是挤在别人的宿舍，一边找工作，一边照顾学业，睡觉都是在公交车上睡，最享受的事情就是坐飞机，因为可以关手机，不用工作。"当时已经在安泰攻读硕士的任敏回忆道，"回想起来，兼顾学业和工作真的很累，最值得感恩的还是学院老师的开明并愿意给我自由发展的选择。"

▍ 雪中送炭的安泰情谊

初出茅庐的任敏也遭遇不少碰壁，第一年的大型活动，没有足够的预算，急得团团转的她，抱着试一试的态度，找到当时的院党委书记潘杰老师，诚恳地介绍了这个项目。令她意想不到的是，潘老师马上批准任敏可以在安泰的场地举办比赛。后来任敏先后在国家会议中心、港澳中心、世博中心等地点举行活动。但她说，"在事业开始的地方，得到的帮助是最最关键的，来自学院老师的无私支持以及对于我事业意义的认可是最宝贵的礼物。"

任敏还记得自己第一次组织全国的大型赛事，同时兼顾学业和工作，因为工作失误忘记提前申请预算，没法支付学生的交通补贴。有一个老板一直在质疑她，为什么把事情办成这样。整个团队的学生被耽误，年轻的任敏焦急的哭起来，而几个来帮忙的交大同学看见我在哭，很慷慨地借给她钱，还打电话向家里人借钱，这份情谊让任敏永生难忘。在最需要帮助的时候交大同学毫无保留地支持、鼓励和帮助。这份友谊变成了任敏最珍视的记忆。任敏总是感慨，这些年做公益，和美好的东西接触多了，整个人会变得柔软。"我喜欢这份工作，不在于它带给我的财富和职位，而是这些细微的感动让我心里一直保留着做公益的初心。"

‖ 发挥女性领导独有魅力

任敏说，自己是在最低谷的时候，得到全球领导力奖。而领奖时，她哭了，虽然自己得奖了，但一些团队的小伙伴却因为信任问题而离开了。任敏有了更多的反思，开始逐渐去思考什么样的团队才是一个好的团队，"公益是需要使命感的，没有逼出来的公益人。我开始去改变很多自己的领导方式，去改变团队氛围，更多地放权，容错和包容。"

随着团队建设加强，团队流失率变低。但任敏也开始支持年轻人的离开，去外面的世界尝试，"市场总在变化，我们要吸收新鲜的血液也要接受从前的人离开。包括我自己，也一直在致力于公益的改变，我们一直走在中国公益的前端，提出了很多先进的理念，这些理念改变了最初的公益方式，为社会做出了更加有效的贡献。"

坚持做一件事，让这件事成为生命里最重要的事，可能每个人对成功的定义不同。对于任敏来说，既然选择了，就要坚持下去。她说自己骨子里，并不是一个十分冒险的人："我爱探索，但我并不热衷于抢夺。"30 岁之后，任敏渐渐收获了平稳。她意识到，温柔是女性很大的优势，女性领导者可以把感性和理性拿捏得很到位，女性带出来的团队是以柔克刚的，自成一派。

任敏说，是使命感和个人价值带领她选择了公益的道路："如果有一天，我的墓碑上可以刻上，我为公益付出了多少年，我们帮助了多少人。这样就足够了。"

安　南

2005 届本科校友
上海闻上科技公司 CEO

打造珍藏回忆的"盒子"

编者语：

　　手机不丢、电脑不坏，是感受不到你珍惜数据丢失时的那种痛，而让这些数据"躺在"移动硬盘里又显得冷冰冰。有一种云端上的"盒子"，将"暖暖"珍藏你的回忆。它叫"闻上盒子"。上海闻上科技公司 CEO 安南，上海交通大学安泰经济与管理学院 2005 届国际经济贸易专业校友，投行出身，性格特立独行，不拘于一格，就想做出些"奇异"的产品来。

‖ 路不会越走越死

安南的经历从南到北：在四大会计师事务所工作了三年，在美国做了两年投行，创立了财务顾问公司，如今的闻上科技，是他的第二次创业。

对于创业，安南有很多感悟，其中一点是不变的：成败不完全在个人掌控，尽自己的努力先把事情做了，路不会越走越死的。也许正是一股创业的"狠劲"，让安南一直敢于"推翻"，只为用心打磨产品。将台式电脑、手提电脑、手机、iPad 等，融合在一起，是安南创立闻上科技后的首个想法。

最初，闻上科技将产品定位于面向家庭的网络存储，不懂技术、不知如何做产品怎么办？安南及他的团队为此花费了大量的时间去了解市场。在充分调研后，安南决定推翻以前的产品设计，采用全新理念。"我们发现，往往这类型的产品它会变成一个个人产品，譬如家庭里的男同胞，他用得很 high，但是其他人并没有享受到。所以当微信小程序开放后，也给我们一个很大的启发，决定开辟一个全新的软件产品，它是基于用户真实社交关系，或者说更亲密的关系，在他们聊天、沟通、分享时，不知不觉地都将这些点滴保存下来，让女同胞们和老人们也一起享受到产品所带来的便捷。"安南说。

‖ "珍藏"你所珍惜的

闻上科技所研发的"私友群"，到底有何神奇之处？它是通过小程序创建各种微信群（与微信中创建群的体验一致），在群里的用户可以进行海量数据的共享，并且都自动的保存在闻上盒子中。当然，不在群里的用户看不到群中的任何信息。群主可随时"踢人"、加人。安南说，这是一个可以"珍藏"你所珍惜的"盒子"。

‖ Keep it Well

"Keep it Well"，是安南对于公司的定位。"Keep 是产品的根基，而 Well 是我们提

供的价值。产品虽然研发了很长时间，但也刚刚起步，未来的还有很多路要走。"

信息无处不在，而且每一分每一秒都在快速增长繁殖。在这些信息和数据中，潜藏着巨大的机遇与洞察。微信小程序让安南找到新的蓝海，而互联网创新企业也许就是需要这种求新求变，勇于突破的精神。

‖ 梦想照进现实

说到创业，是安南一直都有的想法，对此他也有过很多很深刻的思考。在他看来，创业有几个关键。第一是自身性格，第二是对自己的判断。从性格来讲，从小到大安南都不是特别喜欢"安安稳稳"的状态，总有一些想法冒出来，想要突破常态的生活；而他也自认为不算太笨，对事物的判断独具慧眼。基于这两点，安南认为自己很适合，也想要创业，但是大学刚毕业的时候，经验不足，又不是技术出身，所以他选择先去企业锻炼自己，直到 2010 年，觉得时机成熟了，可以踏出这"艰难"的一步，于是出来做自己想做的事情。当然，创业肯定需要投入，也需要承担风险，长期无回报的付出也会有情绪低落的时候，这个过程中家人的支持给了他坚定的信念。"创业除了在工作能力上锻炼了我，也让我个人得到了很好的成长，现在我每天都要处理很多事情，我越来越可以调整工作中遇到的挫折，学习如何判断事物发展的方向，锻炼自己做平衡的能力。"

安南的办公桌上堆放着很多书，他说都是他工作上需要用到的工具书，关于创业，他说道："现在与以前不一样，创业必须先接触资本市场，虽然互联网的发达让信息传递更快，但是信息不对称依然存在并且很大。无论做什么产品，首先都要站在全球化的高度来看待问题。"安南的公司团队非常年轻，50% 以上是 90 后，剩下的是 80 后，相处模式轻松自由，在一起工作紧张而愉快。看安南的状态，应该是对目前的工作生活都比较满意，他说现在逐渐把手上的一些事情分给大家做，自己反而有了一些可以用于思考和交流的时间，希望有机会多参加一些学校的活动，多认识一些朋友，可以对他的工作有更大的帮助。

王静燕

2005 届本科校友
BASE 斌业文化亚洲区合伙人

构建中华文化与世界交流的平台

编者语：

　　王静燕，这个出生于 1983 年的上海女孩是个十足的学霸，2003 年赴美国得州大学奥斯汀分校商学院攻读工商管理专业，2005 年在上海交通大学获经济学学士、文学学士学位。2005 年至今，她历任美国明晰频道、AEG、全球谱（Global Spectrum）等公司的中国区负责人，是北京五棵松体育馆、上海世博演艺中心等大型体育文化演艺场馆和沈阳盛京演艺中心的策划者之一，著名文化场馆策划专家，百老汇联合制作人，现为美国 BASE 斌业公司亚洲区合伙人。

▌ 白宫顾问带出来的实习生

2003 年，在安泰就读的王静燕考取了赴美留学交换生的资格，到得州大学奥斯汀分校攻读工商管理专业。大三时，她获得了全 A 的优异成绩，并提前进修了被美国学生称为"霸王课"的金融课。作为商法课上阅读案例最多的学生，她还成为营销课自开课以来唯一一个满分的学生，赢得了美国的导师和同学们的赞誉。

2004 年春天，王静燕成为世界 500 强企业明晰频道的实习生，接受后来成为奥巴马政府财务委员会顾问委员的明晰频道中国老板康爱德先生的直接领导。年轻的王静燕得以跻身于文化娱乐领域里的世界级公司及社交圈。

时值明晰频道要拓展中国市场，王静燕的第一份工作就是为老板预约十个中国城市的主管体育和文化的副市长，而协调的周期只有一个月。王静燕在短短一个月内预约了北京、上海、成都、青岛、武汉等十个城市的相关领导。康爱德先生来中国访问时，全部由王静燕陪同，白天考察，晚上做材料。由于工作出色，第二个月，王静燕不仅实习工资翻倍，并且被升职为战略发展部副总。2005 年秋，由于明晰频道出售，王静燕离职了，但在这短暂的供职时间内，战略发展副总王静燕为明晰频道在中国成立了两家合资公司。

优秀业绩和出色的个人素质，使王静燕很快在新东家 AEG 公司崭露头角，并参与了公司的五棵松体育馆项目。在这个项目中，王静燕收获了宝贵的经验，为她在此后的世博演艺中心项目中大显身手奠定了基础。

2007 年春，王静燕作为 AEG 中国副总、世博项目总执行人，代表 AEG 公司进驻上海，全面启动世博演艺中心项目。作为世博园区最后一个立项、最后施工、最后交付的永久性建筑，王静燕为这个工程倾注了大量心血，也充分展现出自身的才华和能力。

经过对上海文化场馆市场的详细调研，结合洛杉矶、纽约、伦敦等国际性城市的场馆案例，王静燕提出了借鉴伦敦"白大象"场馆为原型，注重应用性，打造以满足人的需求为核心的综合性娱乐社区，使之成为上海市地标建筑之一的规划思路。该场馆的核心特点是主体场地多功能化，满足体育赛事、演艺、会议等多种活动需求；其次是综合性业态，全面满足观众需求，把观众最长时间地留在场馆内。这个投资高达 22 亿元人民币，在双方的反复商谈中持续了两年之久。

24 岁的王静燕以外资中方代表的身份分别与上海世博局、市政府、宣传部、文广集团、东方明珠以及合资公司进行拉锯式的多方会谈。最终，在她的精心准备和执着推动下，项目得以成功推进。王静燕也在一次次历练中，成为文化场馆建设的专家。

世博演艺中心项目首年赢利 3 000 万元人民币，而在此之前，没有一家大型文化场馆能够做到首年赢利。现在的世博演艺中心由德国奔驰汽车公司冠名，冠名费为每年 5 000 万元，这也是王静燕和她代表的 AEG 公司成熟运作的商业模式。世博演艺中心为中国的文化场馆项目塑造了一个可以模仿和批量复制的成功模式，成为国内各大项目竞相效仿的榜样。

‖ 再接再厉，创造历史

在世博演艺中心项目上获得巨大成功之后，王静燕没有闲下来。2009—2011 年，她又代表美国全球谱公司操作了总投资 10 亿元的盛京演艺中心项目，在操盘这个项目的过程中，王静燕将她把自己历年来积累的关于文化场馆建设的经验和理念完美地发挥了出来，项目顺利完成。

2012 年，改造宝钢大舞台的重任又落在了王静燕的肩上。王静燕考察发现，整个亚洲范围内都缺少这样一个剧场形态：室内和室外结合的专业剧场，室内搭建舞台，配套专业的音响和灯光设备，并以扇形对室外扩散，引入自然景色，于天地之间欣赏人文艺术，而室内和室外自由组合和切换，适应不同剧种的演出要求。这种脱胎于古罗马斗兽场的建筑及其运营形式，在欧美非常成熟。而宝钢大舞台当时的现状是：国内的文化消费水平暂时比较低，需要有效控制成本；宝钢大舞台正临黄浦江，拥有大片的公共绿地、免费江景；上海市恰恰缺少 4 000 座的专业剧场，而宝钢大舞台改造为 4 000 座剧场的场地利用率最高。此外，王静燕希望通过这个项目，让中国人能够过上轻松的文化生活。传统的剧场都在室内，相对比较严肃，她理想的剧场，是大家可以松散地坐在江边的草地上，一边吃着自己带来的美食，一边欣赏剧场内的专业表演，完全是一种放松的状态。这个项目一旦完成，将意味着一种新的文化场馆形式在中国出现了。而它更大的意义在于，从此普通

民众也能自由自在地欣赏艺术，与艺术平等对话，而不是被动地受熏陶了。

2014 年，王静燕将太阳马戏团明星演员参演的全球顶级杂技秀"暗黑诱惑"引入中国，巡演 20 余个城市，获得了口碑和票房的双重丰收，在业界引起很大的轰动，并将国内二三线城市纳入全球文化演艺版图。

2015 年，王静燕受邀担任美国百老汇全新音乐剧的联合制作人，并促成了中国民间资本首次投资美国百老汇。

▋ 国际视野下的中国情怀

从留学到工作，王静燕有着丰富的国际知名企业、知名项目的工作经验，这也使得她拥有了难得的国际高端视野。

她崇洋不媚外，既能够引入美国成功经验服务中国市场，也在为中国的精品文化到国外巡回演出而忙碌。近期她在筹建一个为中外文化内容服务的基金平台，王静燕充满自信地表示："我的使命是构建中华文化与世界交流的平台。"这个 80 后中国女孩乘着时代东风，正迎来更广阔的精彩人生。

范文洁

2008 届本科校友
印飞科技 CEO

中国互联网金融出海者的思考

编者语：

    在移动互联网出海的浪潮中，互联网金融行业成为许多创业者出海的首选项目。在这个群雄逐鹿的赛场，中国的创业者们纷纷瞄准印度尼西亚市场，把中国成功的商业模式复制到这里，市场上出现了印度尼西亚版的分期乐、印度尼西亚版的现金贷等。作为一名专业的互联网金融行业人才，创业的想法一直萦怀于心，范文洁先后萌发了催收界的"猎聘网"，共享车后窗等创业想法，最后落实于互联网金融。2017 年 4 月 20 日，范文洁创立印飞科技公司，短短四个月印飞科技旗下产品 GoRupiah 上线。目前，印飞科技已获得数百万人民币的天使轮融资和数百万美元的 pre-A 轮融资，正在寻求 A 轮融资。

‖ 印度尼西亚互联网借贷

印度尼西亚市场是否已经具备了互联网金融行业发展的先决条件呢？首先印度尼西亚拥有 2.65 亿的人口，占整个东南亚国家人口的一半；其次是智能手机使用数量高和互联网的普及率高。据数据显示，现阶段，印度尼西亚互联网用户总量达 1.04 亿，预计到 2021 年，将拥有 1.3 亿多在线用户；再加上第三方支付平台的逐渐完善。又因为印度尼西亚与中国只有一个小时时差，这样在国外遇到什么技术问题，在国内可以立即解决，这也是印度尼西亚比起南美、中东更具有优势的地方。印飞科技的创始人 CEO 范文洁也正是看到了这一发展机遇，决定出海印度尼西亚。

通过对印度尼西亚前期考察，范文洁发现，印度尼西亚有银行卡的人群占全国的 30%，70% 的人群是没有银行卡的，所以把用户群体定位在白领和小微企业主，这一人群恰恰是有银行卡的人群，从长期用户增长和业务的发展情况来看，选择这一群体方便现金的打款和操作。从风控角度考虑，白领人群有好的教育，有好的信用行为，有稳定的收入，相对来说借款的风险低了。而做现金贷业务借款期限一般为一个月之内，客户群体为蓝领，蓝领人群借款的金额又低，这一群体大多还没有银行卡，加大了放款难度。

公司从成立到产品上线只用了 4 个月的时间。2017 年 4 月 20 日印飞科技公司成立，2017 年 8 月 14 日印飞科技旗下产品 GoRupiah 上线。"申请借款直接在平台上进行，下载 GoRupiah APP 并注册，填写资料等待审批，审批通过后第一时间告诉用户，用户可以提现到银行卡，审批被拒绝我们会延迟一点告诉用户，整个过程最快只需要 2 分钟就可以放款，最慢也不超过 24 小时放款。我们有一套自动化的审批系统，使审批时间更快，审批效率更高。"范文洁说。

信贷模式有很多种，选择做现金分期业务范文洁也是做了一定的考虑。他认为，信贷模式有针对抵押物的车贷、房贷，做这一块业务对公司处置资产的能力要求很高，客户如果不还钱要把车卖掉，房子卖掉，对当地的运营能力和资源要求也很高，涉及房和车的金额又比较高，作为外资企业没有信心和能力做这一块业务。再拿手机线下分期、电商分期模式来看，起量的速度不会很快，而在中国的少部分做电商分期的公司开始裁员，证明这个模式已经不景气了。而现金分期是用户借一笔钱，分几个月或者更长的时间还清，借款依据用户的个人信用来决定，对于用户资金周转，应付生活消费，现金分期门槛低、速度快的特点，容易被用户接受。

‖ 让专业的人做专业的事

风控是金融业务的核心本质之一，印飞科技很重视风控，跟公司创始人的学历背景有关，范文洁是学金融出身，又是美国注册金融风险分析师持证人。范文洁透露，印飞科技已经与国内最大的爬虫公司以及全国最大的保险系消费金融公司已经展开联合建模的工作。他的初衷是想依靠比印飞科技更专业的纯技术类公司来帮助印飞建设更好地适应印尼市场的风控系统。

GoRupiah 设立 7 层风控网，有超过 30 项的决策引擎，超过 100 项的打分规则。对于黑名单过滤的数据是来自外部第三方数据公司的甄情数据。除此之外，公司也组建了电话催收团队，一个月之内的逾期全是由电话催收团队来催收，超过一个月的逾期债权外包给第三方催收公司，M1 的逾期率是 3%。选择电话催收而不选择地面催收的原因，在范文洁看来，电话催收很难和客户发生冲突，地面催收难以避免，当催收量大了可能会和客户发生冲突。范文洁的出发点是尽量让更专业的团队做更专业的事情。

‖ 未来业务拓展到整个东南亚

印度尼西亚的 Fintech 行业也是经历了第一波、第二波、第三波的创业者的洗礼后，成为创业者和资本看好的炙手可热的行业。在范文洁看来，做一个行业关键的是以速度制胜，目前，市场非常大，大家都在与自己竞争，与时间赛跑，把自己的业务量做上去，才能获取更多的利益空间。印飞科技进入的时间比较早，会建立一定的先发优势。

范文洁坦言，现在做互金的创业团队再来印度尼西亚做得难度要比以前高很多，表现在两个方面，一个是市场上玩家多了，各方面成本都会高，招人会变难；第二个是去资本市场融资难度会明显变高，因为不是每一个风投都在关注海外市场，也不是每一个关注海

外市场的风投都能拿出美元供你做业务，所以对于创业团队想出来做的机会比我们当时少很多。

范文洁认为，在印度尼西亚要自己开拓这个行业，资金的来源和资金的多样化成为做互金公司要解决的问题。公司资金的来源，一部分是来自印飞科技自有资金，一部分是来自印飞科技的自有资源，他们给公司供应资金，占到很大的比例，还有外部机构供应的美元资金。

"印飞科技的使命一是让东南亚人民享受到中国最先进的互联网金融技术，提升他们的技术；二是公司设立在印度尼西亚和上海，希望能够成为中印友谊的小小使者，让两国无论是员工的关系还是与其他企业的关系都有一定的发展空间；三是为中国的"一带一路"倡议尽一份绵薄之力，帮助中国的技术走出去，copy from China。"范文洁说，之后的规划是在印度尼西亚把自己的业务做扎实、做深，等到发展稳定以后，也就证明这个模式是可行的，我们会把业务拓展到东南亚其他国家。

宋开发

2009 届本科校友
BBD（数联铭品）企业大数据行为监测预警
兼反欺诈产品副总裁兼联合创始人

一个 80 后创业青年的"大数据梦"

撰文 | 宋开发　编辑 | 冯倩

编者语：

　　2016 年 7 月，国务院领导人出访法国并出席中法未来青年科技型企业领袖座谈会，来自成都的大数据公司 BBD（数联铭品）副总裁兼联合创始人宋开发作为青年科技型企业代表发言，格外受到关注。宋开发，交大安泰经济与管理学院 2009 届本科校友，BBD（数联铭品）企业大数据行为监测预警兼反欺诈产品副总裁兼联合创始人。

　　曾经有人说 80 后是离经叛道的一代，但今天 80 后已经担起了这个时代的责任，慢慢地由成长走向了成熟。宋开发，一个 80 后的创业青年，用创新与坚持践行着他的"大数据梦"。

‖ 不忘初心，砥砺前行

2014 年第一次阅读维克托·迈尔·舍恩伯格的《大数据时代》，书中写道，透过多维数据关联分析与挖掘，超市货架上啤酒与纸尿裤放在一起可以极大程度地相互促进销售收入；大学图书馆打卡进出轨迹比较规律的同学，学习成绩一般不会差等。全面、高维度的数据洞察角度，让我痴迷与兴奋，我深刻地感受到大数据带来的信息风暴正在变革我们的生活、工作和思维。在重庆项目的三个深夜把大数据的新思维装入脑海，并深深扎根到心里。

人生就是这么不期而遇，我为《大数据时代》而折服，通过研究交流大数据领域的技术，结识《大数据时代》的译者，中国大数据第一人周涛教授及其团队，一拍即合，理念一致，我们要推动金融行业的变革，做大数据企业征信。让每一个商业实体机构的背景信息，快速、完整、全面地提供到金融从业人员手里，释放数据搜集、整理的时间与精力，加大风险判断的投入。让机器去读取百度搜索的几十条推荐网址！

不断累积的企业公开数据，通过股权关系、高管关系，用图谱的方式展现企业错综复杂的社会关系，得到行业的认可。注册会计师、律师找我们提供企业背景调查报告，刚开始实行的是"T+3"模式（3 天后才能通过机器把关系算出来生成报告）。虽然网络爬虫经常掉线、数据量不够全面，运算速度跟不上需求，但我们仍然坚持在企业公开信息征信这条路上奋斗。2015 年元旦，A 轮投资 2 500 万给到我们 20 多个人的团队，2015 年 8 月 B 轮投资 1 亿元不做尽调直接打到公司账上，让我们看到了曙光，感受到了风口！越努力，越幸运！坚持到最后，活下来就胜利了！这是我们相互鼓励创业团队的话。2015 年 9 月，经过将近一年的申请，央行批准的企业征信备案牌照落地 BBD（数联铭品），企业信息实时查询平台浩格云信的速度由"T+3"提升到了秒级以内。

‖ 天道酬勤，时不我待

2015 年是 BBD（数联铭品）幸运的一年，是新金融行业充满挑战的一年。"互联网金融+"，催生了网络借贷（P2P）、互联网资管、互联网理财等新金融机构，移动互联网快速发展普及人民群众，行业监管先天的滞后，赶不上指数级的"某某宝""某某贷"互联网金融产品井喷式涌现。鱼龙混杂、泥沙俱下，全国上百万家新型科技金融公司注册成立，开一个网站，输入关键字"年息18%""保本""某某养老项目"，理财公司账户轻松几天就汇来全国老百姓的上千万资金。接踵而至，旁氏骗局，挥霍，炫富，跑路，系统性风险剧增。

金融监管机构，面对行业巨变，风险蔓延全国，急需新科技整治新金融。我们坚持的大数据企业风险画像，实时监测系统"红警2.0"，很快受到相关部门及领导重视。北京30多万家，上海20多万家，深圳30多万家等，这些新成立，没有办公地址，仅在网络运营的企业背景如何、风险未知，需要快速建立风险监测预警的工具。在安泰经管学院学习到的专业知识，公司信用风险、操作风险、流动性风险、市场风险等分析维度，快速融合大数据技术。公司实际控制人道德风险如何，股东的其他公司是否有信用风险，从业人员是否具备资格证书，招聘规模是否能匹配集团子公司扩张的速度，同一地址是否多家公司注册等特征维度，建立反欺诈模型，结合静态风险分析、动态趋势跟踪的模式，通过银河大数据平台，一举快速识别出80%以上的高风险新型金融企业，北上广深的金融监管部门快速要求我们提供数据监测服务，并加快实时精细化监测平台的建设。随之而来，更多全国省市级监管机构几乎一两个月内与我们建立联系，要求提供大数据监管服务。最终，国家领导人也听取了我们工作的汇报，并作出重要批示。

‖ 一阳指，走天下

持续微创新，修炼内功，做专业的工作！大数据画像、大数据监管、大数据风控，我们做出了一些成绩。但面对国内不断衍生的金融创新，我们需要持续学习与训练模型；对标欧美金融中心，金融科技无论是底层系统还是上层规则我们仍有较大差距。创业这条路，好似一层窗户纸，戳破了就是坚持不懈、不惧未知地把接地气的工作做到最好。在特定的场景与市场，凭借一技之长，也能在互联网巨头、科技巨擘中走出一条属于自己的路。

踌躇满志，勇往直前。创业，永不停步！

齐俊元

2012 届本科校友
Teambition 创始人

创造 SaaS 领域投资新纪录的 90 后

撰文 | 冯倩

编者语：

　　齐俊元，2012 年毕业于上海交通大学信息管理与信息系统专业。在校期间，他就创办了 Teambition（上海汇翼信息科技有限公司），并获得天使投资。2015 年 3 月，福布斯中文版发布 2015 年中国 30 位 30 岁以下创业者榜单，齐俊元凭借其创办的项目协作平台 Teambition，入选该榜单。2016 年 8 月，Teambition 确认获得腾讯投资，这是腾讯在企业级 SaaS 领域为数不多的战略投资，肯定了 Teambition 在企业协作领域的领先地位。此前 Teambition 已经获得北极光、戈壁投资、IDG 和盘古创富的多轮投资。接下来，Teambition 也计划启动与腾讯多条企业服务产品线的深入合作。

‖ 盯住用户找产品方向

齐俊元高中毕业时通过自主招生考入上海交大，为了自己一直以来的创业梦，他后来转入上海交大安泰经济与管理学院。大三时，这个年轻人就开始了创业之旅，而和很多创业者不同的是，齐俊元创业的初衷不仅仅是商业的考虑，"目前国内的科研环境还不是很完善，很多科研人员缺少合适的科研氛围，我希望自己开公司，看看能否在公司里成立一个研究中心。只有公司才能提供足够的资源创造更好的科研环境。"这份独特的情怀成为齐俊元创业的重要原因。

创业之初，总是试错与反思同行。在逐步反思的过程中，齐俊元发现，一些管理软件对于提升员工效率效果不大，他开始想到做协作工具，"原来的协作软件一般都是卖给决策者，比如 MIS、ERP、决策系统等都是给决策者用的，但在绝大多数的情况下，这个意义很小，并不能改变公司效率低的现状，因为公司的效率低也好，管理乱也好，都发生在员工身上。所以我们要解决两个人一起做项目时如何沟通好的问题，以项目作为切入点的这种协作。几个人一起做一个项目，共享所有资源，每个人有什么进展，大家都能知道，每个人有什么想法，也可以晒出来。"

基于这种"把自己当做用户，努力把产品做到极致"的态度和思路，齐俊元找准了自己的方向，"我们目前业务的本质是协作，主要做非管理软件。如果你想创业，就别老盯着竞争对手，那很难有突破性的尝试，反而永远都被竞争对手牵制。我们并不倾向于过多地谈竞争对手，因为在这个领域，我们的对手都是大公司，盯着他们对我来说没有帮助。"

2013 年 6 月，齐俊元正式发布 Teambition，作为高效而稳定的项目协作平台，用户可以通过该平台等来实现项目知识的分享、沟通，项目任务的安排及进度监督，以及相关项目的文档存储和分享。齐俊元表示："我们非常强调用户友好，不是只有 IT 公司才能用，我们的用户还包括教育、广告传媒、律师事务所、时尚领域的公司，甚至很多北大、清华、交大的老师在做科研时会用这个软件进行管理。"

‖ 创业的精彩在于解决问题

齐俊元感叹，创业最难但也最精彩的地方，就在于会不断出现新问题、新挑战。公司只有十来个人的时候，挑战是怎么让十来个人像一个人一样去努力，到有了 60 个员工的时候，是想着 60 个人要怎么管理，到了 100 个人的时候，又要思考 100 个人怎么管理。随着公司的发展又会出现很多新问题，比如现在在北京、深圳都有分公司，一个简单的快递，也是要解决的大问题。

但面对这一个又一个的问题，齐俊元认为，只要记得自己能不断学习就可以了。很多创业者公司发展到一定阶段，就开始找经理人在某些方面帮助他解决问题。齐俊元说："我并不完全认同这种做法，我觉得首先应该考虑我是否可以学着去了解这件事情，如果自己能解决就靠自己去解决，很多事情没有想象中那么难，因为没有人会比创始人看到更多东西，想出更多办法。所以创始人要多一些承担的勇气，迎接挑战。要一直记着自己是能学习并接受新事物的，问题总归能克服。"

创业七年来，齐俊元说自己最直接的感觉就是，"创业还真是挺值得的"。另一句"创业还真没想象中那么难"显示出齐俊元性格中开朗积极的特质，他形容自己是一个"很少会很沮丧，几乎没有什么负能量堆积，也从来不觉得哪些事情很难"的人，在创造产品时，他说自己还有非常强烈的"强迫症"，"总想把一件事做到极致"。

随着创业的成功，齐俊元也一直警惕公司不要出现"大公司病"，"公司越大，反而听到的声音越少，能解决的问题也越来越少，所以我很重视与员工沟通，大家有什么就说什么。"对于创业者，齐俊元分享自己的管理经验是，让每个人都满意几乎不可能，"你不断给一个人机会，总觉得他会变好，但这就浪费了剩下的几十个人的耐心，所以有些时候你必须要得罪一两个人。"

作为一个新型的技术公司，齐俊元也有自己独特的管理艺术："其实我是一个不擅长管理的人，我的管理方式就是尽可能让大家自己去管理自己，让大家很大的成长空间。少管有时候是一件好事，只要确保招来的人都是愿意学习、愿意分享的。我也曾设想过流程化，但是流程化会把我们原来所有的优势都抹杀掉。"

对于创业的原动力，这个最喜欢看电影，大部分电影都看首映的年轻创业者强调，热爱是不竭的动力，"我很热爱自己的工作，很多时候甚至不太分得清到底是在工作还是生活。对于我现在所做的，我感觉不出来到底喜不喜欢，但就是很想做这件事情。"

程正学

2012 届管理科学与工程专业硕士校友
上海艾俊教育董事长

创业之魅在于直面挫折

撰文 | 冯倩

编者语：

　　"来到交大，成为我选择创业的关键因素。"上海交通大学安泰经济与管理学院 2012 届管理科学与工程专业校友、上海艾俊教育董事长程正学说，正是交大优良的学习环境和出色的校友，促使自己走上了创业之路。"周围牛人太多了，只靠学习已经不再能给你优越感。那我就想，与其毕业了和这些人竞争，何不换个思路，借助这些优秀的资源去做点什么事情。"就这样，性格要强的程正学决定寻找一条更适合自己的路，创业，成了他坚定的选择。

‖ 创业之初不懈探索

创业之初，程正学主要做中学生走进名牌高校的夏令营交流活动，他认为可以给中学生和优秀学长学姐进行交流的机会是一件很有意义的事情，另一个方面团队主要是交大的本科生和研究生组成，可以充分发挥自身以及交大母校的优势，比如邀请老师做讲座、实验室老师进行实验教学等。同时这是一个轻资产的项目，不需要投入很多固定资产，也不存在应收账款。2012年，程正学带着这个项目参加创业学院的创业大赛，成为创业学院的首批立项项目，获得了几万元的资助和老师的支持，2013年获得了交大创业大赛铜奖。

但在具体推进时，程正学还是遭遇了许多困难。夏令营基本一年只有暑假一次，并不太适合做创业项目。但创业本身就是一个不断试错的过程，这个项目错过一次要到下一年才有机会，加上受到2013年的H7N9流感和2014年校车交通安全事件频发等事件的影响，业绩并不太好，更重要的是他刚毕业就出来创业，沟通交际和营销经验都稍显不足，缺少社会资源。为了寻求突破，2013年程正学开始在浙江尝试免费公益讲座，一方面展现公司自身，一方面通过公益讲座的形式接触学校负责人，推介夏令营项目。通过这种形式确实取得了一定的效果，与三所学校达成合作。但这仍存在不少问题，比如校方可以帮助组织学生，但学生人数不能保证，如果只来10个人，项目就仍然要亏损。

经过思考，程正学发现，项目本身没有问题，但不适合创业项目来做，从2014年暑期开始，他尝试转型。首先拓宽渠道，除了和校方合作，学生可以和家长一起参加夏令营活动，通过建立QQ群、免费赠送优秀的学习资料，这种方式确实吸引了一定的学生和家长，但这样无法成为长期吸引点，资料送完就结束了。所以必须要有自己的核心价值，才能吸引长期的忠实粉丝。于是，程正学开始请一些清北复交等知名高校的优秀学生来免费做讲座，当面的交流互动极大地带动了人气。

在积累自身营销经验，并探索其他途径保持夏令营接待量稳步增长的同时，程正学也开始开发新产品和服务。比如现在的江浙沪高考学霸的状元笔记、中学生导师计划等，都很受家长和学生的青睐。程正学介绍，状元笔记可以很好地满足一部分人的群体，家庭条件不是很好、希望得到好的学习资料但又没有能力去请好的家教老师。中学生导师计划是一个很好的项目，因为中学生对于大学学校和生活不了解，会被大学里的各类社团活动、出国交流项目等激起强烈的兴趣。导师每周跟学生交流不少于8个小时，内容包括学习和生活。他介绍："第一期学生导师通过正常的招聘途径，而且之后就不需要另外招聘，原来这批配对的学生相当于是已经接受了非常好的培训。"

‖ 提供个性化的教育服务

目前，程正学的公司已经逐步走上正轨，以中学生为主要服务群体，主要提供名牌高校体验营、高考学霸高中学习笔记、中学生导师计划等服务。同时，公司对一些已经摸索成熟的模式进行快速拓展。

创业初期，是跟着热门的风口走，还是寻找相对空白的市场打天下？对此，程正学有自己的思考，"之前流行一句话，在风口上的猪都会飞上天。但我觉得这后面少了一句话，是猪总会掉下来的。其实，不存在没有人竞争的市场，只有竞争激烈程度的区分。"程正学透露，自己确立创业的方向时，只依据了两个方面，"第一，跟着自己的内心走，做自己喜欢的事情，我还是非常喜欢与小伙伴交流；第二，可以最大限度地利用现有资源，当时我最大的资源就是交大这个平台。所以选择了夏令营服务这个方向。"

另一个创业者必须思考的问题，是把一个产品做到极致，还是同时做几个看哪个能火？程正学认为，这不是二选一的问题，如果你选择产品的大方向没有错，有自己特色的东西，有在这个市场上存在下去的理由，就可以义无反顾地坚持。因为这是公司的核心产品，是公司的标签。但可以在产品成熟的过程中，利用现有的资源开发与自己核心产品相呼应的服务或者新产品，"说得大一点叫生态圈。如果同时做几个不相关的产品，然后投放市场，看哪款产品更好，这注定会失败。这说明决策者对自己的产品和服务没有足够的信心，所以可能还没有开始就失败了。如果你对某款产品有足够的信心，就会集中精力主推这一款，哪怕跟市场有偏差，但必须执着坚持，等待市场的检验和反馈，再进行调整。"

程正学把自己的公司定位为教育类公司，他对行业有自己的看法："教育类公司互联网化有个大的趋势，埋头开发一款爆品，比如各种题库啊，然后一套产品面向成千上万的人销售，边际成本基本为0，这个赚钱的模式很有代表性。但我认为教育的本质是要尊重个体的差异，是个性化的服务。对于标准性的东西，比如题库，一些有效的学习经验，我们会集中大量的潜在客户按照我们的标准来整理和建设，标准化的产品和服务'免费'送给这些参与奉献的群体，在拓展潜在客户群的同时，针对部分有更高要求的客户提供个性化的高端收费服务。总体来说三句话，鼓励人人分享的精神，免费提供标准化的产品，收费提供高品质个性化服务。"

对于自己的运营模式，程正学强调："我们不是简单地提供产品或服务，客户等着接受，而是提倡分享。我们会制定一整套的激励机制，每个人都在贡献，每个人都会收获更多，通过各种手段来调动学生的自主性。比如我们需要名校的资料，有些杭州二中的家长拍了考试的试卷，但是照片的质量比较差，就征集志愿者将试卷整理成 Word 文档，PS 插图，然后根据每个人的贡献度积分，对于高积分的同学再提供额外的服务或奖励。"

‖ 创业意味着责任

创业不易，资金不足、成员退出、经验不足、政策环境……几乎每个创业者都会遇到的这些困难，程正学也不例外，他的答案就是坚持："选择了创业，就意味着责任，即使只有一个人留下来，也不能停止前进的脚步。"程正学的建议是，不缺钱的时候就要准备好融资；不断实践、不断总结、和有经验的人多交流；要有尽量少受政策环境影响的产品或者服务，这才是真正的市场化，并逐渐增加这类产品和服务的比重。

回想创业最初的经历，程正学说自己印象最深刻的一件事就是第一次讲座。2013 年，程正学在浙江省湖州市吴兴高级中学举行第一次讲座，高中三个年级的重点班和实验班的 800 多名师生成为现场观众，其他教室里还有 2 000 多位师生通过电视转播观看。

这场 1 个小时的讲座，程正学花了两周制作 DVD，用了将近一个月准备素材并练习。讲座非常成功，正是这第一次的成功给了程正学很大的信心，之后的活动他逐渐驾轻就熟。

对于程正学来说，创业是工作的一种方式，也是生命中的一种体验。他说："不管是工作还是创业，都是生命的一种状态。第一年可能亏了不少，第二年差不多有个平衡点，其实我并不是很在乎，因为赔的都只是自己的时间。生命本身就是一种体验，平淡和奋斗都是个人选择，但让人回味无穷永远是那些曾经奋斗的画面，尤其是战胜挫折的经历。所以为了让生命的过程更精彩并多一点回味，我们应该选择奋斗而不是安逸，拥抱挫折而不是畏惧挑战。"

蓝周华

2012 届硕士校友
泽华教育创始人

愈挫愈奋情系创业梦

编者语：

　　蓝周华总是感到非常自豪因为自己是交大人，2007 年，他从上海交通大学数学系本科毕业，2012 年，他又在上海交大管理学院研究生毕业，拿到硕士学位。同时，母校交大也成为蓝周华创业路上的加油站。在交大安泰学习到的管理知识，见识到的商业范例，成为滋养一个创业者成长的珍贵养分。

‖ 两次创业度过"婴儿期"

本科毕业那年，蓝周华在东莞开办了泽华教育，但是这家公司作为他第一次创业的成果只存活了半年。蓝周华这样总结第一次创业失败的原因："我们的团队很年轻，也很有干劲，但大家对创业的认识不足。比如我们的招生手段就是派发传单、贴广告、拉横幅，不断宣传'名校毕业生'的概念，但是收获甚少。经过一段时间的尝试，还是失败了。"

第一次的挫折并没有击碎蓝周华坚定的创业之心。第二年，他就把所有的物资搬到家乡惠州，继续开办泽华教育。这一次，他吸取在东莞的教训，重振旗鼓，充分利用家乡的资源。首先，蓝周华缩减团队，第一年把招生规模控制在 100 个学员左右，招生基本完成后，再有针对性地招聘老师，这样一来公司创业前期大大降低了运营成本，这也让泽华教育在重新开张后的第一年就实现了盈利。仅是微薄的盈利也让蓝周华的步子迈得过大，第二年他开了三个分校，结果由于没有成熟的管理模式，创业再一次失败。

2012 年，蓝周华硕士毕业。这一次，他运用在交大学习到的系统的管理知识，再次带领泽华教育的团队搏击市场。这一次，他只留下总部校区，着重建设教师队伍，提升员工福利，打造管理系统，丰富经营模式。这一阶段被他自己定义为"真正开始做泽华教育"。

经过一年多的稳健发展，2014 年，蓝周华重新布局新校区。目前，泽华教育已有相对成熟的经营模式，较好的市场口碑，顺利度过了创业公司的"婴儿期"，泽华教育在惠州的惠城区已经有两个分校，约 400 名学员，年营业额达到 1 000 万元。

‖ 高度重视师资成行业黑马

被问到选择创业的原因时，蓝周华说这是自己高中时代起就萌生的梦想。那个时候，年少的蓝周华常常幻想自己长大以后可以打造一个"商业帝国"。选择教育行业，则是因为他感觉自己在求学过程中走过很多弯路，希望给那些像当年的自己一样的学生带来力所能及的帮助。蓝周华家里没有人读过大学，甚至没人读过高中，在学习过程中，他遇到的

每一个难题都是靠自己想办法去解决，很多时候会感到迷茫和无助。为了实现自己的梦想，也为了自己的一份激情，蓝周华选择了从教育领域开始自己的创业之路。

公司秉承"探索学生的成功之道"的理念，以教育为本为团队初衷。蓝周华与团队的伙伴们达成这样一个共识：每个孩子都有不一样的成功模式，泽华教育要帮助学生从最传统的授课模式中一起寻找他们的成功道路。蓝周华这样解释自己的教育理念："我们会根据学生的个体情况为他提供最合适的求学方案。"

虽然公司创办时间不算长，但蓝周华非常注重教师队伍的建设。他认为，课程质量才是公司的立根之本。在惠州市这个圈子里，教学质量和团队就是泽华的亮点。泽华教育的团队平均年龄是 20 来岁，骨干都受过良好的高等教育，整个团队对教育的理解是一致的，老师既能教好学生，又能与学生做朋友。

蓝周华对教育行业有自己独到的分析："教育这种服务型行业，跟客户的关系很重要，每一个学生背后都有很多同类的潜在客户，获得学生和家长的认可也非常重要。我们就是认识并把握了这些关键，现在泽华的学生来自惠城区各个地方，暑假时，还能吸引到区外、市外的一些学生。开办至今，泽华教育的市场推广做得很少，靠得都是口碑。"

▌ 好的管理者与公司共成长

在企业管理上，蓝周华认为，一个企业、一个团队发展的好坏，跟其带队人有很大的关系。蓝周华是个喜欢冒险的人，但在创业过程中，蓝周华还是非常冷静的，"实践才是检验真理的唯一标准，结合我自己五年多的创业路程，有很多问题是在分析阶段想不到的，而是要靠整个团队去思考、去解决的，所以我不鼓励太冒险，也不提倡太保守，每个人的成功之道是不一样的。"

创业的过程总免不了磕磕绊绊，一路回想，蓝周华感到，"首要的困难就是招生，在东莞没有解决的业务拓展，到惠州以后，我利用自身资源，深入母校，联系老师，招收了第一批学生，这使公司发展有了起色。其次是如何应对危机，在惠州开办的第二年，泽华教育成为惠州培训行业的一匹黑马，于是被同行投诉，因为我们没有深入了解办学程序，被归于不正规办学机构，整个暑假我都周旋于工商部门和教育部门，最后通过重新办理办学执照，处理了这个问题。第三是管理上的困难，没有人天生就是管理高手，我在这个问题上吃了不少亏。现在我对管理的总结是人际与决策，作为一个管理者，要处理好跟各层工作人员的关系，另一方面，管理的过程中，无时无刻都在做决策，既然选择了，就要敢于承担后果。第四是发展，作为领导需要时刻计划企业下一步怎么走。所有这些问题的解决，我还在学习和探索中。"

在蓝周华的构想里，泽华教育未来会尝试结合新型的互联网教育模式。同时，站稳脚的泽华教育也将眼光放的更远，目前还投资了一家幼儿园和一个互联网公司。对于泽华教育未来的发展蓝图，蓝周华已经有所布局。

在蓝周华看来，创业虽然充满辛苦，但也让人骄傲，他这样总结自己创业的心得和感悟：勇敢的心，激情的梦，把握资源，凸显优势，积极创新。

孙崇理

1998 届 MBA 校友

深圳凯中精密技术股份有限公司独立董事

关于管理和创业的那些事儿

撰文 | M1712098 黄芳　编辑 | 蒋苑茸

编者语：

　　他是深圳凯中精密技术股份有限独立董事、上海君地集团执行董事、上海交通大学经济与管理学院 EMBA 创业导师、上海交通大学教务督导；他有着十年的技术和研发工作经验，近三十年的企业管理运作经验，近十年的创业指导经验。他身上结合了工科男特有的严谨和踏实，逻辑缜密，思路清晰，同时也和蔼可亲，平易近人。他，就是交大安泰 1998 届 MBA 校友，孙崇理。

‖ 交大：让迎接挑战更加胸有成竹

"接地气、迎挑战"这是孙崇理对自己这么多年职业生涯的一个总结，脚踏实地解决问题，通过识别问题、解决问题来体现自己的价值，同时迎接挑战和机会。"踏实"和"严谨"是他身上的关键字，这和他的经历有非常大的关系。

孙崇理毕业于上海大学（原上海工业大学）机械工程专业，有超过十年的专业技术工作经验，作为第一责任人多次获上海市科技进步奖，是专业技术领域的高级工程师，随着工作资历的累积，逐渐从技术人员走上了技术管理的岗位。在接触了比较多的技术管理工作以后，孙崇理发现自己更喜欢有挑战的管理专业，因此选择了上海交通大学工商管理专业继续深造。

交大安泰MBA的品牌效应给孙崇理带来了新的机会，在立邦涂料担任执行总经理期间，他曾经与公司董事长有过交流，为什么董事长愿意选择不是化工背景的他来担任这个职位？董事长的回答是："一个重要的原因是你是专业的管理专业背景出身，而且是在交大读的。我们认为交大是中国最好的大学之一。我们要找的就是一流大学的一流人才。"

交大务实、严谨、实事求是的校风文化，影响了一代又一代的交大人。对于孙崇理来说，在实业的管理和运营中，这样的基因和习惯非常重要。同时，交大丰富的校友资源，在创业、资源整合、管理交流、专业跨界和国际跨界交流方面，为他提供了非常大的空间、内容和条件。有了交大的学习背景，他完美转型，并陆续在大型的国有企业、民营企业、跨国公司等不同体制的企业主持企业管理运作。

‖ 管理：就是和人打交道

对孙崇理来说，所谓管理，是科学与艺术的结合。一个管理者，要掌握科学管理的方法和工具。同时管理也是艺术，管理的对象是人，如何去感染和影响管理对象，不仅仅要有硬性的管理规则、方法和工具，更需要对人性的了解、理解和灵魂交流以及各种与人相

115

关的博弈和谈判的艺术处理。积累了大量的管理经验和案例后，孙崇理拥有了所谓"管理的第六感"，而交大安泰 MBA 课程，又让他掌握了管理内在的客观规律，二者结合，正是管理的科学与艺术。

孙崇理认为，一个好的管理者，应该是"德智体"全面发展的人：

首先他需要有足够的智商、足够聪明，包括严密的逻辑思维能力、面对管理现象的反应敏感度、学习能力及记忆力。只有这样才可能有足够的领导力和掌控力，即使在某一方面的专业度不够，通过自己的学习，也能很快掌握这一方面的专业知识，在较短时间内实现知识更新或新专业新知识的学习，了解知识核心和框架。

其次，好的管理者需要有正确的价值观和道德观。管理者的道德力量在被同行、上级和被领导方真正敬佩时，他的被信任感和领导力将会有意外的收获。

最后，管理者还需要有健康的身体和心理。如果身体扛不住，是胜任不了工作的。更重要的是，企业管理者往往面对的是大强度和大压力的工作，需要有强大的心理承受能力和抗压能力，在这样的情况下，能否保持身心健康会直接影响到自己的工作、影响到公司、影响到家人。

当然，对于管理的误区，孙崇理也有自己的看法：

首先，在不了解的情况不要轻易对重要事情下结论，不要拍脑袋做决策。很多管理者犯的错误，都是因为个人武断、他人误导或凭错误的感觉，并不是实事求是地把问题搞清楚了，这样的决策风险很高。

其次，管理者不可能了解所有的专业、具备所有的专长，某些专业或专长可能不是管理者所擅长的，做决策的时候，要尊重专家里手的意见，而且不仅仅只了解一个专家的意见，至少要比较三个专家以上的意见。

最后，作为一个有决策权的管理者，正常情况下往往是孤独的，在企业管理中，要避免感情用事。很多家族企业比较难做起来，很大程度上是这个问题导致的。在工作的团队中，如果对某一个人有特别的好感或偏见，都会影响工作决策的客观的判断，会影响管理者的威信和处事的公平公正，作出的决策也有可能会出问题。

‖ 创业：是有充分必要条件的

孙崇理曾在交大创业学院授过课，第一堂课就是"创业的风险"。在他看来，适合创业的人不会超过整个人群的20%，创业成功的人不会超过其中的5%，这是一个非常小众的人群。对此，孙崇理的建议是，每个人在创业以前，需要先判断自己是否适合创业，获得的资源是否能够支持创业，如果创业失败，个人是否能承受这个结果。这些问题想清楚了，再着手创业的事情。

孙崇理认为，创业是有充分必要条件的。创业有三个要素：人、项目和资本，这三个要素缺一不可，构成了创业的必要条件。这三个要素中，最重要的还是人。人对了，产品不对，还可以换个产品，钱花掉了，还是会有人投资，哪怕项目失败了，总结经验，可能第二次、第三次就成功了。只有具备了创业的三个要素，再附加更多的充分条件，创业成功的概率才会更高。

‖ 未来：机会属于有准备的人

谈到未来的机会，孙崇理建议首先要对宏观的经济发展有一个判断。宏观上来看，中国在国际上的重要性会越来越显现，未来会成为世界上最大的经济体，世界上最大的市场，全球化也会成为一种趋势，高科技的价值会改变很多行业、改变社会和人类的很多生活。跨界也会成为一种常态，某些专业领域一旦发生跨界，可能会出现一些革命性的变化。

MBA学生除了学习商业规律、经济规律之外，需要关注一些社会学、全球化、高科技的一些变化。用商业的敏感度去看社会变革与政策的变化、商业的变化、跨界的变化、高科技的变化、全球化的变化给商业和创业带来的某些机会。

他还建议，如果有条件的话，学好外语，具备国际交流的思维和语言能力。做好了各方面的准备，才能够在高速变革中，把握机会，走向成功！

117

忻 雷

2000 届 MBA 校友

恒辉能效科技（中国）公司执行董事

拥抱未来，留存交大精神

撰文 | 忻雷　编辑 | 李震

编者语：

　　忻雷，恒辉能效科技（中国）公司执行董事，交大安泰MBA同学会前任理事长，他大气亲和，睿智谦逊。自从进入交大第一届经贸委班开始，忻雷的人生历程就与交大交织在一起，边学习边创业，学到的知识以最快的速度落地实践，这种体验令忻雷既紧张又欣喜。"勇于拥抱未来，留存交大精神"，是他送给学弟学妹的寄语，也正是对他人生历程的诠释。无论是在交大的学习生涯，还是2007年进入交大昂立负责凝视品牌，再到在MBA同学会中任职，忻雷一直在挑战自己，成就自己，并将自己的成长经验与交大后辈们分享传授。

‖ 历久弥新的交大缘分

1997 年忻雷进入交大安泰 MBA 经贸委班，也是交大第一届经贸委班。同年，他的事业也迎来一个重大转折，恒辉能效科技公司因外方撤资，他便抓住机会买下公司股份，接管公司。到现在，他和恒辉已经共同走过了 31 年。

这期间，忻雷和交大结下的缘分远不止于此。2007 年，他进入交大昂立，管理昂立凝视品牌，他受命担任上市公司的总裁助理，管理产品新渠道。忻雷本想继续深造，到安泰经管学院读 DBA，但是后来因缘际会，辗转在上海高级金融学院读了 EMBA。忻雷回忆说，他基本上是在交大体系内求学，唯一一次担任职业经理人也是交大邀请他的，包括他们的合作伙伴、同事、朋友，很多都和交大有很深的联系。

‖ 终身受益的交大学习

忻雷称，在读 MBA 时，MBA 还是一个新兴名词，经贸委班更是特别，班上大多数是企业的中层骨干，自己当时能够考上特别幸运。当时两个班级一共 80 多人，同学之间关系很好。他担任班级联络员，负责组织活动。各行各业同学之间的距离，在互相熟悉和了解中渐渐拉近，彼此之间的互动交流也带来很多有益的经验与感悟，大家都获益良多。如今的 MBA 项目设置了三种非全日制上课时间，为学生提供了更多选择，但当时忻雷和他的同学们几乎天天都要去上课，对忻雷而言，一边要学习，一边又要创办企业，极其辛苦，但令他开心的是，刚刚学到的知识很快就能在实践中融会贯通。

忻雷在恒辉能效科技（中国）公司主要从事营销业务，他表示自己能取得如今的成绩，在交大的学习经历功不可没。安泰经管学院前院长、营销管理专家王方华老师，不但为他们上营销课程，也是他当时的导师。王老师结合实际管理经验深入浅出地讲解知识，令忻雷茅塞顿开。忻雷非常感激的是交大不但提供了学习的机会，也慷慨地为学生提供了很多与校企合作的机会，将最优资源摆上台面，展示出学校的最大诚意，也印证了教育的最大奥义。交大安泰把学生发展放在首位，这点是最难能可贵的。

介绍到自己的公司，忻雷如数家珍，恒辉能效科技（中国）公司是一家做营销管理和数据服务的咨询公司，也是上海业内最早的企业之一，相当多的本土同行都被外资收购，而他们始终保持独立第三方的专业性研究，目前主要是为行业前十名的大型企业服务。伴随着中国市场经济的发展，起初他们只为合资企业在中国地区的业务服务，中国加入WTO以后，国际贸易服务业逐步开放，他们公司的服务对象扩展到零售业、服务业等，最近几年互联网经济蓬勃发展，他们也开始服务于互联网公司。

2007年，忻雷的公司和英国某能源管理公司成立合资子公司，提供专业的数字服务，这是一个模式创新，因为未来新能源在中国领域的应用，不是简单的服务业、数据化的问题，而是全面改变工业生产、生活，所以成立合资公司也是他的再次创业。忻雷坦言，恒辉每个阶段都在不断更新，提供适合企业当前生存环境的新服务。这无疑需要不断地学习创新，所以，他一直都很感激当年在交大的学习经历，交大令他受益终身的，不仅在于当时教授的知识，还在于交大授予的学习方法和工具，拥有了这些技能，忻雷才能持之以恒地自我学习。

‖ 蓬勃发展的 MBA 同学会

因为与交大的不解之缘，一直以来，忻雷都对母校怀着感恩之心，热衷于学院的各类校友活动，与同学交流，为母校出力，在这过程中，他也得到了自我提升。他曾担任交大MBA同学会理事长三年有余，同时，他还担任了交大校友会第一个行业分会——能源科技分会的秘书长。

作为MBA同学会前任理事长，忻雷坦言，MBA同学会在发展过程中，组织的凝聚力不断提升，理事们对于同学会的归属感也日益增强，候补理事源源不断地加入，在任理事依然"意犹未尽"。整个同学会已经到了平稳发展的阶段，包括财务、成员招募等环节，校友理事均积极参与，因此，他很看好同学会的未来发展。

MBA同学会是运用管理知识、校友热情而形成的优秀校友组织的典范。交大校友会能源分会也将努力朝这方面发展。当然，MBA同学会的发展过程中，学院也在同学会最困难的阶段给予帮助：在起步成长中积极关注，却不过分干预；在飞速发展时积极鼓励，给予充分认可；交大 MBA 同学会的一步步发展，离不开学院和校友的共同努力。忻雷还对 MBA 同学会的日后发展提出进一步思考：MBA 同学会最早创立之时，在校生和毕业校友都在其中，现在则是彼此分离的。而事实上，彼此之间有着互补需求——很多已经成为管理者的校友需要用人，而应届生渴望找到新的事业平台，因此，如何有机结合在校生和校友将是需要思考的新课题。所以，MBA 同学会应考虑如何与各个项目的校友有所联系、有所交流，相互交融，共谋发展。

‖ 语重心长的交大学长

业余生活中，忻雷爱好打高尔夫球，也结识了许多球友，最近还参加了全球 MBA 高尔夫球赛。

当被问及有何感言想与年轻校友分享时，忻雷笑言，看着现在年轻的交大校友，仿佛看到了当初的自己。如今，创业环境变革极大，现在的年轻人是享受着中国经济高速成长的一代人，他们追求自由，有独立想法，关注新技术。忻雷认为，他们应该全力把握新机遇，大胆迎接未来中国即将产生的许多全新模式与行业，勇于拥抱未来。同时，也不能丢失踏实、勤奋的交大精神，永存感恩之心与分享精神，将交大精神和安泰品质一直传递下去。

周国来

2002 届 MBA 校友
北大纵横咨询集团股东合伙人
高级副总裁、第八事业部总经理
集团发展研究院院长

一个成熟的"利己主义者"

撰文 | M1612099 龚炎　编辑 | 叶玲杰

　　一个成熟的"利己主义者",这是周国来对自己的定义。成熟体现于二:一是有精神追求,概括为感恩、责任、使命;二是通过利他来实现利己,而非做一个纯粹的利己主义者。若结合目前职业来自我定义,他认为自己是一个渴望自由、追求荣耀的咨询师,也是一个咨询师团队的领军人。

‖ 年少得志,而立转型

　　周国来 1991 年毕业于北京航空航天大学,毕业后进入上海航空工业集团工作。后凭借突出的实力,1996 年即担任正处级团委书记,1997 年获"上海市新长征突击手"称号。

为提升管理能力，以备在未来有更多选择，他于 1999 年考入上海交通大学安泰经济与管理学院继续深造。

在周国来看来，MBA 带给他最大的收获是一群志同道合的朋友。即使现在身兼多项荣誉头衔，他最喜爱的依然是交大安泰 MBA 同学会副会长这个身份。就读 MBA 之前，他仅停留在自己的行业里，接触面相对局限，而在安泰学习期间，身边的同学让他拓宽行业视野、丰富人生阅历，更扩大了发展范围。也正是 MBA 同学会工作时结识的朋友，带他走入了咨询界并扎根至今，成为企业战略、文化与集团化发展咨询的专家。

‖ 扎根规则，建设文化

周国来总结多年咨询与带队经验，认为不论高管或创业者，首先要有规则意识，规则本身就是一种文化，没有规则不成信任，而信任则是企业文化建设的基石；其次，企业软文化核心导向即是领导力，应做有领导力的管理者。

然而，对于职业经理人而言，进入一家新的企业推动变革、重建企业文化无疑困难重重。如果没有股东或核心领导者的信任，仅凭大公司工作经历、丰富管理经验、高学历，绝无轻易改变一个企业的可能。可取之道应是先在企业中存活、立足，以沟通能力及领导力获得他人的认可与信任，由此得到核心领导者与骨干员工的认同。否则不论是改变企业文化，还是推动变革，都无从谈起。信任为先，再立规矩，调动各级管理者的领导力方能成事。重中之重的是，推动企业文化首先需要自我相信、认同，由此真诚出发才能引领同行者。

‖ 咨询以外，畅想未来

虽然目前主业是管理咨询，但周国来早已将智力服务模式往高价值方向转型作为新的探索方向。他认为，现在大多中年危机来源于许多专业人才或企业高管至退休年龄前后，却仍希望继续发挥余热，并借此获得一定生活保障。作为有专业技能的智力服务者，他本人对此感同身受，而如何让这类人群继续发挥余热、延长他们为社会创造价值的时间，同

时使他们获得快乐和生活保障，这则是周国来希望探索实现的方向。

周国来认为，人工智能发展一定会替代很多普通工作，服务性工作需守纪律，而创造性工作需要创意、灵感和自由，此类工作者崇尚自由、厌恶禁锢，很难完全被一个企业束缚，因此也需要相应的企业管理模式、高级智力服务者平台以平衡自由与制度，让专家能够更好地发挥所长。平台很可能成为未来的组织形式，不论是平台上的人，或是依托平台生存的人。平台将由精英带领一群纪律人，通过人工智能的帮助，实现平台式工作；而自由的专家、知识分子或创意人才则是以自我雇佣的形式和多个平台合作。"机器人 + 纪律人"的平台与自由人结合，将成为未来的基本商业模式之一。周国来试想构建这样的平台，让一群学有所长、有经验的专家们能够在平台上大展身手。

‖ 三个维度，寄语创赛

谈及 MBA 创业大赛，周国来认为，选择就读 MBA 的人都极富个人主见与规划，不会莽撞行事、偏离方向。但创业型企业的规模发展离不开顺应趋势，如果仅想借创业锻炼自己，那就结合个人喜好与擅长领域出发，积攒资本、人脉和经验。就创业领域的选择而言，则要从三个维度评估：第一，该行业领域是否有好的未来前景，是否形成趋势；第二，个人是否擅长；第三，是否喜欢。这三个维度的考量顺序不分先后，但如果创业项目三者齐聚，成功概率自然略高一筹。但最核心的依然在于个人能否适时把握、投入程度、是否具备领导力，以及对他人的感召力与带动力。

陈 虎

2003 届 MBA 校友
上海市金融青联副主席
上海国玮投资副总裁

用投资增进社会福利

撰文 | 陈虎　编辑 | 李震

编者语：

　　陈虎，交大安泰经济与管理学院第一届国际 MBA 校友，全球私募股权投资和资产组合管理专家，现担任由上海国际集团和紫江集团联手打造的母基金投资管理公司，上海国玮投资管理公司副总裁。陈虎早期参与创建上海紫江控股集团，并任集团执行董事，负责管理集团资产组合配置研究和股权投资管理。陈虎校友受邀担任上海交通大学 MBA 课程教授、CFA 协会中国上海首席顾问等社会职务；同时兼任管理总额超过 120 亿的上海国和投资管理公司平台投决会委员，多家海内外大型投资企业、上市公司和创业企业董、监事等。作为拥有近 20 年经验的股权投资管理专业人士，陈虎完成了中国资本市场的第一家

股权分置改革、第一家上海本地企业全流通上市、首批中国创业板企业的上市，以及众多新三板和互联网创业企业的上市工作，投融资项目总计百亿元以上，创造了巨大的经济回报和社会价值。

‖ 交大安泰，梦起"盗火者"

20世纪90年代，大学毕业后，陈虎是投资行业中最早一批接触并参与到中国公司到海内外资本市场上市的人，其中借壳、分拆、中国概念等，给予他对于金融市场的最初启蒙。2001年，中国加入WTO，进入全球化市场，整个中国经济蓝图重新架构，陈虎思考的是，在这大变局之中，如何能够"西体中用"，如何用西体——也就是现代化社会存在的本体，结合中华民族传承的特质和现实。此时，正值交大安泰开设第一届全英文教学、对接国际一流商学院管理和师资体系的国际MBA课程，陈虎此时选择交大，踏入红墙绿瓦、梧桐如阴的校园，如饥似渴地汲取知识，与一班朋友问学论道、砥砺思想，并收获了海外交换求学、申办由交大主办的MBA发展论坛等宝贵的在校经历。毕业之后，借助时代发展的契机，他从容完成了从国企、外资到民企、创业和NGO组织等各种身份的转换，还获得了CFA特许金融分析师资格。他希望自己如希腊神话中的普罗米修斯一般，"盗火"带给人类光明，而人世间每一次火的传递，都是用烛火去除暗昧，用知识启迪心灵。作为工作在金融和创投一线的资深投资管理者，陈虎受交大安泰之邀担任MBA课程教授，将工作中所积累的丰富的全球资产管理、创新创业投资的实践真知，毫无保留地传授给安泰学子。"薪火相传、思源致远"，这是陈虎一直秉持的交大理念，无论是交大面试改革、MBA创业大赛评委，还是MBA创投基金理事会、交大MBA同学会理事会等，都有他忙碌无私的身影。

‖ 打造一条属于自己的"珍珠项链"

陈虎非常看好当下的大众创业、万众创新。身为一个白手起家的创业者，他与创业者颇有共鸣，回忆起自己的创业之路也是感慨万千。

在他看来，创业是个筛选的过程，这个过程是独一无二的，选择了创业，就是选择了不一样的人生，虽然成功者是少数，但你可以选择跟什么样的人一起打拼，用很短时间去经历别人很长时间才能经历的东西。喜怒哀乐都是一颗颗珍珠，回首时就是一条珍珠项链。他所珍藏的这条"珍珠项链"，其中一颗便是自己一边创业一边考取 CFA、从实业背景成功转型为金融人士的日子。

2001 年，适逢陈虎初涉金融领域的创业初期，而他在交大的研究生毕业论文导师，正是将美国 CFA 考试引进中国的第一人。当时，考取 CFA 不仅让陈虎构建了金融投资的知识框架，也为他之后多年的投资实践经验提供了专业基础。直到现在，CFA 为全球投资业在道德操守、专业标准及知识体系等方面所设立的规范与标准，仍然为陈虎所推崇，所以他才愿意以志愿者的身份担任 CFA 协会（上海）首席顾问，成立 CFA 中国，创建 CFA 上海协会，推动 CFA 协会在中国金融行业和高校的普及和认知，也为推动中国金融人才对接国际标准尽一份力。

"以前的投资家特别受别人的尊重，而现在金融行业的美誉度之所以下降，是因为很多从业者不具备职业道德。金融人才不仅要具备专业性，更要拥有最高的职业道德，把投资者放在第一位。"陈虎说。从人才未来发展方向趋势来看，陈虎认为，从 20 世纪 70 年代布雷顿森林体系的破产，到 1974 年哈耶克的新自由主义获得主流认可，再到 80 年代美英推行全球贸易、经济、金融自由化发展。国际金融中心从伦敦、纽约逐渐扩展到香港、新加坡、东京，全球货币也进入竞争性增发泡沫阶段。而随着中国成为世界第二大经济体，与之相匹配的应该是完善的金融市场机制。与此同时，中国居民的财富总和是 300 万亿元人民币，其中 200 万亿投资于房地产，60 万亿是储蓄，其余的才是理财产品。未来，房地产不再是投资的首选，而要依靠全球化配置、依靠金融资产投资才能跑赢 M2（广义货币）的增长，因此，更需要培养具备专业知识、信托精神、全球视野的金融人才。

基于这样的初衷，陈虎担任了 CFA 上海首席顾问。在任职上海市金融青联副主席期间，他也致力于创办"金融雏鹰培育主题活动"，集政府、企业、高校及社会团体之力，建立帮助海内外青年人才实现中国金融梦想的公益性平台，遴选一批有志从事金融行业工作的优秀学生，为上海国际金融中心建设储备一支坚强的后备人才队伍，助力金融创新，开创金融未来。目前，活动已经成功举办三届，参赛范围覆盖全球 20 万高校学子、200

家知名高校、400 家知名金融企业，已被成功打造为广受赞誉的、国内唯一由政府举办的选拔培育金融后备人才的公益平台，也建立了中国金融行业人才的培养标准体系，提升了全球话语权。

‖ 找到穿越熊牛的"秘籍"

作为上海最大的产业投资集团，紫江在 20 世纪初就进入股权投资领域，主要从事产业并购和财务投资两个方向。这也让陈虎成为中国资本市场发展历史的见证者和创造者。谈及这些年投资的成功案例，他如数家珍。他深知，资本的力量与每个人的储蓄、住房、健康、养老生活息息相关，资本可以缔造一个伟大企业，更可以催生一项技术变革。

"近 200 年来，从工业革命、互联网革命、移动互联网到未来人工智能时代，社会发展的每个巨大创新背后，总有资本推动。创新型企业与新技术的诞生、发展、高潮到普及，每个阶段都有各种资本的杠杆作用。正所谓'万业无财而不立'。"陈虎坦言。紫江集团作为一家产业投资集团，"我们会关注和扶持那些有历史责任感、能够提升社会整体福利、引领时代发展的企业。"陈虎说道，因为这些企业的成功不仅能给投资者带来高额回报，更能让他手中的资金发挥乘数效应。

回顾历经股市风风雨雨的二十几载，作为资本市场的一名老兵，陈虎长期耕耘在一级市场，见证和直接操作了中国股权分置改革、第一家上海中小板全流通企业、第一家创业板上市等项目，目睹了太多的财富快速积聚后的灰飞烟灭，陈虎深知资本市场的残酷性——创造财富不易、持有财富更难。他认为，中国经济过去 30 年的飞奔狂突，年均超过 10% 的 GDP 增速使每个人都希望踏上财富的快车道。对于财富的饥渴、对于一夜暴富的偏执，无限放大了人性深处的贪婪之念。同时，在中国实用主义理性哲学淋漓尽致的发挥之下，资本市场到处充斥着似是而非、急功近利的所谓"股市宝典"。"仿佛好日子会一如以往，高收益遍地可寻。"而陈虎深知，"桃李春风一杯酒，江湖夜雨十年灯"，所以一直孜孜不倦地传播正确的价值投资理念。

对于如何树立正确的投资理念，陈虎指出，投资只有一件事，就是在正确时间做出正确的选择。首先要"求知若渴、求知若愚"，终身学习应建立在具备自己思维逻辑框架的基础之上、建立在对资本市场运行内在规律的深刻理解之上、建立在对于正确目标的选择之上，建立在因他人犯错得以低价买入的机会之上。资本市场并不是有效市场，投资者的心理往往不停变化——从乐观到悲观，从过分自信到极度恐惧，因此，资产价格与其内在价值大部分时间不一致。只有建立正确的投资逻辑，克服自身人性弱点，掌握股市内在规律，才能辨识市场错误，避免重蹈覆辙，耐心等待，从他人的错误中获利。要能认清假象，投入其中，并在假象被公众认识之前退出游戏，而不是在错误投资中永久地损失资本，这才是最大的风险所在。

最后陈虎引用了一句古语："巧笑倩兮，美目盼兮，素以为绚兮"。他说，有素为绚，无素则乱。只有深刻地认知世界、认知自我，才能创造财富。投资莫不如是。

范红一

2004 届 MBA 校友

博特宁物流（上海）有限公司副总经理

实干者才是企业的"里子"

撰文 | 章君秋　编辑 | 李震

编者语：

　　如果只看范红一的书面自我介绍，会感受到一种浓浓的文艺情怀："自幼愚钝，为上海交通大学启怜收留，开颅施教，始入正业；十年后再返母校回炉修炼，探知求问。于今又十年，混迹社会，学以致用，乃有初成。"作为上海交大安泰 2004 届 **MBA** 的学长，范红一是一位出色的企业管理者，他曾先后担任上海精裕捷星物流公司董事副总、迅通（中国）物流公司市场总监，现任博特宁物流（上海）有限公司副总。同时，他还兼任上海物流学会常务理事，因为兴趣广泛，在培训界也颇有名气，担任过多种国家级职业资格考试的命题、考评专家。在他的身上，工作时的理性，生活中的感性，矛盾又统一地结合在一起。

‖ 两次求学交大获益匪浅

范红一与交大颇有缘分。1993 年，他便考入交大，2002 年，已有一定事业基础的范红一又重返母校求学，"主要还是觉得自己太年轻。职业发展有了一些积累，也遇到了一些挫折，成功与失败的体会都需要总结，需要理论指引。俗话说，'磨刀不误砍柴工'，重新充电后，才能走好后面的路。"求学期间有不少事令范红一印象深刻。"非典"期间，学校的各种授课都被迫暂停，但同学们却在这个意外的"假期"间情谊大增，因为不方便出去，大家只能到不同的寝室里去串门、胡侃、打牌、打游戏。这段时光至今让范红一感慨，青春的美好易逝。

除了学生生活，范红一对陈继祥教授有关战略的讲座也记忆犹新，陈教授深入浅出、生动活泼地讲解了抽象的战略，对各大战略流派的观点如数家珍，令人钦佩。

得益于交大的学习经历，范红一树立了踏实做事、认真做人的人生态度。他说："社会上有很多人善于包装，我也和他们有不少接触。认真观察后就会发现，企业如果缺了会包装的人，顶多失了面子，但是如果缺少踏实做事的人，企业就会失了'里子'，很快就要垮掉。因此，交大学生通常都是企业不可或缺的中流砥柱。"

‖ 鞭策自己眼光需放长远

谈到公司管理的经验，范红一认为这是一个很大的课题，其中的精髓，自己仍在摸索总结。

范红一认为："第一，把价值观相同的人聚集在一起，可以让管理省掉很多麻烦。第二，知人善任。一个公司，一个团队，总是需要不同角色的人，把每个人的长处放到他自己擅长的位置。第三，关心下属。多与员工沟通交流，照顾他们的情绪，时常与他们沟通工作困难、发展前景，再辅以制度化的一些激励措施，公司和团队才会有凝聚力和战斗力。当有更好的发展平台时，应该大度的让其中的一些成员走出去，有出有进，动态平衡，才是维持公司或者团队生机的诀窍。第四，以身作则。一个公司的领导人，自己必须做得最好，这个公司才有前途。"

‖ 寄语年轻人学会吃亏

在生活中，范红一是一个热爱生活，兴趣爱好十分广泛的"杂家"。近年来，他的兴趣清单里不仅有股票投资，还有园艺和打羽毛球。

作为高级管理者，很多人羡慕范红一的生活和工作都能游刃有余，他却把这份功劳归功于自己的贤内助，"我之所以能平衡好，主要还是因为我有个好太太，家里面的事都是她帮我分担了。"

对于年轻的校友，范红一的建议是"做事先做人，多与有正能量的人交往。刚步入社会，先学会吃亏不是坏事，主动做一些重活、累活，会给自己赢得人生的第一笔信用积分。后面，一定要维护好个人信用，这将会是决定你以后是成功还是平庸的关键。"范红一把自己喜欢的两句诗"莫为浮云遮望眼，风物长宜放眼量"作为寄语送给年轻人，"我常常用这两句诗来提醒自己，做人要眼光长远，敢于付出"。

曹小东

2004 届 MBA 校友
上海厚谊俊捷汽车服务有限公司总经理

7个月获得1 100万融资，机场泊车会是下一个爆点吗？

撰文 | 冯倩

编者语：

　　曹小东，交大安泰2004届MBA校友，谊车汇美泊是他于2015年创立的一家公司，这是国内首家致力于为机场出行用户提供快捷、安全、实惠的泊车服务的移动互联网科技公司。成立短短一年多，就完成了北京、上海、南京、西安、深圳等6个机场的场地开通，另有14个城市的机场即将开通服务，并完成了Pre-A轮1 100万的融资。2016年10月，曹小东率谊车汇美泊项目在"第四届奥迪创新实验室大赛"中一路过关斩将，进入总决赛，并获得了"最佳网络人气奖"的荣誉。2016 年 12 月，曹小东校友在上海交通大学安泰经济与管理学院 2016 年度校友与校友组织评选中荣获"年度创新创业奖"。"从机场这一场景切入代泊市场，不但可以释放机场稀缺的停车位资源，也可以解决车主机场停车的各类麻烦，是刚需下的最优解决方案也是最具盈利空间的运作模式。"曹小东这样评价这个行业。

Ⅱ 机场泊车只是个开始

目前绝大多数"互联网＋汽车"的创业者都在苦苦寻觅汽车业新的入口，代泊解决的是停车难这一大痛点，被认为是汽车后市场的一大入口，创业平台一旦占领了这一入口，就有可能像解决打车难的滴滴一样拥有海量用户进而创造新的商业神话。

中国现有停车场保守估计约有 80 万—100 万个，但停车仍然是件找车位难、费用高、费时又费力的事，尤其是在医院、学校、CBD、写字楼、机场等地域中。而在这些场景中，为什么美泊选择了机场作为其核心场景呢？曹小东是这么理解的：机场过夜停车的时间一般都是三四天，客单价值高；机场工作时间长，从早到晚都有停车需求，代泊员工作效率和停车位使用效率也能提高；机场一般离市中心较远，地价租金便宜，机场周边衍生出来的大量平价停车场因为距离原因并未得到有效利用。曹小东说："从机场这一场景切入代泊市场，不但可以释放机场稀缺的停车位资源，也可以解决车主机场停车的各类麻烦，是刚需下的最优解决方案，也是最具盈利空间的运作模式。"

Ⅱ 取得车主信任

代泊虽然是一个简单的动作，但是车主的信任才是美泊需要克服的最大难关。一个不认识的人，如何放心把车钥匙交给你，车会不会被私自开出去？甚至被拿去卖掉或抵押掉？所以，美泊在创业初期还没有打响知名度的时候选择了找有影响力的品牌背书，可以说是"抱大腿"。当然，仅仅找大公司背书也是不够的，为了避免客户担心车的去向，司机会在停车后拍一张车辆在车位的照片，一张仪表盘，一张 GPS 坐标发送至车主的客户端。光有照片也是不够的，在几天的时间内，可能发生的事情有很多，所以为了防止争议，代泊师会在入库后用手机对车辆录像，边录边说明车辆情况，每一段视频都不低于 2 分钟。在这样的品牌背书及公司管理下，美泊的用户量逐渐攀升。据曹小东透露，目前美泊总用户量近 40 万，月平均订单在 1 万以上，已成为机场代泊领域的领头羊，和对手的差距已经逐渐拉开。

曹小东在接受采访中谈道："美泊之前是有一些竞争对手的，但是因为模式不同，战略不同，与竞争对手之间的差距不断扩大。年后美泊的最大竞争对手也崩不住了，美泊成了该细分领域的老大，而且只用了对手不到 1/5 的资源。"

‖ 如何甩开竞争对手

依靠品牌背书，却不依赖品牌。就如同之前提到的，代泊车是需要建立信任的，所以美泊在开始就选择了依靠有影响力的大品牌背书，例如携程、艺龙等。但是，曹小东说，如果过分依赖这些公司，到时候就是作茧自缚，没有了他们的流量窗口美泊可能就做不下去。因此，即便是依靠这些品牌的背书，美泊依然十分注重在用户人群中树立自己的品牌形象。

自营停车场。目前美泊采取的是自营停车场的模式，可是为什么要自营呢？因为像机场停车是 24 小时服务模式，国内经常有航务延误等情况发生，这就要求代泊师随时待命，自营停车场能随时响应用户需求，保证用户提前知道还有没有停车位，能否安排停车等，而如果停车场是别人家，就难免出现"对不起，我们生意太好您来晚了"的尴尬场面。其次，停车场必须有利于进行服务延伸，自家的地想干啥就干啥，省去了各种申报麻烦，有利于后期做各类盈利尝试。

价格与服务。以浦东机场为例，浦东机场停车首日 60 元，第二天 80 元，第三天 110 元，而美泊的定位则是 45 元 / 天，这样的价格差异还是有很大优势的，对一大部分车主来说是非常有吸引力的。在服务上，曹小东说："美泊的每一位司机都是全职司机，所有司机都接受过标准化服务的训练，保证为车主提供标准化的服务，保证每位车主都能获得较好的用户体验。除此之外，美泊会提供免费洗车服务，让用户爱车干干净净回家。"

‖ 代泊之后才是大蛋糕

曹小东告诉记者，美泊想做的从来不是一个代泊车 APP，美泊的野心是在代泊之后。机场停泊的车辆平均停泊时间是 4.1 天，这段时间内在客户允许的前提下可以做什么才是美泊真正需要考虑的内容！

修车洗车等养护类业务。一旦代泊服务被用户认可，它比保养洗车更易形成黏度极强的关联，在此之后还可以顺延至洗车美容保养等服务项目。车停在停车场内的 4.1 天时间里，完全可以做一次车辆精洗、漆面镀膜等清洗美容服务，而且完全不影响车主使用车，同时还解决了车主没有时间排队预约等麻烦，车主何乐而不为呢？

对接二手车与保险金融等服务。美泊保管着了车主的车，就相当于对车主的车况、目的地、出行性质、路线、家庭背景、收入水平、个人爱好等数据有一定的了解，只要将这些数据在安全且车主允许的前提下进行深度挖掘，就可能衍生出例如二手车买卖、新车买卖、保险、金融等相关业务。

全国机场共享租车网络。代泊平台抓住的其实是车主资源，那只要和车主的生活相关联的服务都可以成为变现通道，比如 P2P 租车业务，美泊等代泊平台完全有可能根据对车主的了解进行针对性匹配完成租车业务，比如开宝马的车主把自己的车停在深圳美泊的停车场内，飞到了杭州后再从美泊杭州的停车场租一台奥迪，异地租车既是停车也是抵押，解决了自己的停车问题，也提高了闲置汽车的有效配置。

以上三个方向都是曹小东根据目前市场需求做出的分析，也是美泊未来的规划中的一部分。但是曹小东也说了这样一段话："所有的这些后续服务，在流量还没做起来之前一概不考虑，我反复和自己的团队强调，我们要慢慢来，把停车的体验做到极致，用户才会信任你、依赖你，只有做好了停车，才有停车后的蛋糕。"

李 霞

2004 届交大—香港城市大学 MBA 校友
上海远播教育科技有限公司董事长

理性思考，艺术生活

撰文 | 章君秋 编辑 | 叶玲杰

编者语：

　　李霞，2004 届上海交通大学安泰经济与管理学院与香港城市大学合作办学 MBA 班校友，就读 MBA 项目之前，李霞是在摸索中尝试管理的工科女；从 MBA 项目毕业后，她不但完善、储备管理知识，还收获一群聚时如火、散若星辰的挚友同窗。毕业后进入教育行业的她，伴随着事业的不断进步，热心参加公益慈善，并在多个校友组织中发光发热，以实际行动给予母校最好的回报，亲身践行"饮水思源，爱国荣校"的交大校训。

‖ 志同且道和，良师点明灯

大学毕业后，李霞从事技术工作多年，后转向管理。在她看来技术是管事、管理是管人，事好管，人难管，工作中亦不免遇到许多棘手事。虽然她本人亦是在工作中不断学习，但始终缺少系统性管理理论以助于总结和提升，因此便萌生重回学校系统学习、学于师、学于同侪的想法，这便是她与交大安泰结缘的契机。

李霞是 2002 级交大管院与香港城市大学合办 MBA 班学生，交大与城大均为此次联合办学配备最优师资，这段强强联合培养的学习经历无疑让李霞受益匪浅。忆起在交大安泰求学的日子，田澎老师让李霞印象分外深刻，"虽然田老师教授数理统计课程，但第一节课便对我们提问：管理是科学还是艺术，这个问题就现在而言已不需讨论，但当时无疑对我产生冲击。因为此前分别从事过均需要绝对精准数据的技术与财务管理工作，也从事过行政、人事管理此类要求制度与人性化管理并重的工作，跨幅度工作时难免产生困惑。往日都是在工作中不断摸索，田老师的课却让我发现管理的依据，既是对以往工作中部分实践的验证，也为今后工作提供相应可参考的意见，感触极深。"另一位令李霞印象深刻的是城大教授市场营销的老师，"他第一节课就能认出全班所有同学并了解该同学的大致情况，让我们充分感受到被高度尊重的个性化教学魅力，也由此学习到市场营销应以尊重用户为先，让用户成功才是最好的市场工作。"

两年 MBA 学习，让李霞在掌握系统管理知识的同时，也收获一帮好友同学。"我们班25 人，大家非常团结，无论谁工作或生活上遇到困难，大家都能够集思广益共同探讨、解决，这也是学习之外收获的宝贵财富。"交大安泰带给李霞的收获助益了她的从业道路，也让她充分感受到，在校的学习只有短暂几年，但步入社会的学习漫长，同学则是个人交往的圈子，人生旅途中，除却个人的努力，周围的人无疑能够对个人产生极大的影响和作用。

‖ 感恩且回馈，饮水总思源

上海远播教育科技有限公司成立于 2007 年，隶属于远播教育集团，旗下运营网站有远播教育网和第一高考网。论及事业，作为董事长的李霞侃侃而谈，中国教育有很多可取之处，上海的 PISA（Programme for International Student Assessment）考试连年成绩优异，甚至吸引英国与非洲教育官员前来取经。李霞慨叹："作为教育从业者，我们也深知优秀的成绩得益于学生大量的课余学习，但优秀的考试成绩是否代表着同样的能力？我们希望教育学生不是通过堆积知识，而是让他们获得更多智慧与创造力，但受制于目前的教育体制，无论是学校、老师抑或是家长仍以分数论英雄。在此前提下，我们认同有条件的家长和学生选择更适合的发展道路，出国接受优质教育资源与普世价值观。教育本就应鼓励多元化发展，以培养出多元化发展的学生，而这也是未来中国所需要的。"

李霞热衷于公益慈善活动，在她心中每个人都带着使命降临世界，而自己即致力于帮助和支持为更多人谋幸福的人。公益不分大小，不分高低，只要尽力尽心。每个人都可以为需要帮助的群体做力所能及的事情，不论资金多少、时间长短，只要有心。

学校的校友组织活动也是李霞的关注重点，她是上海交通大学校友产业投资俱乐部的一员，也是下属文化产业分会的会长。文化产业分会致力于集纳俱乐部文化产业领域的有识精英，促进校友间深度交流，集合文化产业上下资源，协助共同发展。自 2014 年成立以来，文化产业分会举办过北美国际教育论坛，并与院共同举办过一场大型慈善公益论坛，是安泰经济与管理学院恢复建院 30 周年的重要活动之一，还曾组织交大校友赴加拿大考察当地基础教育辅以音乐和艺术鉴赏相关活动。

"饮水思源"早已根植李霞心中，她曾参与创办的思源电气公司也是如此，因交大而命名。李霞认为回馈母校、感谢交大培育之恩是每位交大人的责任。在各自岗位和行业作出卓越贡献无疑是交大人对母校最大的回馈，但同时也可尽绵薄之力以给予母校更多支持，2011 年李霞所在的电机系高压专业 1987 级两个班同学便共同捐款 600 万为交大建立"人文发展基金"，以助益交大学子的人文素养与综合发展培养。

‖ 工作即生活，且行且愉悦

论及座右铭，李霞援引明尼苏达大学的心理学教授戴维·籁肯（David Lykken）发表的幸福公式：幸福 = 设定点（50%）+ 主观行动（40%）+ 客观环境（10%），李霞将之理解为性格占 50%，努力占 40%，机会占 10%，她认为工作的成就也同此理，"性格决定命运，我们应根据自身性格以选择方向，而非逆向而为"。

在李霞的人生中似乎很难找到标杆偶像，但父母遗传的性格与品格却深深影响着她。"我的父母现在仍从事他们喜欢的工作，并以此为乐，这激励着我以及家族后代，工作就是生活，并因此快乐，这就是我与我的家庭对待工作和生活的态度。"因此，李霞选择热爱的教育作为终身事业，在她看来，教育可以直接改变一个人的人生轨迹，她寄希望于通过努力为更多孩子找到适合他们的教育机会，成为符合未来世界发展的国际化人才。

工作之余，李霞是个极富情调的人。走进她的办公室，不论茶几、桌台，目之所及皆细细陈列着各式各样的瓷器，这些都是李霞游历各国时带回的心爱之物，也寄托着她与每一件精美瓷器的故事，见证着李霞的生活轨迹。摄影则是她的另一爱好，李霞回顾自己曾醉心于参数，而今则深感于"真正的高手不在于技术的层面，而是如何通过摄影讲述一个故事。"

寄语母校交大，李霞谈到自己的 MIT 之行，三四十年代交大被称为东方 MIT，而在得知 MIT 机械系 7 个专业在交大分别是 7 个院后，李霞感触尤深，她真诚希望交大也像 MIT 一样，能够站在创先创造的最前端，培养出世界顶尖的学生，为人类的发展，为我们的民族作出贡献。

毛 健

2004 届 MBA 校友
毕马威大中华区数字化服务领导合伙人

咨询大牛的"前半生"

撰文 | M1712096 沈辰婷、M1712095 薛佳   编辑 | M1612099 袁茵婷

编者语:

　　毛健,2004 年毕业于交大安泰 MBA,现任毕马威大中华区数字化服务领导合伙人,资深咨询顾问。他拥有理论物理学士和工商管理硕士学位,目前在攻读工商管理博士学位。同时担任中国连锁经营行业协会零售技术创新中心特聘专家顾问、上海市科委创新创业专家、上海交通大学 MBA 同学会理事会理事、MBA 入学面试官和创业导师。毛健以咨询人的经历谈及咨询工作的发展与前景,并赠予 MBA 学生尤其是想通过 MBA 学习转型的同学相关建设性的意见。

‖ 咨询人的"前半生"

毛健于 2002 年进入交大攻读 MBA，2003 年从甲方转行做管理咨询，2005 年进入德勤咨询任咨询经理，2017 年加入毕马威咨询负责大中华区的数字化服务，在咨询行业从业 15 年。电视剧《我的前半生》里的贺涵这个咨询师的角色非常火，可在毛健看来，艺术源于生活又高于生活，无可厚非，但现实咨询工作与剧情有较多出入，艺术创作是赋予角色和剧情以行业背景来强调角色存在性和剧情合理性。毛健从 2003 年到 2011 年，做的是战略和运营咨询，侧重在客户、渠道和销售等 CRM 规划和咨询；2011 年开始专注于技术层面的咨询，侧重在 CRM 和 ERP 相关系统实现，更下沉到方案落地；这几年，毛健专注于传统企业数字化服务，企业探讨新环境下的未来数字化转型战略和技术架构目标，并将业务需求通过技术尤其是新技术进行实现，另一方面探索新技术对创新业务模式的驱动、迭代实现。

‖ 现代咨询业的不同模式

毛健认为，不同类型咨询的服务模式差异很大，其中战略咨询，按照传统模式，战略咨询机构会通过大量市场和客户调研获取外部产业、市场和客户信息。咨询机构确实会寻求外部专业调研公司提供相关的数据支持，以此结合企业内部优势、资源和能力进行战略定位、目标和路径等咨询建议。但现在是大数据时代，传统的抽样街访调研早就满足不了咨询需求，以尼尔森等为代表的市场调研和数据分析服务提供商会向后台发展，提供大数据服务，而传统咨询公司也希望在这个方面有所突破，收购大数据服务公司、科技公司、广告和数字媒体公司，或者开展广泛的生态合作，或者构建自己的数据平台、提高基于大数据分析的更多增值服务，比如数字化转型服务、数字化运营服务等，并在完善和升级服务解决方案的同时丰富生态系统的构建。

创新业务模式是现代咨询业的新增长点

创新业务模式，更多的是新技术和数据驱动的新业务模式，比如供应链管理，传统咨询会专注在研发、规划、采购、生产、交付和服务的线性模式下的效率提高和成本压缩。如今在物联网和数字技术大量应用和渗透下，比如3D打印可以按需生产、快速部署云技术等可以直接使研发环节和生产环节连接，大数据分析传感器驱动的补货策略可以使规划直接到交付，而自动感应和质量控制技术使服务可以反向回溯到生产环节；目前的供应链模式变成了数字化供应链网络（DSN）模式，关注点从"速度、质量、成本、服务、敏捷度和创新"六个要素上进行组合形成差异化竞争优势，不只是单纯的效率和成本。同时具体组合策略时，就可以通过各种新模式实现，比如ZARA、韩都衣舍等C2B社会化共创供应链，可口可乐的"自由式"饮料机"定制消费"模型有效替代原有缓慢销售库存模式，减少分销和物流成本，Tesco与供应商协作进行大数据分析驱动型原材料采购等。其中根本支持技术逻辑就是通过物联网、大数据让每个业务流程物理节点做到可视、可鉴、可控，并基于数据分析反向推动差异化运营策略不断优化。而如何评判创新业务模式，标准在于能否创造新客户，或者创造新需求，或者创造新服务体验，或者创造新服务价值，如果不居其一，谈不上创新，那还是基于传统模式的改造和优化。

MBA转型咨询要慎重

读MBA后，有不少同学想要转型做咨询。毛健给出了比较谨慎的意见：咨询行业也在转型，顾问也在转型，咨询行业对于顾问的要求越来越高。首先，咨询需要的是行家，需要具有深刻行业背景、熟悉方法论，能给客户以建设性意见；其次，未来咨询行业更需要的是会思考的顾问，而不仅仅是聪明和努力的顾问，能够辨别越来越复杂的商业环境、越来越繁杂的信息渠道，越来越艰难的决策困境，需要和客户一起思考如何回到商业和企业本质上找问题、谈创新可能和找方向，而不是告诉客户应该怎样；第三，咨询行业更需要的是教练，而不仅仅是顾问，是能带动客户一起思考，告诉客户如何深度思考、如何自己得出答案。现代咨询不是明白方法论和理论就可以落地，是需要思路和有效执行的。未来更是这样，所以并不是所有的人都适合做咨询。比起盲目投身咨询业，毛健更建议大家千万不要轻易放弃原有的行业和专业，不要放弃原来的核心优势。

‖ MBA 学生应该如何自我提升

在毛健看来，读不读 MBA 的最大区别，在于平台和窗口。以前大家都在自己财务、人力资源、生产、营销各个领域专业职能内纵向很深，以后随着专业分工越来越细，跨部门融合性和交叉性会越来越强，大量事务工作被信息化和数字化取代，今后大量工作在于沟通、整合和驱动。因此读 MBA 不是教你如何做好职能工作，而是教你如何从企业全视角、战略高思维去看待职能工作。MBA 学生必须先把自己置身到企业高度，或从企业未来发展的角度，注重战场的纵深性，不能仅仅限于自己本身职能部门的一战一役，要在全视角层面扎扎实实地打好每场战役。

MBA 毕业后，需要能给自己贴上非常明确的标签：你究竟是谁？你究竟专精在哪个行业、哪个领域？未来个性化发展会越来越强，哪怕在一个很窄的领域里也要有自己的标签，在这个领域里扎根进去，纵深发展，未来 5—10 年里成为该领域的领军人物。你必须要了解自己未来要做什么，差异化定位是什么。把自己当成公司、产品来经营，你就是自己的产品经理。

MBA 给你打开了一扇终生学习窗口，知识爆炸，时代变化，需从企业视角、未来视角，使用深度思考方式和能力，去辨别你自己究竟要学什么。站得高，扎得深，学得快，才能不断有效刷新自己。

刘 瑶

2009 届 MBA 校友

上海嘉银金融服务有限公司副总裁

万里归来，不忘初心

撰文 | M1612098 蒋菀茸　编辑 | 李震

编者语：

　　刘瑶，交大安泰经济与管理学院 2009 届 MBA 校友，精英交流沙龙欢喜地主办人，现任上海嘉银金融服务有限公司副总裁。她出生于江南水乡，成长于部队大院，热爱写作，曾深入探访业界精英，出版《开创者·互联网金融 20 人》一书。分享愿望，探索世界，是刘瑶成功的密匙，也是她对年轻校友的期许。

‖ 早起播种，御风而行

刘瑶在路途中偶遇喜欢的小别墅，便果断租下并取名为"欢喜地"——梵语有言，能成就自利利他之行，心多生欢喜，故称欢喜地。这是她成功路上的重要一环。

起初，欢喜地只是刘瑶与好友闲聊之所，而后渐渐发展壮大，MBA 同学们也定期聚集于此，交流沟通，刘瑶也会邀请创业大咖、专家导师举办讲座，与听众深入交流。欢喜地渐渐成为沪上乃至全国知名的精英交流沙龙，每每举办活动，欢喜地里总是人声鼎沸，参与者也流连忘返。

"当时我们的欢喜地，是个初步的众筹，创业者们会带着故事和美食来到这里，与所有欢喜地的人共享。"刘瑶说道。

欢喜地"众筹"的，不只是产品，更多的是资源的互换与共享，由此也酝酿出了许多成功的创业项目，"有愿望要和朋友们分享，这样你才能获得更多的资源"。刘瑶也在此发现了新的投资风口——互联网金融行业。

‖ 专注选择，凝聚人心

2011 年，刘瑶正式进入互联网金融行业，担任"你我贷"副总裁。彼时，互联网金融还是一片蓝海，未来并不明朗。而欢喜地当时仍然生意兴隆，权衡之下，刘瑶选择集中精力于"你我贷"。对于这个决策，刘瑶解释道，"正如当初选择辞职创业一样，我喜欢集中精力做一件事，也是为了让自己没有退路。"

事实证明，她的选择并没有错。2013 年，互联网金融业务爆发式增长，"你我贷"也成为行业领先企业，并且在行业的评级研究中，排名第七，仅次于陆金所、宜人贷等老牌知名金融公司。2015 年底，"你我贷"以"嘉银金科"为名登陆新三板。然而，随着打着"互联网金融"幌子的部分公司风控失当，频繁跑路，对这一新兴领域的监管也有所加强，整个行业陷入了空前的信任危机。此时，一篇名为《我眼中那些真实的 P2P 行业老兵们》的文章在业内悄然流传，并逐渐被各大财经媒体转载。互联网金融行业老兵们的形象，因为这篇文章变得丰满而真实，他们的努力、坚持也令质疑者对这个行业的未来重燃希望。这篇文章，正是出自刘瑶之手，作为与"老兵们"并肩战斗的一员，她还应央行旗下媒体《当代金融家》之邀，在 2016 年担纲总策划出版了《开创者·互联网金融 20 人》一书，深入探访了蚂蚁金服井贤栋、前微众银行曹彤行长等业内大佬，将这个行业真实地呈现给大众。行业困境中，刘瑶依然保有赤子之心，"我喜欢与正直、大气的人一起做事，金融之道在金融之外"。

‖ 不恋过往，不负当下

对于"咖啡门"事件等过往争议，刘瑶愿意淡然回溯，同时，她也乐意分享一些在 MBA 和 EMBA 求学过程中的趣闻，并毫无保留地分享自己的经验感受。

刘瑶曾经在世博会的"听道"论坛做过题为"第一排的风景"的英文演讲，也曾经与北大 EMBA 同学一道在以色列反恐部队练兵；她曾在国际田径钻石联赛决赛现场为世界冠军颁奖，曾参加敦煌商学院第十届戈壁挑战赛，也曾身着交大 T 恤、背负母校荣耀参与无锡马拉松并以半马完赛。

她的经历尤为传奇，"走红"和成功仿佛都是"巧合"。但其实，正如刘瑶所说，第一步虽然艰难，但是一旦走出去，很多事情就会顺其自然。她带着果敢、自信，成功地走了出去，接触了更多的资源，也看到了更大的世界。

李 璟

2012 届 MBA 校友

上海艺米加实业有限公司创始人

国内企业应抓住"一带一路"新机遇

撰文 | M1512099 龚梦懿 编辑 | 冯倩

编者语：

　　她心系国家发展，致力于国内产能过剩下的海外产品"分享"，促进出口交易，在"一带一路"倡议的号召下做出了重要表率。她认为国内企业应该紧紧抓住这次机遇，主动走出去，打造更大的发展格局，"特别是水泥企业，一定要走出去，沿着'一带一路'的方向，走到其他新兴市场国家去"。而对于如何走出去，她建议中国企业"练好内功"，"必须要技术创新、自身做强、找准定位"。

‖ 产能过剩下的思考

2011 年，李璟创立了上海艺米加实业有限公司，专注于水泥、电力、基础建设行业，主要提供主机设备、备件以及生产线新建项目、旧线升级改造和余热发电、环保节能等项目结合金融一体的打包服务。经过多年发展，艺米加在水泥设备领域积累了较强的优势。

对于目前国内水泥行业的情况，李璟介绍，自己亲眼看到一些工厂，几万平方米的水泥厂区，空荡荡的储料库和停转许久的机器设备。"这就是中国水泥行业产能严重过剩的真实现状。"正是因为如此，李璟更认为国内水泥企业应该走出去。"中国有 3 000 多家水泥企业，很多民企甚至大型国企都严重亏损。所以，一定要走出去，沿着'一带一路'走到其他新兴市场国家去，那里的需求远高于国内。必须要技术创新，必须要自身做强，必须要找准定位，否则就是在等死。有些企业设计重度污染必须关闭，有些企业业绩无法支撑，就会被'大鱼吃掉'。过去，水泥是灰色黄金，太多人看到其中的利益，大家都奔向这一产业，如今产能过剩，如果没有强大的技术创新能力，将自己的产品做强做精，一定会被市场所淘汰的。"

‖ 双向贸易尝甜头

2011 年，在交大安泰 MBA 国际班求学期间，李璟收获颇丰。她还记得，"当时一位叫 IlanAlon 的教授对我们说，欧美市场如今的发展空间远不如新兴市场国家来得大。"而李璟原本就是面向欧美市场做一些供应链整合管理的项目与贸易，受到教授启发，李璟立刻将公司的战略方向及业务从欧美转移到了新兴的第三世界国家。她现在主要在巴基斯坦、伊朗、土耳其、埃及等国家从事水泥、电力等基础设施的设备以及项目服务。

"长期往返这些国家，我发现我们不但可以将中国的过剩产能分享到这些国家，同时也可以把他们绿色原生态的特色食品引进国内，展开双向国际贸易。"聪明的李璟在 2015 年成立了上海艺米加食品科技有限公司，主要从新兴的第三世界国家做进口食品的供应链管理以及国内销售与品牌建设工作。于是输出水泥，引进健康食品，李璟这笔"一带一

路"生意,去年为企业带来了 6 000 多万元的收入。对李璟而言,她的主要根据地在巴基斯坦。"这些'一带一路'沿线国家的基建情况非常糟糕,他们亟须造桥、造铁路,而这正是中国水泥企业发挥作用的好时机。"2014 年,海外十大水泥消费国共消费水泥 8.28 亿吨,占海外消费总量的 48.89%,这些国家分别为印度、土耳其、印度尼西亚、沙特阿拉伯、越南、日本、美国、巴西、俄罗斯和埃及。

‖ 走出去要练好内功

如今很多报道在提及"一带一路"时都用了"有利于输出中国现有的过剩产能"的语句来形容。而李璟认为用"分享"一词更恰当。以她在巴基斯坦的水泥业务为例,她输出的水泥设备都是品质好、性价比高的产品,绝非将一些低质廉价产品转手倒卖。"做生意就应该要互相尊重,互利互惠。这不仅在中国,在世界任何一个地方都是一样的。"

"关键还是要练好内功,让自己的产品有特色,有较高的科技含量。"李璟强调,中国经济正步入结构调整、转型升级的"新常态"期,未来的水泥需求增长空间将变得有限,因此她的"一带一路"战略还会继续走下去。

高颖佳

2012 届 MBA 校友
由心咖啡创始人

服务换租金由心咖啡帮办公空间做社交

撰文 | 冯倩

编者语：

　　高颖佳，交大安泰经济与管理学院 2012 届 MBA 校友，拥有 10 年以上高端品牌零售管理经验，曾引入并独家代理美国品牌的中国区服务，在三年内完成从 0 到 3 000 万元的销售额。2015 年她创办由心咖啡，不做卖情怀的 2C 零售，也不是创业咖啡，她定位在商务空间，从联合办公空间起步，用足了最流行的"咖啡+社群"、线上线下互动的概念。

交大，梦开始的地方

学风扎实是交大给大家的一贯印象，高颖佳选择在交大学习 MBA 也是考虑到这一点。但是，让她整个学习过程中印象最深刻的反而不是这一点，而是学校非常注重同学校友网络的连接。在交大 MBA 期间她不仅学到了很多企业管理的相关知识，也结识了很多志同道合的人。

在报考交大安泰 MBA 的时候，要求每个学生写一篇 10 年规划，高颖佳在这个规划中就提到，拥有一个自己的品牌。交大毕业后，高颖佳还拿到了学校的创业基金，这也为她后来的创业奠定了良好的基础，2015 年，在交大创业基金和 EFG 基金的共同支持下，高颖佳创办了由心咖啡。回忆起当初在交大学习的生活，高颖佳颇有感触地说道："交大给我的感觉就是，学校支持你陪伴你做这件事情，给你足够的信心，创业氛围非常好。"

占领消费者心智第一，是真正的壁垒

上海可能是中国咖啡文化最发达的城市了，每年新建和倒下的咖啡馆不知道哪个更多。由心咖啡选了一个讨巧的定位，定位于商务空间的连锁精品咖啡，入驻地点从发展火爆的联合办公空间入手。在高颖佳看来，咖啡消费的升级需求，咖啡品质的升级需求，商务空间的升级需求，这三个需求再加上传统行业结合互联网转型才有了由心咖啡。相比传统咖啡，由心是咖啡 + 美学空间 + 智能办公 + 社群活动的集合；相比创业咖啡，由心则是更加专注于咖啡行业。

2015 年 12 月，由心咖啡第一家门店开在了上海淮海中路上，金钟广场的 We+ 联合办公空间，到现在，已经发展了 4 家门店，分别在陆家嘴、徐家汇这些最中心地点的联合办公空间。这样选择是觉得这些空间的人群更具备咖啡的消费能力，用户基数比较大。

在最好的地点，坐拥消费力高的人群，传统咖啡店的租金会很高。但是，由心打造了对楼宇业主的一个服务升级理念，让业主方觉得不是随便招商一家普通的咖啡店，而是真正对楼宇服务有附加价值，所以由心在租金方面还是会比传统的咖啡馆有更大的优势。

物理空间有价格，服务有价值的，服务换租金，是高颖佳维持成本的小秘诀。据高颖佳说，作为创业企业，由心已经是属于财务端数据较好的一家公司了，大部分的店面都是盈利的。

‖ 在咖啡本身的社交属性上，做足文章

新办公时代下，简单的办公条件已不能满足 80、90 后精英白领的商务社交需求。如何打造并运营一个有趣、有文化、有温度的商务社区成为了吸引企业与员工的软服务指标。由心咖啡通过精品咖啡服务作为切入点，与福布斯评选的中国最具影响力设计师李想共同创造在办公楼内的咖啡共享空间。除了提供咖啡业态的服务之外，空间中固定展示区域会定期与不同的设计师合作展示设计作品，希望经过的白领在品尝一杯咖啡的同时，感受生活美学、提升对文化生活的追求，同时主动参与到由心咖啡特有的社群活动中，找到与自己志同道合的伙伴。有由心咖啡在的商务社区，充满文化生活气息。特有的在线营销和社群活动平台，已为超过 5 000 名白领提供服务，是目前业内成长最快，系统开发迭代技术最强，最具商务社交属性的连锁精品咖啡品牌。

‖ 创始人的咖啡精神

咖啡代表着自由的精神，本身就带有很强的社交属性，据公开资料显示，1530 年，在君士坦丁堡诞生的世界上第一家咖啡馆就是为了社交而生，它是当时社交和文艺创作中心。高颖佳创办的由心咖啡，还原了咖啡最本质的社交属性。由心咖啡不仅仅是一个咖啡馆，它有很多增加其价值的东西存在。但是它不曾忘记自己的本质还是一家咖啡馆，就像高颖佳反复强调的那句话，"不管模式怎样变化，由心还是会有自己核心不变的东西——产品及服务。"

在高颖佳看来，做咖啡这件事本身就很难，只有对生活有要求的人才能做好咖啡。未来是一个产品力的时代，有产品力才会有品牌力，这个过程是需要积累的，从个人想做，到通过企业管理的方式让每个人都做到，这个过程就是做咖啡的门槛。除此之外，真正好

的咖啡不只是把咖啡做好，也可以把咖啡说好，尤其是来体验这种服务的客人，很需要这样的机会去交流，去分享，这又回到了咖啡的社交属性。

关于未来，高颖佳有个不小的目标："希望能够在深入了解市场之后，做出真正引领这个市场的产品。"目前，由心在联合办公这样轻松自由的办公空间做到了第一的位置，这也对由心未来的扩张提供了一个非常好的起点，下一步由心将寻找合作商务楼宇，构建新办公时代下 CBD 工作生活方式共享空间的核心，一起打造一个温暖留心的社区。

芦 磊

2012 届 MBA 校友
翰蓝网络 CEO

梦想危险而美丽

撰文 | 杨婷婷　编辑 | 钱思文

编者语：

　　小麦色皮肤、圆框眼镜、耳机、T恤，灿烂的笑容，他是投资人眼中的"朋友老芦"、热爱漫画的文艺青年。芦磊，交大安泰 2012 届 MBA 校友，2010 年全国 MBA 创业大赛冠军，翰蓝网络 CEO。"人没有梦想，跟咸鱼有什么区别"，芦磊喜欢用这句话描述自己的创业初心。在既复古又摩登的申报馆大楼里，他和小伙伴们正在打磨自己的社交软件产品。

‖ 创业，原来是这么一回事

用"七年之痒"描述芦磊创业的决定可能不是特别合适。西安交大本科毕业后，芦磊在上海一家国企工作，并被公司派到上海交大安泰经管学院攻读 MBA。课程模块中的"创新精神与创业管理"，成了他创业起步的契机。这门课让他遇见了对创业既有热情又有经验的董正英老师。

"因为他自己做过（企业），所以他讲课的内容都很务实，对人也有感染力。如果换一个没有实际操作经验的老师，只把创业当成一门课来教，就不会有这种效果。"这门课也让他第一次系统地了解到创业的流程，第一次对于什么叫 Pitch，怎么去融资有了概念。课程的结业考试是分组进行创业项目的路演，"2009 年那时候有谁见过路演啊，但我们在课堂上就做了。"结业考试的最高分，以及在交大安泰主办的全国 MBA 创业大赛上获得的冠军成绩，更坚定了芦磊的信心。

"知道了原来靠我自己的演讲，靠自己相信的梦想，也可以感染人，也可以拿到钱。拿到钱以后真正去做事儿，干成了，是能给别人带来回报的。知道了原来创业是这么一回事儿。"

拿到了上海大学生创业基金，以及同事和同学的投资，工作七年的芦磊正式辞职，开启创业之路。之后的岁月里，"这堂课上学到的内容好像一直都在不断地重复，只不过是做得越来越好，越来越顺而已。"

‖ 没有人知道下一个风口是什么

芦磊热爱漫画，与阿狸、张小盒、炮炮兵等知名漫画形象的作者都很熟悉。创业的首个产品"涂鸦宝"便发源于此。这款漫画制作工具操作简便，让每个人能都创作出有趣的漫画。

2013 年 7 月，"涂鸦宝"获得苹果 App Store 首页推荐，"当时国内没有团队享受过这样的待遇，我们是第一个"，登上免费下载榜第四名，每天都有十几万的下载量，还被苹果预装在中国大陆所有实体店的设备里，供顾客体验。但就是这样一款成功的产品，却不受投资人青睐。对此，芦磊颇为坦然："创业就是这样，有时候是被资本裹挟着走，大环境非常重要，你需要和类似的成功产品对标。"当时国内外还没有类似产品取得成功的案例，要说服投资人就变得格外艰难。现在回想起来，"涂鸦宝"或许是"生不逢时"。"创业和投资都只有一段有限的窗口期，早到或是晚到都很难取得成功，因为没有人知道下一个风口是什么。"

2012 年 10 月，图片分享软件 Instagram 被 Facebook 以 7.15 亿美元收购；2014年底，陌陌"出道"三年就成功登陆纳斯达克。芦磊意识到，图片社交的窗口期已经到来。于是，团队的第三款产品，基于"遮脸"设定的图片社交软件"遮遮"应运而生，于2015 年 2 月正式上线，2016 年初，下载量就突破了 100 万。

"遮遮"甚至还吸引到了 360 董事长周鸿祎的注意。后者对于产品的肯定，让他心潮澎湃。他一直记得自己与合伙人走出 360 所在的办公大楼，相视一笑，相互击掌的场景，创业路上所有的激动兴奋与忐忑不安，尽在其中。感谢创业，我没有被生活裹挟着走。

▌感谢创业，我没有被生活裹挟着走

2015 年末，联基金、小米公司等对遮遮进行了 Pre-A 轮的千万级融资。但口袋里有了钱的芦磊，却蓦地开始焦虑起来。

"拿到这么多钱之后，感觉到了前所未有的迷茫，不知道产品应该往哪里走。"2016年初，情况进一步失控，芦磊失眠了，"最糟糕的是有一次，两点多才勉强睡去，三点多又醒了，身体接近崩溃，双手止不住的发麻。甚至想到庙里去清静一下。"

习惯了亲力亲为，对产品的每一环节严格把关，同时又要不断摸索公司的发展方向，芦磊感觉自己近乎透支。所幸不久之后"遮遮"找到了短视频的全新突破点，芦磊也通过坚持游泳，把身体和大脑拉回了正常轨道。

"普通人的心情是这样的"，芦磊用手指在空中画了一条起伏的曲线，"而我是这样的，大多数时候是一条水平线，拿到融资的时候就会一下蹿得特别高。"刚开始创业，顺利拿到第一笔投资的时候，他觉得创业真是太好了，"见人就说快来创业"。后来面对接踵而至

的困难和问题，迷茫、焦虑和辛苦成了他的主题，还曾对朋友抱怨"我恨创业，没事别去创业，不是人干的活"。

如今克服了障碍，风雨之后见彩虹，他又有了全新的感受。"我觉得创业超级值。因为人一生中最宝贵的东西是什么？是时间。要想让生命延长，就要在短时间内去做很多的事。而创业就是两年干了别人十年干的事，带来的成长和改变都是超乎同龄人的。而且焦虑过一次，有过了这种经历，今后就再难再苦也不怕了。"

‖ 创业≠砸锅卖铁

"我已经十天没见到女儿了，每次见她都像十年没见似的，其实挺亏欠的。"谈到自己疯狂的工作作息，芦磊难掩对女儿的愧疚。但他也非常明确，"我绝不会卖掉自己的房子去创业"，对于家庭，他有自己需要守护的底线和责任。

"创业，最重要的就是家庭，一定要得到家庭的支持，尤其是妻子的支持，否则就不要创业。我非常感谢太太的支持"。现在，他一周工作六天，周日的主要任务就是陪伴女儿，享受属于父亲的快乐。

在交大安泰主办的"光明优倍杯全国 MBA 创业大赛"上，芦磊受邀重返学院，向学弟学妹们分享自己的创业经验。他说："创业会经历从未离开的迷茫、时常离开的伙伴和渐渐丢失的睡眠"，却也会收获"从未有过的充实、与众不同的自由和既危险又美丽的希望。"正如创业大赛评委陈琦伟教授所言，创业，其实就是一种生活方式。

吴 筱

2014 届 MBA 校友

上海亦芙德供应链管理有限公司联合创始人、董事

女性创业者勇敢攻克生鲜供应链难题

撰文 | M1612098 金明泽　编辑 | 冯倩

编者语：

吴筱，80 后湘妹子，交大安泰 2014 届国际班 MBA 校友，上海亦芙德（EFOOD）供应链管理有限公司创始人。在辗转上市企业集团、大学机构、大型外企、国企管理岗位十余年后，吴筱才真正接触到生鲜食品供应链行业，没想到从此便与这个行业结下了不解之缘。

新零售时代下的企业突围

生鲜电商行业自 2011 年兴起以来，经过五年时间的打磨和高速发展，从 2016 年开始增速趋缓。2016 年 4 月以来，伴随美味七七、许鲜等生鲜电商企业的接连破产清算，行业巨头也相继开始大幅调整业务模式，与 2015 年的投资热潮相比，整个行业进入"寒冬期"。究其原因，物流成本过高和生鲜损耗过多恰恰是众多生鲜电商最亟待解决的问题。

2015 年 11 月，吴筱和创业伙伴李胜共同创办了亦芙德供应链（EFOOD），建立了以生鲜产品标准化与作业流程标准化为核心的专业服务体系，专注为连锁型餐饮企业、商超及生鲜电商平台提供专业化生鲜供应链管理一站式服务。一同参与该创业项目的还有几位之前与吴筱同在光明都市菜园共事过的小伙伴。

在母校交大安泰 MBA 创业中心的支持下，经由上海市大学生科技创业基金组织的公开的专家评审，凭借创新模式和团队优势，亦芙德在创立时便获得了上海市大学生科技创业基金、上海交通大学 MBA 创业基金最高上限额度的股权形式的投资，并成为其重点扶持项目。不久后，该项目又以 6 250 万人民币的估值完成了 Pre-A 轮 500 万元融资。同一年，吴筱获得 2016 年全球创业周"雏鹰奖"，这是从 1 000 多家上海市大学生创业基金资助企业中评选出来的优秀项目，每年仅 11 家。而在刚刚结束的第十七届中国 MBA 发展论坛上，吴筱又荣获"创新创业新星"。如今的吴筱，俨然是 MBA 学生中创业成功的典范，更是女性创业者的骄傲。

打造亦芙德的核心价值

在创立亦芙德之前，吴筱在光明食品集团下属的一家农产品流通企业担任发展部总监，主要负责投融资事务，之所以会选择做生鲜供应链是因为当时看到在中国餐饮食材行业有着广阔的消费市场，中国的餐饮行业有 4 万亿的市场规模，生鲜电商的市场规模也已经达到 1 200 万，而与此相对应的国内的生鲜供应链管理水平却非常落后。

但是，无论是生鲜电商、还是餐饮零售行业的发展，对供应链管理的挑战非常大的，而在这个大的背景下，我们看到的是国外的成功的模式。而我国国内生鲜食品行业虽然发展迅猛，但居于其后端的生鲜食品供应链行业发展却并不成熟。有的要么只是单纯地解决了客户产品供应的需求，有的要么就只是解决了仓储物流的问题，两者其实都未能真正解决连锁餐饮企业或生鲜零售企业存在的食材供应链管理复杂、产品损耗及物流成本高的难题。

相比传统的零售以产品及店为核心，而新零售的核心是以人为本，突出的是客户体验为中心。因此，在新零售时代下，围绕用户体验，生鲜农产品的零售在供应链端投入的成本极高。所以如何在满足客户良好体验的前提下，通过智能化数据的运用、分析及预测，不断优化企业的供应链服务体系，控制好供应链端投入成本是生鲜供应链服务必须去突破的问题。

生鲜行业未来的发展空间巨大，各种形式如生鲜门店、电商、O2O 等在未来的机会仍然非常大。吴筱说道，亦芙德还会通过解决生鲜产品供应链环节的管理难点，以创建生鲜交易平台为依托，为客户提供产地直供的生鲜产品；同时还会根据客户的评级和供应商交易信用评分，提供提前结算账款的供应链金融增值服务。无论哪一种盈利模式，亦芙德要做的都是为供应链的上下游两端解决以往存在的问题，提升供应链管理水平，做到合作共赢。

‖ 感恩母校，感谢团队支持

在问到两次创业最深的体会，以及为什么可以获得创业基金和风投机构青睐的时候，吴筱说得最多的就是团队。作为一家生鲜供应链服务公司，在轻资产的运营模式下，更多依靠的是技术和业务导向，拥有生鲜供应链管理的专业人士尤为的重要。吴筱坦言道，对于这一专业领域她自己并不擅长，但是亦芙德核心管理团队的其他成员都有着深厚的专业背景和丰富的经验，他们大多都是与吴筱曾经一起共事的小伙伴，不仅在生鲜领域有着深厚的专业知识，对生鲜供应链管理更有着丰富的经验，并且曾为某世界 500 强企业提供专业生鲜供应链管理外包服务，这一专业的团队的共同努力与追求，才是亦芙德得以快速成

长的关键。

　　创业初期，吴筱的 MBA 导师余明阳教授还组织了来自投资界、产业界的几位专家对她的创业项目的可行性进行了详细的讨论与指导，这无疑也为亦芙德后面的顺利发展起到了极大的推动作用。对此，吴筱的感恩之情溢于言表。至今在吴筱的办公室里扔挂着余明阳教授给她写的一幅字："长风破浪会有时，直挂云帆济沧海"。"会有时"是交给未来的际遇，这正是余教授在她面对这一挫折时给她的鼓励。而此时的她，与合伙人及专业团队一起，始终瞄准"生鲜供应链"，坚持对梦想的执着追求。

谢仰辉

2015 届 MBA 校友

上海蕴藉科技有限公司 CEO

从外企白领到 S-BUY 大数据科技掌门人

撰文 | M1512099 龚梦懿　编辑 | 叶玲杰

编者语：

　　谢仰辉，交大安泰 2015 届 MBA 校友。这些年来，谢仰辉从负责企业战略、整合营销的文职人员到科技企业管理者，从外企白领到 S-BUY 大数据科技掌门人，在获得上海交通大学安泰经济与管理学院 MBA 和麻省理工大学斯隆商学院管理科学硕士双学位后，她从容转身，开启自己的创业之路。她说："是安泰提供的资源，让我们把可能变为现实。"

‖ 寻求自我突破，入读交大安泰 MBA

谢仰辉多年带领咨询团队为政府、跨国企业提供整合营销咨询，并在一家有 50 年历史的美国科技企业从事企业战略、大客户管理和中国、东南亚、澳大利亚地区的整合营销。这些经历让她对科技企业的管理和运营兴趣浓厚，希冀能够更系统地了解和掌握企业运营的方方面面。2012 年，她开启交大安泰 MBA 的学习之旅。

MBA 的学习是一个了解和掌握系统化知识体系从而寻觅、探索和尝试在商业领域创造未来的过程，但未来总是伴随着不确定性。而安泰拥有国内外一流的知名教授，学院也常有专家解读最新商业和经济活动、现象及政策，并对未来趋势进行预测。教授和专家的观点小到可以指导个人的投资、理财，大到掌握经济和商业未来的整体走向，这些都让谢仰辉受益匪浅。

与此同时，安泰率先在国内打造 MBA 创新与创业特色教育。通过创业课程、创业大赛和创业基金，构筑从创业理论到创业训练再到创业实践"三位一体"的系统体系，积极营造创新与创业文化氛围，具有创新创业思想的同学、博学多才的导师、多元化的交流……方方面面的学习和触动让谢仰辉逐渐萌生创业的想法。

‖ 拥有目标前行，惊喜不期而遇

谢仰辉读 MBA 的想法源于系统地学习企业商业运作管理知识，实现之后，她转向新的目标和方向——科技企业创业。国际交换生和申请麻省理工学院管理科学硕士的学习就是她通向新目标的要道。

2013 年底，谢仰辉以交大安泰 MBA 身份参加澳大利亚昆士兰科技大学（QUT）国际交流项目交换学习。这段学习经历不仅让她体验、适应并快速融入全新的文化生活，完成在西方大学教育体制下学习的要求，更重要的是进行了创业方面的研究。创业领域的科学研究对于实践具有提纲挈领的指导意义，可以帮助创业者寻找捷径。在 QUT，谢仰辉结交了在研究方向上有许多共通之处的各国朋友，并幸运选修美国 Academy of

Management 创业分会前主任 Per Davidsson 教授的创业课，这门课使她醍醐灌顶，受益匪浅。

同时，谢仰辉拿到麻省理工学院斯隆管理学院管理科学硕士（MSMS）学位项目的 offer，成为安泰 MBA 学生中第一位被该学位项目录取的学生。MSMS 学习期间，在保证完成学校规定的学分和撰写硕士毕业论文的基础上，学生可以自由地在麻省理工学院和哈佛选择课程。谢仰辉选择技术创新、创业和企业战略管理方面的专业学习。她加入 MIT 创业俱乐部，并担任该俱乐部副主席。她选择的课程紧紧围绕技术企业的创新和创业。在学习创业理论、积极参与课上各种创业实践之外，她也在 MIT 和波士顿活跃的创业圈中结识朋友、参与各种实践。渐渐地，在创业研究和实践的道路上，谢仰辉均进入一个新的旅程。

‖ 实操性项目探索，助力大数据创业路

在 MSMS，课程学习的实践操作性特别强。谢仰辉曾到巴西为其第二大 OTC 药厂提供大数据咨询，并通过数据的采集、挖掘、分析，提出运用大数据解决问题的思路。这一咨询项目启发谢仰辉认识到大数据的重要性——更高效地解决一些企业面临的传统问题，用以解决从前难以解决的问题。经过多种市场调研、考察，谢仰辉决定通过大数据为受到网络冲击巨大的中国实体零售商服务，帮助他们对外转型为全渠道销售，以提高盈利；对内升级为数字化精细管理，大幅度降低成本。

从麻省理工学院毕业后，2015 年 8 月，谢仰辉带着自己的创业项目——S-BUY 大数据科技回国。S-BUY 运用移动互联网技术，大大提升消费者在实体店内的购物体验，从而增加商户营业收入；同时，S-BUY 凭借在零售行业大数据方面的技术优势，为实体零售商在店铺陈列、仓储物流、市场推广、会员管理、价格体系、人员配置和新品开发等方面的及时调整和长期战略决策提供科学依据，大大降低实体零售商成本，提高其利润率和市场竞争力。回国一个多月，在安泰 MBA 校友的推荐下，谢仰辉和她的团队即确定与一家全国有 35 家门店的男装品牌达成合作，这一合作也让她看到目标市场对 S-BUY 大数据产品和服务的需求。创业过程中资源稀缺，安泰 MBA 中心老师也为谢仰辉提供诸多

帮助。2011年起，交大安泰就与上海市大学生科技创业基金会共同设立安泰MBA创业专项基金，双方五年总投入2 000万元，全力支持安泰MBA学生和毕业五年之内的校友创业。

回顾几年的学习和创业之旅，谢仰辉表示，最初自己以为选择交大是基于地理位置便利，而事实证明，她选择了一个良好平台。交大安泰为学生们提供丰富、多元、面向世界和未来的机会，这些机会使她惊喜连连，也让她的未来有了更多积极选择。同时，在清楚个人选择与目标后，有方向、有目的的学习，也会更有利于个人看清奋斗的主线，并集中精力去实现。

张震宁

2015 届 MBA 校友

上海熠知电子科技有限公司市场副总裁

交大安泰 MBA，助力学生圆梦 MIT

撰文 | M1512099 龚梦懿　编辑 | 叶玲杰

编者语：

张震宁，交大安泰经济与管理学院 2015 届 MBA 校友，交大—MIT 双学位项目毕业后，张震宁短暂加入腾讯视频，现任上海熠知电子科技有限公司市场副总裁。

‖ 国际化的师资力量，终生受益的教学模式

安泰国际 MBA 项目全程采用英语授课，英语也覆盖了上课提问、课后作业、考试答题等各环节。张震宁因先前国企工作时使用英语频率较低，在上课之初不论是英语教材阅

读速度还是和老师同学英语交流均难免吃力，而随着学习的推进、积累，他的英文也因此渐入佳境。交大安泰作为国内首家获得 AACSB、EQUIS 和 AMBA 三大国际顶级认证的商学院，吸引着来自世界各地优秀商学院的交换学生和留学生，与他们一同上课、组队完成小组讨论和课题汇报的过程也让张震宁的口语能力不断提升。一个学期国际 MBA 班课程后，张震宁的 GMAT 成绩显著提高，完全符合 MIT 的要求。

国际 MBA 班课程安排很紧凑，每 2 到 3 周即完成一门课的深度学习，也因此让学院能从全球范围聘请顶尖教授和专家为学生授课。授课老师在各个教学领域均有多年的学术造诣和教授经验，以此引导学生在较短时间内理解相应管理领域的核心思想和主要方法。由于到访教授在授课期间全职投入教学，因此不论教学或答疑解惑均力求完备。据张震宁回忆，"即便课程结束，老师也通过领英、电子邮件与大家保持联系，并愿意为学生们遇到的实际问题答疑解惑，也因此成为使同学们终生受益的良师益友。"

‖ 知识规划完整到位，强强联合全面培养

学院国际 MBA 项目涵盖企业战略、营销、运营、财会、宏观与微观经济学、项目管理、组织行为学等一系列经典管理课程，同时也加入富有工科色彩的数据建模与信息系统课程及各专业领域选修课。就此张震宁感慨"现今社会中各行各业已高度专业化，管理方面的知识也早已理论化系统化。MBA 的学习使我朦胧、零散的知识在各类课程学习中得到系统化梳理、完善和提高。当我不再因财务报表犯怵，因波特五力模型迷惘，能够针对 PPT 条理清楚、侃侃而谈时，我知道为学习付出没有白费，自己已经得到升华。"

交大安泰 MBA 与 MIT 斯隆管理学院于 2011 年建立合作关系，旨在为与 MIT 有合作关系的全球一流商学院学生提供在某一特定管理领域深入研究的机会并为合格毕业生颁发硕士学位。在更早的 2006 年，上海交通大学与 MIT 合作推出"中国全球运营领袖"（CLGO）项目，注重为学生提供实践和团队合作等的经验培养。很多制造和运营领域的世界知名公司，如亚马逊、苹果、思科、戴尔、香港溢达、霍尼韦尔、耐克、诺华、太钢和联合技术，都是该项目的企业合作伙伴。交大深厚的理工背景与 MIT 深度契合，从而营造良好的合作氛围。2014 年交大安泰学院 MBA 申请 MSMS 项目的 3 位同学均获得面试

资格，最终张震宁幸运地成为获得录取通知书的两位同学之一。

‖ 海外顶级学府精彩体验，精彩丰富的课外生活

张震宁结合以往传媒技术领域工作背景，针对性地选择信息经济学、数字营销、数据挖掘、产品开发、竞争战略和 MIT Media Lab 的创新创业课程，同时旁听哈佛肯尼迪学院的传媒与政策课程，并综合总结这些课程完成毕业论文。整个求学过程中，授课老师既有殿堂级的学术大师也有业界公司高管，课堂阅读材料多是老师们刊发于国际顶级学术杂志上的论文或公司实际商业案例，因此格外生动有趣，但难免增加课业压力，阅读和作业量均比远超国内商学院。同学间流传着"在 MIT 求学好比就着消防龙头喝水"这样的经典比喻，而交大安泰教学的预热，早已让张震宁做好应对学业挑战的充分准备。

学习之余，不论是 MIT 的课外生活或创新创业氛围皆令张震宁燃起别样的青春热情，唯恐辜负好时光。张震宁感谢交大安泰对他逐梦之路的莫大助力，在他心中，能够代表交大安泰至世界级的舞台与各国商学院精英交流切磋是一种荣幸，也让他谨记"饮水思源，爱国荣校"的校训，激励着他在下一程求知旅途上奋勇前行。

徐家平

EMBA2003 春 4 班校友

上海新世界股份有限公司总经理

十里南京路上的百年地标

撰文 | EMBA 中心　编辑 | 冯倩

编者语：

　　徐家平，经济学硕士，上海市政协委员，交大安泰 EMBA2003 春 4 班校友，EMBA 校友会主席，现任上海新世界股份有限公司总经理。曾被评为"2013 年上海商业十大杰出人物"，先后荣获全国"五一"劳动奖章、全国劳动模范、全国质量管理先进工作者、全国优秀商业创业企业家、中国 EMBA 十大精英人物、全国用户满意杰出管理者、中国零售业年度人物、中华老字号传承创新优秀掌门人等荣誉称号。

　　十里南京路，一个新世界。提起南京路，必然想到新世界。无论对于老上海人，还是新上海人，新世界像一株常青藤，成为一个屹立在南京路上的地标性品牌。她经历了近百年的风风雨雨，仍然历久弥新。

‖ 百年品牌的历史性跨越

新世界前身是创建于 1915 年的新世界百货游乐场，新中国成立后更名为新世界百货商场。20 世纪 80 年代以来，新世界牢牢抓住 3 次机遇，通过"三步走"发展，实现了由小变大，由弱变强，由传统向现代的跨越：第一步是 1988 年的大改制；第二步是 1993 年的大改造；第三步是 2003 年的大扩容。

如今的新世界，已经成为集吃、住、行、游、购、娱、商、旅、文为一体的现代化大型"生活中心"（living-mall）。公司下属有新世界丽笙大酒店有限公司、上海蔡同德药业有限公司等十余家全资或控股子公司，涉及酒店、娱乐、餐饮、医药、旅游等多个行业。

万变不离其宗，一切的成就都离不开一位灵魂人物——徐家平。作为上海交大安泰经济与管理学院 EMBA 首届校友、EMBA 校友会主席、上海新世界股份有限公司总经理、党委书记，他依托现代经营理念和现代企业机制，通过多元化经营、全方位拓展，努力做到了"转制、建制、扩建、创利"四不误。

正是由于徐家平大刀阔斧的改革，今日的新世界与 1988 年改制之初相比，销售增长了 170 多倍，利润和税收均增长了 200 多倍，净资产增长了 2 000 多倍。企业先后获得"全国文明单位""全国思想政治工作优秀企业""全国五一劳动奖状""全国诚信单位""全国质量奖"等 160 余项国家级和市级荣誉称号。徐家平校友也先后荣获了"全国五一劳动奖章""全国优秀商业创业企业家""全国劳动模范""中国零售业年度人物""全国质量管理先进工作者""上海商业领军人物"等三十余项荣誉称号。

‖ 诚信是企业的生命线

"诚信才是企业的生命线"，徐家平始终坚信这点。他认为，企业要生存，首先要了解自己的生命线是什么，然后牢牢抓住不放。在新世界，诚信建设经历了两个阶段：第一阶段推出了"三真"理念，即倡导"卖真品、标真价、送真情"理念，同时提出零号工程，

即把消费者售前质量风险、售中购物不便、售后服务之忧都降为零。第二个阶段，也是率先在上海商界推出的"无须理由退货"。举措刚一推出，便引起社会哗然，一些营业员非常担心顾客钻空子，但徐家平则认为，"顾客是为用而买，不是为退而买。"他的决策思路是："无须理由退货"看似做减法，实质上是在做加法，是以信誉真正赢得顾客的心。

近年来，徐家平又放眼世界，主动与国际诚信体系接轨，开展了"诚信新世界"活动，用"诚"来换顾客的"信"，严格执行"三不"原则，即不做假账向股东负责、不卖假货向顾客负责、不说假话向社会负责。新世界的诚信体系建设不仅有效地促进了企业的内部管理，也在上海乃至全国引起了巨大的反响。

‖ 职工是企业长青的基石

涓涓细流，汇成大海。在企业的成长过程中，员工是必不可少的元素，徐家平深知，新世界的发展，一定要全心全意依靠职工办企业。这些年，就是本着这个原则对待每一位职工，徐家平率先倡导了"四个第一"的理念，即把职工的情绪作为第一信号；把职工的满意作为第一追求；把职工的呼声作为第一目标；把职工的支持作为第一动力。

结合股份制企业的特点，牢固树立行政是民主管理"第一责任人"的意识，坚持职代会与集体合同两大机制的互动，徐家平把企业发展与民主管理有机结合，提出了"四个100%"，即对职工代表的意见和提问100%当场回答；职工找他谈话100%接待；职工的建议100%研究落实；民主管理活动100%参加。当员工身患重病，他会在第一时间赶往探望；当员工子女入学有困难，他又多方联系解决后顾之忧……多年来，徐家平几乎走遍了每一位特殊困难职工的家庭，解决了职工提出的每一条合理要求。

正所谓"细微之处见精神"，徐家平从细节着手，用心对待每一名基层员工，使得每一个员工在这样的企业里如沐春风。在国有企业改制过程中，徐家平坚持不裁员，他认为，企业的良性发展与员工的归属感休戚相关，单纯的"减员增效"不但伤及员工情感，也不利于企业稳定。

"以人为本"才是企业长青和稳固发展的基石。徐家平不仅仅是重视人，更要重视对人才的培养。为积极创建学习型企业，公司设立了200万元专项基金用于实施人才战略，大力推进素质工程，形成了集学习、竞赛、激励为一体的教育培训机制，公司涌现出一大批复合型、知识型、技能型的员工和全国青年文明号、全国巾帼文明柜、市新长征突击队、市劳模班组等先进个人和集体，新世界也两次荣获"上海市学习型企业创建奖"。

▌微利时代的特色发展模式

百货业竞争激烈，同质化现象较为严重，微利时代已成定局。但机遇与挑战相伴相生，在这样的状态下，徐家平更懂得谁能抓住机遇做出特色，谁就有胜出的机会。

同时拥有两个经济类硕士学位，又深谙企业生存发展之道的徐家平到底怎样运筹帷幄，决胜千里之外的？2003 年 6 月起，他带领新世界人仅用不到 700 天的时间就改建扩容了一座建筑面积达 21 万平方米集购物、娱乐、休闲、餐饮、展示、文化、宾馆、商务于一体的生活中心。

在定位时，徐家平坚持"大众高端，功能综合"，将加大创新力度、拓展综合功能、打造市场亮点作为决策的重点，历经千辛万苦引进了一批国内、亚洲甚至世界上的顶级娱乐品牌。其中，9 000 平方米的新世界杜莎夫人蜡像馆是全球第 6 家、大陆地区第一家英国杜莎夫人蜡像馆；57 600 平方米的新世界丽笙大酒店是区属第一家五星级大酒店，有最高的星空酒吧和旋转餐厅；6 500 平方米的新世界喜满客量贩式 KTV 是台湾著名娱乐品牌喜满客在国内的首个合作项目；7 000 平方米新世界上影华威影城是上海目前最精致豪华的电影院之一；新世界真冰溜冰场是上海第一家室内真冰溜冰场。

"只有当潮水退去，才知道谁在裸泳。"而徐家平成就的新世界正诠释了巴菲特的这句名言。在全球经济低迷、消费力大幅下降之际，徐家平的可持续的零售模式发挥了抵御风险的功效。显然，新世界正以独特的视野打造了一个可持续发展的模式，一路向前。

任仲伦

EMBA2003 秋 2 班校友
上海电影集团公司总裁

上影力量，扬帆起航

编者语：

漕溪北路 595 号，解放前，《神女》《马路天使》《一江春水向东流》等许多中国影史的经典作品诞生地。大半个世纪过去了，在现任掌舵手任仲伦的心里，上影丰收的标志是：不仅要出优秀作品优秀人才，还要锻造具有产业链完整和持续竞争力的现代影业集团。

‖ 上影蜕变，华丽转身

2016 年，上影股份成为第一批上市的国有电影企业。如今上影可谓当之无愧的中国电影业界航母，然而，一路走来，上影的发展也曾历经风雨。20 世纪 90 年代后期，在中国电影整体进入长达十几年低迷期的历史大背景下，上海电影厂走到了最为艰难的时期。2003 年，任仲伦接任了上海电影厂厂长。那时，整个上影厂的流动资金只有 1 700 万，而每年的银行贷款利息高达 3 000 万元，人力成本高达 1.5 亿元，冗员多、亏损大、负担重及员工年龄、知识结构老化等现实困难，都摆在刚刚上任的任仲伦面前。

彼时，任仲伦认为，学习是他唯一的选择。这一年，交大安泰 EMBA 项目正式启航，任仲伦成为首届学员，回首在安泰的学习经历，他曾表示："我特别感谢教授们传授的专业高端的现代管理知识以及学院对我的厚爱。这段学习的经历帮助我迅速从一个大学象牙塔里的电影理论专家转身成为电影投资者和电影产业经营管理者，给予了我一生很好的教益。虽然毕业已有多年，但老师们当年的教导和同学们纯真互助的友情至今仍启迪着我，温暖着我。"

在任仲伦看来，上市意味着上影真正进入资本市场。"以前，上影是传统影业经营模式：种瓜得瓜，种豆得豆，偶尔种豆得了瓜，就特别高兴。上市标志着上影经营模式发生根本性变化：除了实业经营模式外，如今有了更多的资本经营手段。如果说，前者是农耕时代的'农夫思维'，后者就需要驾驭资本海洋的'渔夫思维'。"他认为，电影属于"大众消费"，同时又是"贵族行业"。电影企业要成为常青藤企业，要做出好作品好人才，必须有强大实力与盈利能力作为靠山。

‖ 上影聚力，三箭齐发

任仲伦是名导眼中最具人文情怀的电影制片人，四次跟王家卫合作、七次跟贾樟柯合作，跟李安导演合作的新片正在酝酿之中。2003 年至今，他用一个生肖轮回多的时长打造上影产业链，稳定的利润增长使上影多次问鼎全国文化企业三十强。

三箭齐发，第一箭是上影出品。为了打好这一箭，上影集团准备了 2 亿，目标就是充分释放企业的创作活力，拍出更多有质量、有票房的电影。任仲伦说，上影出品要"提升竞争力、体现价值观！"眼下，根据金宇澄小说改编、王家卫导演的电影《繁花》，徐克导演的悬疑武侠电影《法门寺密码》等也都在有序推进中。

第二箭是做市场。搞创作，任仲伦有不计成本的时候。做企业，任仲伦坚持"必须赚

钱"。上海某银行曾经给上影十几亿元的授信贷款，在基准利率的基础上下调十几个点，几年过去了，上影从未用过。企业有稳定的利润增长和现金流，不需要刷信用卡，这在很多同行看来都是一种望尘莫及的幸福。而作为企业利润的贡献主体，上影市场功不可没。

持续稳定的利润增长和现金流也为上影上市夯实了基础。未来，上影股份将通过上市借力资本市场，以完善现有的"专业化发行＋综合型院线＋高端影院经营"模式，提高电影发行和版权销售、院线经营及影院开发能力，进一步加快在全国影院市场的整体布局。

在任仲伦眼中，发行是市场版块的核心，发行强是企业强的前提。为此任仲伦特别提出了两全其美的发展思路，一方面实现全国乃至全球发行，另一方面，在影院票房的基础上实现全版权发行。换句话说，上影股份未来将通过发行业务引领其他业务板块快速发展，打通营销、院线、票务、点播、游戏、社交、衍生品、金融产品等各环节，打造发行生态环。

第三箭是上影片场。作为上海本土企业，如何将上海特色、上海味道传承下去，任仲伦的第三箭是重新定位"上影片场"。"建设一个现代化的拍摄基地难，但不是最难的，更难的是建出上海味道。建出上海味道也不是最难的，更难的是用电影的手段实现一种终极的游戏休闲体验。"任仲伦说。

为了优化制片基地、拍摄场景区、旅游休闲区三大功能，上影特地与行业领先的德国巴伯尔斯堡电影制片厂、英国松林制片厂、美国特艺集团、中国华强集团等开展合作。据介绍，上影片场将在目前上影车墩基地的基础上规划建设一个"上海特色、全球营运、国际水准"的现代片场。通过对车墩影视基地的重新规划和二期改造，形成独一无二、个性鲜明、主题突出的"电影体验城"，中国的环球影城。

谈到未来的发展，任仲伦最关心两件事：通过现代企业制度带动机制体制变革，建立真正的制片人中心制。"这几年我一直在思考如何理顺企业的生产关系。生产关系说到底是分配方式，要改革分配方式，让收入体现创作者的劳动价值。要去行政化，把真正优秀的人才吸引到企业中来。"

正如任仲伦校友在获得 2015 年交大安泰 EMBA 年度杰出校友"叔同奖"时所言："希望我们所有从事艺术文化产业的校友们，可以弘扬李叔同的精神，为中国传统文化创造更持久、更有活力的新作品。"

朱旭东

EMBA2003 秋 2 班校友
易居中国联合创始人、首席市场官
太德励拓公关传播集团董事长、总裁
宝库中国执行董事

跨界与无界

撰文 | EMBA 中心　编辑 | 李震

编者语:

　　大音希声，大象无形。易居中国联合创始人、首席市场官，太德励拓公关传播集团董事长、总裁，宝库中国执行董事，中国国际公关协会公司委员会常委……这么多标签都同属于一个人：交大安泰 EMBA2003 秋 2 班校友朱旭东。在朱旭东的跨界人生中，这些看似不相关的行业，却融入了他的无界思维。

‖ 创业：世间所有的相遇都是久别重逢

"如果不是高考意外失利，我也就遇不到以后的创业伙伴，也就不会有易居中国。"从小在文学领域展现出极高造诣的朱旭东，因为作文偏题，与理想大学失之交臂，他18年来的全部努力似乎付之一炬。但是在大学期间，他承办校刊，活跃在学生工作中，能走出黑暗的人，终将迎来和煦暖阳。

1990年大学毕业后，电机工程专业毕业的朱旭东被分配到上海市电力工业局。然而工作两年后，"一眼就望到后面几十年日子"的朱旭东，成为了第一个主动离职的员工。脱离了编制，脱离了"金饭碗"，他开启了创业人生。"1993年，我在首批进入中国食品和饮料的世界500强企业卡夫通用公司做销售。

有一天我的大学老师问我，你想卖一盒10块钱的咖啡，还是去卖价值超万倍的房子？我们一起做房地产吧。"没有太多犹豫，在上海松江车墩镇，"师傅"带着朱旭东，还有他大学校友——现任易居中国董事局主席兼总裁周忻，师徒三人建立了易居中国的雏形。2000年，易居中国正式成立。2003年，引入交大校友沈南鹏的天使投资，开启了从上海走向全国的战略。2007年，易居中国成为第一只在美国上市的中国轻资产地产概念股。朱旭东说："未来易居中国将不忘初心，以'住'为原点、服务为半径，集结旗下10大服务品牌，连接居住生活。"

‖ 读书：培养前瞻性眼光，洞察未来

2002年，交大安泰经济与管理学院EMBA经国务院学位办批准，成为中国首批获准开办的EMBA教育项目。周忻作为首届春季校友就读之后，推荐朱旭东在秋季入学就读。他说："选择交大，既是圆自己一个名校梦，更是为了探索新知。在瞬息万变的当下，唯有学习才能站在未来浪潮之巅。"

作为中国领先的房地产全产业链服务商，做好"服务"是易居中国的业务核心。在公司13年的发展历程中，积累了大量的原始数据，相较于其他行业的数据，这些数据更加

真实，也更具有参考价值。"如何运用好这些数据，是我们目前需要探索的课题。而在 12 年前，我就以'房地产大数据挖掘'为题进行了论文答辩。现在看来有些观点也许不太成熟，但正因为 EMBA 两年的学习，我拥有了前瞻性眼光，得以洞察未来。"朱旭东坦言。

虽然已经毕业多年，但是现在朱旭东仍然与学校、同学保持良好的互动交流。2017 年，安泰 EMBA 同学创新创业比例接近 70%。在双创热的当下，作为一个成功的连续创业者，朱旭东认为创业成功的关键点在"人"。"企业发展到现在这个阶段，我们不缺好的战略，不缺好的机会，不缺融资平台，缺的唯有人才。易居中国花了 6 年的时间，投入上千万，希望培养快速适应企业创新战略的中高层管理人才。而这时候我们发现，很多 EMBA 同学成了我们事业上的伙伴，这也让我十分感激母校。"

▌人生：始于热爱，终于坚持

朱旭东在个人微信公众号"东说西道"这样介绍自己："房地产营销干了 20 年，终于在互联网＋的时代里，从地产的公关传播出发，一抬脚踩进农业、一举腿跨到艺术。"房地产行业的赫然战功，并不能抹去他身上的文人情怀。双鬓微白的朱旭东，谈到过往依然心怀赤诚，谈到未来依旧满怀憧憬。

2011 年，交大安泰 EMBA 首届校友、《新民周刊》原社长丁曦林找到朱旭东，希望跟他合办一本杂志。"我当时就说，一定要做细分市场，要做随着时间越来越沉淀的杂志内容"，如今已是《FA 财富堂》杂志出品人的朱旭东介绍，"现在市场上专业的艺术杂志不会超过 3 本，但是我们一直坚持了 6 年。你可以把它看做中国艺术的编年史，以窥中国艺术文化市场的发展进程。"

"坚持是一件很难的事情，但是'剩'者为王。就如 EMBA 在经历 2016 年统考新政之后，安泰仍然能凭着多年的积淀与发展火爆招生"，朱旭东分享，"我之所以仍然坚持每周更新公众号，是因为某天一个朋友告诉我，他参考我的日本博物馆攻略，感受到了崭新的旅游体验。我想，这就是我坚持分享的源动力"。人对事物的认知因其所处的环境而产生壁垒。而朱旭东通过持续不断的知识学习，打破了部分壁垒。从跨界到无界，始于热爱，终于坚持。

热迪力·阿布拉

EMBA2004 春 1 班校友
新疆阿尔曼清真食品工业集团有限公司
董事长兼总经理

用信念绘就的事业蓝图

撰文 | EMBA 中心　编辑 | 冯倩

编者语：

　　1990 年，当热迪力·阿布拉大学毕业走出校门的一刹那，他或许并没有想到未来是什么颜色。1995 年，随着"要当企业家"那颗创业心的不断跳动，热迪力毅然砸掉了自己的"金饭碗"，走上了创业路。经过近 18 年的发展，他所创办的阿尔曼清真食品工业集团有限公司目前已成为一个年收入近 1.2 亿元的公司，在新疆家喻户晓，他用信念描绘出了自己的事业蓝图。

‖ 走自己的路让别人说去

大学毕业后，热迪力被直接分配到新疆维吾尔自治区体委科研所从事科研工作。然而，大学时代就种下的创业梦想怎么都挥之不去，反而在工作后更加真切。1995 年，热迪力毅然辞去别人十分羡慕的事业单位的职位，租下一个不足 10 平方米的临街门面房经营清真食品，1998 年开始，第二家、第三家、第四家店陆续开张……直至建立工业园区，成为新疆最大的少数民族清真食品制造加工基地，拥有新疆乃至西北地区最大的清真食品超市。2000 年，热迪力的第一项专利获批，到目前为止共发明专利 42 项，其中 1 项获国家发明专利。目前，热迪力所创办的阿尔曼清真食品工业集团有限公司已经成为新疆首家专门研制生产清真营养食品的少数民族特需品定点生产企业。

创业的路从来都是艰辛的，热迪力坦言，当初辞职创业，遭遇到家人和朋友的劝阻，但他认为一切都是值得的。未来，他希望让清真食品走向全世界，把"阿尔曼"打造成世界的品牌。

‖ 读书能让自己站得更高

热迪力爱思考爱学习，在企业发展的同时，他一直在思考，企业的生命周期到底有怎样的规律？为了让阿尔曼能够从内部管理方面找到一个更加优化的模式来保证企业的发展能力，在每个生命周期阶段内充分发挥特色优势，进而延长企业的生命周期，实现可持续发展。2006 年，热迪力又一次踏上上海这片土地，这个新疆的"创业明星"为了提升自己的思维能力和管理水平，按照市场发展要求对企业在各个方面实施不断变革，他带着对事业的思考，对区域发展的困惑，走进了交大安泰 EMBA 的课堂。

两年多的时间中，他不请假、不迟到，用自己的努力和坚持顺利完成了硕士学位的课程。2007 年，他还入选"中国十大 EMBA 风云人物"，热迪力坦言，"在安泰学习的日子，学习理论、参加讨论、进行课题研究之外还认识了许多企业家同学，真正实现了学以致用。不仅企业发生了质的飞跃，自身也得到了提升。"通过参加 EMBA 的学习，热迪力不仅完成了自己从实践到理论再到实践的过程，他更决心将阿尔曼建成一个学习型的企业。

‖ 真正的成功是看得更远

热迪力在大学里学的是营养学，所以在创办阿尔曼之时，他就确定了"为消费者提供天然、安全、健康的绿色食品"的经营方向，他要把食品做成"家里人吃的"放心产品。在生产原料的源头上严格把关，采取企业带基地，基地连农户的形式，充分利用新疆本土资源优势，在新疆建立了四个无污染、无农药残留指标的"绿色"原料生产基地。这种形式，不仅从源头上保证了食品的质量安全，更让阿尔曼掌握了充裕的优质原料，也帮助新疆当地2万余户农牧民走上了致富的道路，把绿色资源优势转化成了市场优势。

然而，对于热迪力而言，企业的成功只是人生价值的一方面，真正的成功还需要放宽眼界。他一直记得交大安泰EMBA的培养目标——"为经济社会发展培养有德的领导者"。所以，阿尔曼建立了"爱心基金"，热迪力希望将企业办成一个具有爱的团队，让这个基金成为一个家、一个大家庭、各民族的大家庭。目前，热迪力还在和田、喀什出资建立了两所"阿尔曼希望小学"。他认为，一个企业家，一个企业，要从做生意到做事业，从重视利益到重视价值，从个人意识到群体觉悟等多方面进行转变，这种跨越和转变虽然艰辛，但创业就要有胸怀、有胆魄、有恒心，才能不惧挑战，坚定迈向那"一览众山小"的境界。

唐丽君

EMBA2004 秋 1 班校友
新派系文化传媒有限公司创始人

金牌制作人如何打造爆款？

撰文 | EMBA 中心　编辑 | 冯倩

编者语：

　　唐丽君，交大安泰 EMBA2004 秋 1 班校友，新派系文化传媒有限公司创始人。知名影视制作人、策展人，曾任上海国际电影节、上海电视节组委会执行副秘书长，上海国际影视节中心总经理，上海文化广播影视集团（SMG，原上海东方传媒集团）总裁助理、办公室主任，东方电视台主持人管理部主任。曾获上海市公关精英大赛大奖，担任蒙特利尔电影节主竞赛单元国际评委。

　　从现象级大剧《花千骨》到霸榜网剧《重生之名流巨星》，再到热播巨制《醉玲珑》，新派系文化传媒有限公司俨然已经成为产出爆款的王牌团队，而这些爆款剧集的背后离不开其核心人物、新派系的创始人、影视制作人、交大安泰 EMBA2004 级校友唐丽君对当下影视环境的精准把控。

‖ 操盘"两节"：因为年轻，所以更勇于创新

唐丽君曾在上海东方电视台负责海外节目营销和推广，对于影视市场了如指掌的她清醒地意识到：在世界电影产业竞争加剧的大格局中，上海国际电影节作为后来者，只有以世界眼光、多角度探寻才能找到中国电影的突破之路。与此同时，2004 年她开始了在交大安泰 EMBA 两年工商管理学科的系统学习，并于 2006 年初开始全面"操盘"上海电视电影节。年轻的上影节，在以唐丽君为主导的两节运作核心团队的推动下逐步成长，被国际制片人协会赞为世界上成长最快速、最具活力的电影节，也是亚太地区最具规模、最具影响力的电影展会活动。每年 6 月，公众和媒体把越来越多关注的目光投向上海，因为这里汇聚着在这个娱乐至上的时代里最能吸引眼球的元素：几乎全中国最大牌的明星、导演以及他们所衍生出的无尽话题和看点；对于专业人士来说，这里还有最活跃和专业的影视交易平台，最金牌的制作人以及最新潮的影视模式等要素。

突出的战略、媒体及活动管理能力，突出的创新能力，突出的国际视野和突出的团队建设能力，被誉为唐丽君的"四大法宝"，让她在所从事的事业中所向披靡。就读安泰EMBA 之际，她精心完成了毕业论文《品牌、城市与文化的互动：上海国际影视节的服务营销战略》，并获得了全国 EMBA 优秀毕业生奖。

‖ 打造爆款：保证品质最大化开发 IP 价值

《花千骨》是唐丽君与电视制作业的首次触电，她做过记者、公关策划、公关课程讲师、海外市场节目营销，掌管了七年上海电影电视节，就是没做过影视剧的制片人。但这位"新人"比传统制片人更具国际视野和产业链思维，以她自己所称的"怪路子"去做剧，在五六次决定不拍的情况下，用初来者的勇者无畏闯出一条新路。

作为 2015 年现象级的电视剧,《花千骨》的成功为新派系打响了 IP 开发的名号,从品牌营销到产业链打造,唐丽君将"花千骨"这个大 IP"榨"出了最大价值,这部剧创出了中国电视剧史上周播剧最高纪录 3.89,衍生的游戏更是达到了月流水两个亿。对于如何打造"爆款",唐丽君说:"爆款剧要有天时、地利、人和,我们从来不专门研究爆款剧,我们的团队一直坚持的是在自己能力范围内做一部打动人心的剧",因为用心做剧的态度,经过唐丽君及其团队制作的电视剧、网剧都无一不与"爆款"二字相关。

一部剧集是否成功,其点击量、收视率、口碑等都是检验的标准,而年轻一代才是这些标准的产出主体,创作者自始至终都应贴近年轻人,多留心关注观众的反馈。唐丽君认为,艺术和商业有时是一对矛盾体,但更多的是可以共融的。在移动互联网时代,年轻受众是最活跃的群体,要吸引他们关注,首先作品既要有偶像的气质,同时又要触达这个时代的痛点,更需要为年轻受众造梦。《花千骨》《重生之名流巨星》甚至《醉玲珑》除了在题材上偏重青春偶像之外,在作品的价值观传递上也颇下了一番功夫。

▌ 未来发展:现实主义回归　开发自主 IP

前几年大量资本涌入大 IP 的制作,不少改编剧活跃荧屏,但随着市场的饱和、观众需求的不断提升,一些本身被制作方看好的 IP 剧也出现了试水失败,如何在这样变幻激荡的市场中找到成功良方,成为剧集取胜的关键。

在唐丽君看来,未来的一段时间内,网络独播与网台联动的趋势会越来越明显。而就题材来看,IP 改编比例会逐渐降低,现实主义题材也会回归。想要让一部剧吸引观众,最后靠的是它的代入感与价值内核,这其中女性向题材仍将是主流品种,因为女性观众会注重情感投射。

新派系在接下来的战略版图中就增加了许多现实主义题材的作品制作,这些剧集并不拘泥于现实主义的框架,而是把握住当下市场与受众的观看需求,有具备偶像气质的,有梦幻色彩的,不仅辐射人群变得广泛也让受众能够在剧中寻求共鸣。与此同时,新派系除了原有 IP 的开发外,更注重自主 IP 的创作,接下来的几部作品大多属于原创,并同步对其进行小说的开发及产业链的整合。

　　一个好的团队是成功的重要条件。唐丽君非常重视团队，她曾说："交大安泰 EMBA 的学习经历让我更深刻地认识到，团队是汇聚所有力量的精神支柱。只有构建强大竞争力的团队，才能形成真正的管理之道和转化为文化力道。"

徐江蔚

EMBA2008 秋 2 班校友
上海成隆行蟹王府餐饮有限公司
深圳市成隆行贸易有限公司总经理

你若盛开，清风自来

撰文 | EMBA 中心　编辑 | 冯倩

编者语：

　　2014 年 4 月 27 日晚，丹麦女王玛格丽特二世和亨里克亲王一行来到蟹王府九江路店用餐，这是 2014 年丹麦女王访华行程中唯一的一顿家宴。沿着丹麦女王的足迹，笔者走进蟹王府，一股浓郁的明清中国风迎面而来。走进一间小包房，便得见"王府"掌门人——交大安泰 EMBA2008 秋 2 班校友徐江蔚女士。一袭淡雅的浅橙色真丝上衣，一头时尚干练的清新短发，从侃侃而谈中，一个丹麦女王背后的神秘"蟹王府"逐渐浮现眼前。

‖ "夫妻店"打造沪上蟹宴精品

可以说，蟹王府是正宗的"夫妻店"，从喜结连理，到共同下海创业，二十余年来徐江蔚夫妇一直在和大闸蟹打交道。

徐江蔚来自湖北，1990 年同济大学毕业后被分配在湖北粮油进出口公司做投资业务。期间，她开始接触各类进出口的外贸流程，而丈夫主抓大闸蟹业务。80 年代，中国国企改革如火如荼，国营外贸公司相继取消了大批专营专卖配额，开始抓大放小。2000 年，徐江蔚夫妇看准时机，凭借十余年所积累的客户和渠道资源，引入香港"成隆行"品牌，在深圳共同创办了成隆行贸易有限公司，专营大闸蟹出口，徐江蔚主管门店经营，先生主抓技术质量。"成隆行现在每年的大闸蟹出口接近香港全部市场份额的 1/3。"徐江蔚不无骄傲地说道。

当时，成隆行在深圳拥有一家贸易公司，分公司分布广州、北京、香港三地，主要经营批发零售、餐饮供货、礼券销售业务。而餐饮业务则主要集中在上海，已有三家食府，采用出口品质的大闸蟹来供应酒楼。作为一家出口企业，成隆行基地 2003 年前后迁至全国水质最好的太湖，拥有直批基地，也有很多定点农户收购，是出口香港、香港食环署备案的样板基地，也是一个暂养基地，到了成熟期会根据当时价格在基地收购，然后均衡供应市场。"食材贸易这条线很成熟，空间有限。而餐饮这条线的发展空间会更大，以后会花更多精力来做。"徐江蔚介绍说。

‖ 面对危机，是机遇也是挑战

回首创业伊始，徐江蔚颇带几分骄傲。"全国第一家大闸蟹专卖店是我们当时在深圳开办的，包括很多做法都是首创，比如买蟹配送调料、做礼盒礼券等。后来几年时间全国都开始做专卖店，竞争也越来越激烈了。"

2002 年 9 月，九江路首家蟹王府开始营业，第二年开春便遭遇"非典"，酒店停业。"关于要不要坚持下去，争论还是很大的，但我们不愿放弃。"忆起当初，不可谓不是一道大坎。而跨过这道坎，徐江蔚认为"非典"之后日本电视台关于上海的旅游宣传片是一大转折。大闸蟹是上海的特色食品，所以日本就找到蟹王府作为美食推介。当时宣传片在日本热播，吸引了大量日本客人。直到现在，一到蟹季，日本客人依旧很多。"其实当初到深圳开公司，谁也没料到会有今天的规模。但餐饮不断有好的企业、新的理念，每走一步都会发现新的天地，就会发觉空间更大了。"

最近几年，更多人开始尝试跨界做餐饮，老的餐饮人依旧坚守，新的人又带着新的资本和理念不断涌入。年轻食客成长起来，消费能力越来越强。而以大闸蟹为原材料决定了消费群体不可能过于大众。怎样迎合这个日新月异、不断发展的时代？对此，徐江蔚认为特色非常重要。"我们开始探索类似'小蟹王府'的副品牌，适当选择经典菜式，然后辅以一些大众化菜式，做到人均消费 100 元左右。这样，在武汉等省会、二线城市也可以开店。"思考着全新的市场转型，但徐江蔚承诺品质不会变，即便利润空间缩小，蟹王府将一直坚守质量为王的理念。"要对得起良心，对得起品牌，要打造百年老店！"她异常坚定地说道。"以大闸蟹为主打不会变。但在保证食材不变的前提下，让更多人品尝，这需要在菜式创新、经营理念等方面下功夫。"同时，蟹王府开始尝试团购，力图吸引新生代食客，走向大众。

同时，她认为诚心正意也很重要，今后，蟹王府会逐渐摈弃"只求最贵不求最好"的理念，摈弃所有破坏环境、破坏生态、不可再生的食材，追求环保，保证直营，通过标准化运营降低成本。"特别是《舌尖上的中国》开播，这两季都是从食材角度来介绍中国美食，将引发对于食材的关注度逐渐提高。"她说。

▍ 从艺术到技术，EMBA 学习助力管理提升

2008 年，成隆行创办 8 年，徐江蔚夫妇从事大闸蟹相关业务更有 18 年之久，周而复始的工作让徐江蔚感到困惑。这时，她想到了读书，希望找到一些新的动力和激情。

关于交大安泰 EMBA 学习，徐江蔚提到两大提升，一是艺术上的提升，即对人的管理；二是技术上的提升，即供应链管理。如果说管理既是一门技术也是一门艺术，徐江蔚觉得它更是一门艺术。这门艺术，关键在于沟通，也包括建立激励机制、培训机制和企业

文化，从各个方面来丰富员工文化生活，让他们认同这份工作。现在，她的管理更多加入人性化成分，更重视整体把控，发挥员工的主观能动性。"我把自己放到后勤服务的位置上，更关注员工，包括他们的工作、生活、思想状态，只要用一颗善良的心去对待、去帮助、去关心员工，实际上他们会加倍回报。一旦与员工形成良性互动，收获的将不只是经营成果，也会收获自身的快乐。"

而供应链管理课程的学习，对她影响很深，并由此开始注重整体产供销，从收购模块到质管模块，再到营销模块，包括零售批发和餐饮，整个链条管理的每一环都必不可少，都需无懈可击。现在，徐江蔚把产研放到食材收购这块，与上海水产大学合作，定点收购农户推荐的好蟹苗，从源头上控制品质。"人的思维就像碎片，多年一线的摸爬滚打积累了管理经验，而 EMBA 学习则是将它们重新格式化，将碎片化的经验清晰化、系统化。"

‖ 知足常乐，知止有德

奉行"退一步海阔天空"的理念，抱持着一颗感恩的心，徐江蔚说得最多的就是一句"托大家的福"。在她看来，很多事情可遇不可求，只要凭着良心去做，该来的自然会来。"人活着功利心不能太强，不要总为了目标汲汲于求成。我很喜欢一句话'你若盛开，清风自来'，把自己的事情静静做好就够了。"同样，成隆行的成长并没有一个长远规划，一切顺其自然。随着年龄的增长，她脑中一定、必须这类词已越来越少，也越来越知道孰可为，孰不可为。

闲暇之余，徐江蔚喜欢结伴旅行，去过南极，也跑过川藏线。她喜欢自驾，喜欢在自由自在的旅行中感受人生。"EMBA 毕业之后，看待人生也有了不同的眼光，有阶段性的重点，事业只是其中一部分。现在，我要让生活更丰富一些。"

田 广

EMBA2008 秋 3 班校友

交大安泰 EMBA 太极养生国学协会创始人、会长

博康智能网络科技有限公司联合创始人、副总

要有梦想，更要有健康

撰文 | EMBA 中心　编辑 | 冯倩

编者语：

　　2009 年，当田广还在就读安泰期间，一位校友因过度劳累，猝然离世，而这位校友的企业距离上市仅剩几天时间。在成功前的最后一刻倒下，这让田广受到极大的触动，他开始思考，怎样才能真正地实现梦想？这也促使他有了成立太极养生国学协会的想法。田广在太极养生国学协会的微信公众号上开了一个栏目，叫做"老田识字"，以国学为出发点，结合太极协会的日常活动，说文解字，不亦乐乎。不过，文字并不是田广的唯一爱好，爱摄影，爱钻研，热爱美，热爱生活。谁说只有文人风雅，理工男也有理工男的罗曼蒂克。

‖ 探索：务实创新 高瞻远瞩

在互联网上，有人说博康智能会让人联想到硅谷企业视眼石——同样低调，也有着无限的潜力。作为上海交通大学图像处理和模式研究所 1997 级的研究生，田广一毕业就踏上了创业之路，梦想像许多成功的校友一样，实业报国。运用在图像所的所学，田广希望能将自己掌握的科学技术真正应用到社会的实际需求中。他联合创立的博康智能作为中国领先的智慧安全及智慧交通专业解决方案提供商，顺应和引领了安防行业的诸多技术和产品变革，从模拟到数字，从无损到压缩，从光传输到光交换，从标清到高清，从智能识别到大数据再到深度学习和人工智能，以技术创新推动和引领了安防行业的应用创新。无论是在香港回归、50 周年及 60 周年国庆、北京奥运，还是 APEC 会议、上海世博会、G20，这些国家级重点项目建设中都有博康智能的重要作用。其中北京奥运会主场馆 800 个点全高清系统，开创了安防业界全高清的时代，而上海世博会从空中的全高清气球综合监控到地面 1.5 万点的智能全高清系统则开创了安防业智能和大数据应用的崭新时代。田广本人也因此获得了上海市科技进步一等奖（2012）、国家科技进步二等奖（2015）等荣誉。目前，公司已完成了在主板并购上市。

尽管目前博康智能还在深耕公共安全和交通安全领域，但公司所掌握的核心算法和技术应用有很强的可移植性，可以说是一家潜力无限的公司。它正紧紧抓住互联网、大数据带来的革新机会，依托 20 年累积下来的对用户需求的深入理解和丰富的行业经验，紧扣行业变革的主旋律，促进产品创新、应用创新和商业模式的创新。

‖ 困惑：什么是真正的梦想？

实现梦想的拼搏固然辛苦，却也快乐。从几个人的小团队到几百人的大团队，从几个简单产品到上百种产品及系统，在一次次感受到成功的快乐后，田广也有了新的困惑。他说，第一个困惑是管理的重要性，于是，他带着对系统企业管理知识的渴求，再次回到交大的教室，成为了安泰 EMBA2008 秋 3 班的一名同学。在学习知识的同时，他一方面看到了很多同学企业和成功，一方面也目睹了同学们自身的各种问题，尤其让他深感痛心的是因为健康原因，有一些同学在追求梦想的路上被迫停下脚步，眼睁睁望着梦想远去。直到现在田广的脑海里还时时想起，一位校友在企业只差几天就要上市时，因过度劳累而过世的一幕。这也让田广感到了更大的困惑：什么是真正的梦想？企业管理者们怎样才能更好地实现梦想？

对于健康，田广认为，健康分为两种，首先是身体的健康。在与安泰 EMBA 的校友们广泛交流后，他发现每位校友对于企业的技术或管理都有着自豪的强项，但对于健康的理解，大家的认知往往比较片面地停留在跑步、健身等体育活动的层次上。其实，国学的文化传承揭示"健康"这两个字有着很深的内涵，首先，健和康都有着诸多的含义，搭配在一起时，健是指有力量之意，而康则是顺畅、平和、通达的意思，和康庄大道中"康"的含义一致。所以，衡量身体是否健康，就有了两个层次的要求，一个层次是健，即是否有力量，能否支撑高强度的工作，另一个则是更深层次的康：通达，即是否身体的内循环通畅，具体表现可以体现在思维敏捷、筋柔体健、内心强大且平易近人。田广认为，"仙风道骨"才是健康的最佳体现，而校友们思想中的健康还往往停留在简单体育锻炼的"健"的层次，而从事实和国学传统文化上来说"康"是更重要的。

其次是企业的健康。在 EMBA 课程体系中的企业管理知识，其实是告诉我们在"术"上面怎么做一个"健康"的企业。大家都想做百年老店，而基本要求也是两个层次：一是"健"的层次，即企业是否有"钱"、有力量、有执行力；但只有这一层次还不够，尤其是互联网经济下的企业管理，融资和概念很容易让企业做到很"健"——即不缺钱，甚至烧钱。然而，与身体的健康相同的，"康"对企业更重要，如何做到敏捷决策、正确决策并政令通达，决策层的意志通达到每个枝节末梢的员工，而员工的意见又能顺畅地反馈到每个决策层，"康"这个层面的"康庄大道"能在企业树立，才能说具备了做百年老店的基本要求，而这也是在传统国学"道"的层面上对 EMBA 知识体系的一个更高层次的指导和验证。

健康，是实现梦想的基础。田广作为对技术有着狂热追求的理工男，将自己追求梦想的过程分为了三个阶段：第一个阶段是单一的"技术"追求阶段，努力拼搏的结果不是单一技术的成功，而是上升到第二阶段，更全面的"术"的知识管理体系的学习和建立，到

EMBA 学习系统的企业管理知识便是这个阶段的体现，而最终的第三阶段则是如何运用全面的体系知识到企业和人生梦想管理中去，去做一个健康的身心的人，去建立一个健康运作的企业。

也正是基于这样一个朴素的愿望，田广发起成立了交大安泰 EMBA 太极国学养生协会，这是一个初步的尝试：协会以太极、养生和国学作为具体支撑，尝试建立"正体、正心、正念"三个层次的理念，服务于同学的身心健康和企业发展。正如一位校友所言，希望我们 99 岁还能有健康的身心，来交流我们如何做到百年企业的心路历程，做一个健康身心和健康企业和谐统一的人，田广说，这也是我们每个交大校友的最大梦想。

汤子嘉

EMBA2009 秋 1 班校友
汤臣集团董事局副主席、汤臣一品执行董事

将更多"想象力"注入房地产

撰文 | EMBA 中心　编辑 | 冯倩

编者语：

　　在中国房地产开发商的强者名单中，汤臣集团是不可或缺的重要成员。集团在运行发展的数十年中，凭借着精准的市场把控和稳健的经营策略，将自身品牌做成了顶级豪宅的代名词。而汤臣集团的第二代掌门、现任董事局副主席的汤子嘉先生在接过父辈打下的坚实基业后，以自己独到的理念继续经营。如果说，当年父辈开发浦东是汤臣"大棋局"的重要开局的话，那么，如今进军天津市场、投资新能源汽车以及在艺术领域上下游的巧妙布局，实际上则是汤子嘉"棋到中盘"的战略规划。年轻的汤臣少帅早已做到了"洞悉全盘""游刃有余"的管理境界。

‖ 房地产风起云涌，追求最大稳健

提及汤臣集团，最为人津津乐道的一次投资，莫过于在 20 世纪 90 年代，汤君年投入 20 亿美元，开发当时一片荒芜的上海浦东，此后成就了汤君年"浦东开发第一人"的美名，同时也成就了汤臣集团。如果不是数次抓住了时代发展的机遇，汤臣集团不会从一个经营窗帘、墙纸的小公司，一步步发展成为国内知名的房地产上市公司。

相比汤君年时的房地产好时代，汤子嘉则并没有那么"幸运"。自 2004 年他接手汤臣一品，这十几年的时间，正是中国房地产和地价疯涨的十年，2004 年后，市场经受一系列波动，2007 年底到 2009 年初是整个市场最难熬的时候，因为次贷危机引起全球的房地产市场低迷，之后虽然因 4 万亿政策市场回暖，却又经历 2012 年的限购、2014 年市场需求的回落。对于掌舵者而言，无疑需要有一定的定力和激情勇挑重担。"这段时间给我的最大财富是如何在困难期做决定，不局限于眼前，而要考虑到长期的发展方向。我从那个时候慢慢学会了抗压，不仅仅是自我进修层面，也是公司整体的抗压能力。"

凤凰涅槃，浴火重生。在经历了房地产风云涌起的这十年后，他显得比同龄人更为成熟与稳健。房地产是一个高周转高发展的行业，很多企业一边发债一边去拿比"面包"还要贵的"面粉"。相比其他房地产行业这种"暗藏凶机"的做法，汤子嘉则主抓"稳"，"汤臣打造高端住宅品牌，规格较高，但即使是 10 年的楼盘，但现在依然不过时，我们在经营管理和维护上尤其精心，考虑到土地的稀缺性不可复制，目前汤臣仅靠收租部分已可维持整个集团的运营与发展，在最大程度享受资产增值的同时，追求最大稳健为主的经营理念。"

‖ 少帅出关，布局天津

少帅出关，嗅觉敏锐。天津汤臣津湾一品是汤臣在上海之外的第一个地产项目，其中包括 20 多万平方米的住宅、十几万平方米的商业以及地下商铺。这也是汤子嘉在父亲去世后主推的第一个大项目，天津作为直辖市，有非常大的增长潜力，国家将它定位于"北方金融中心"，它的 GDP 连续多年位居全国前列，随着空中客车组装厂等大项目落地天津，现在的天津就像 20 年前的浦东。"现在，天津市场对汤臣的最大意义在于，汤臣的战略布局已经从上海扩大到以天津为介入点的北方地区。"

此外，汤子嘉还按照他的思路，对销售、企划两大部门进行了调整，同时推出一些更贴近市场的营销策略。比如，以往"预约看房客户必须提供资产证明"的规定被废除；每周二下午则设定为媒体接待日，以亲和形象令公众更熟知；而 C 栋"小户型豪宅"的开发策略，则一举击中了市场兴奋点，扩大了销售群体面。

‖ 艺术品配置切入，寻求 IP 最大化

对于房地产项目而言，想象力的很大一环在于其建筑的艺术特性、文化及观瞻表现，如果失去这些附属，而独立成为一件商业用品，那是大可痛心的。对于艺术品的收藏爱好源于他接手汤臣一品后对于楼盘艺术品的配置工作，这股热情好像一杯咖啡，越来越醇烈，自 2009 年起他正式走上了艺术收藏之路，频繁对画廊、艺博会、拍卖会的参与使他了解了艺术行业的方方面面，收藏的艺术家名单中，贾蔼力、黄宇兴、张鼎、曾梵志、伊夫·克莱因、王光乐、刘韡、郑路、隋建国等活跃于各领域的多元化艺术家也赫然在列。不同于单纯将艺术品收藏视为投资手段的群体，汤子嘉对于自己收藏的艺术家有着深刻而感同身受的理解："他们对这个世界总有特别的观察角度，我也能从这些作品中获得对于世界的新体悟。当代艺术并不一定能让所有人能看懂，有时候也是寻找知音的过程。"

学，立于簧宫，而屹于四海。得益于母亲金马影后徐枫的朝夕培养，汤子嘉自小便对艺术品有着天生的亲切感与不俗的欣赏力，对于艺术品投资及文化产业的爱好，骨子里由来已久，从一个门外汉到内行人，他将更多的文化元素注入房地产领域，从而碰撞出更多火花。"当初母亲从台前转到幕后时，买了很多剧本，之前由于各类工作规划一直没有正式开拍，如林语堂的剧本等，在女性市场具有一定的号召力，也期待更多的文化产业方面的输出，为汤臣集团整体形象加分。"

‖ 做好房地产，要做好加法甚至乘法

作为汤臣集团新一代掌门人，80后的汤子嘉肩负着家族企业传承的责任。接班之后，在对汤臣一品等代表项目的经营以及对高端客群居住需求的思考中，他越来越意识到：当代房地产项目需要增加更多的"想象力"。"其实，每一套豪宅的个性都来自主人的想象力。房地产硬件只是提供了一个平台，想象力的很大一环来自居住者的赋予。"汤子嘉说。"所以，在硬件品质经得起时间雕琢之上，打造更富有文化内涵与想象力的软件环境与配套，将成为未来高端社区的经营策略。"

在汤子嘉的规划中，未来的汤臣集团一定是坚持主业不放松，但将会从房地产开发商稳步成长为一个以房地产业为基础，跨领域，多元化的大型企业集团。"其实同一个企业，不同时期，不同经营者面临的时代任务不同"。汤子嘉表示，"我父亲来到上海的时候，上海需要更多的资本，更多的硬件要现代化，而现在的上海要提升的是软实力，我们要从创新的领域思考未来，为房地产主业注入新的价值和活力。做好房地产，要做好房地产加法甚至乘法，艺术品投资与服务、电影娱乐、教育领域，甚至新能源汽车领域，汤臣都在布局。"

施永雷

EMBA09 秋 2 班校友
上海来伊份股份有限公司董事长

经营与资本优化结合，打造全中国的来伊份

撰文 | EMBA 中心　编辑 | 冯倩

编者语：

　　2016 年 10 月 12 日，施永雷与他工作和生活中的好拍档郁瑞芬一起站在上交所敲响上市的钟声，宣告"零食第一股"来伊份正式登陆主板。这是对他们过去 18 年艰辛创业的认可，是怒放的生命之花结出的硕果，更是未来新商业生态的开端。

‖ 从冰激凌中掘出第一桶金

1991 年刚满 17 岁的施永雷决定去闯荡上海，他聪明又勤学，凭借着修理钟表的手艺很快在上海立足。两年后，他遇到了现在的妻子郁瑞芬。当时小夫妻在不停地思考，接下来从什么行业创业？正好一个同学在一家生产冰激凌的企业工作，借着这个契机，拿着当时仅有的 3 000 元资金，两人决定尝试销售卖冰激凌。一方面上海刮起一股甜筒冰激凌的风潮，另一方面市场供不应求，在展销会上销售的冰激凌生意异常火爆，十天之内就赚到 8 000 元。随着生意越做越大，几年后施永雷夫妇迅速挣到人生的第一个 100 万、1 000 万。这也为之后创办来伊份打下了物质基础。

‖ "小零食" 成就了如今的 "零食大王"

施永雷和妻子在 1999 年开始尝试转型，他们一致认为人流量较大的淮海路是一个不错的发展地点。不过当时，淮海路那间店铺的老板只是同意将半间店面出租供他们使用，他们的小零食生意就这样从炒货开始。

正如他们所预料的，炒货生意做得有声有色。从淮海路上的半间店铺，此后到徐家汇太平洋百货开了第一家整间店铺，接着在上海四川北路租下一个门面，创办了第一家休闲食品专卖店。开始时，店名从夫妻两人的名字中分别取一个字，命名为 "雷芬"。后来，几个熟悉的朋友们聚在一起讨论觉得休闲零食的品牌名字一定要朗朗上口，建议更换名牌名字。施永雷灵思一动，"来一份，来一份，这个名字就是顾客买零食时常说的，并且能够快速让受众记住"。不过在注册商标时，工商部门因通俗名称不予注册否定品牌注册的要求。之后，选择改名为 "来伊份"，"伊" 又有俏丽的意思。

就这样迎来了第一个爆发期。2002 年来伊份品牌应运而生，当年年底就已经拥有了 38 家连锁门店。现在的来伊份已拥有 2 400 家门店，约 10 000 名员工，其足迹已经遍布上海、江苏、浙江、安徽、山东、北京等地。施永雷笑言："从半间店铺到一件整店铺，再到四川北路的专卖店。从品牌的名称，雷芬到来伊份。当时我们也是在摸索转型之路，并不是一蹴而就。"

‖ 危机中"赌"商机，来伊份扩张发展

来伊份发展得风生水起之时，2003 年一场突如其来的 SARS 病毒肆虐全球，让整个社会笼罩在一片愁云惨淡中。当时全国上下在一片"关店""隔离""封闭"的阴影下，一时间人心惶惶，大家都选择足不出户，零食行业也受到了一定冲击。

危机中，施永雷有了一个大胆的想法，他和妻子郑重商量后决定：逆势而上，迅速以较低的价格吸收一批旺铺门店。说干就干！2004 年，来伊份的门店从原来的 38 家迅速增长到 88 家，SARS 的风险很快过去，商业重归繁荣，而依靠口碑的力量，拥有 88 家店的来伊份开始成为具有代表性的地方食品品牌。在 2009 年面对全球金融危机，施永雷再次选择了扩张，此时来伊份门店扩张至 1 283 家，到 2010 年达到 1 786 家。对于公司发展的总结中，施永雷将 2009 年和 2010 年定义为来伊份发展史上的"提升年"和"创新发展年"。

事实证明，施永雷的对于宏观趋势的判断非常准确，他会判断好时机。施永雷开玩笑说："只要能满足上海人挑剔的口味，对满足其他地区人的口味，我们就有信心。"

‖ 黄金搭档，抢滩 A 股主板，打造全中国的来伊份

来伊份早在 2007 年就引进券商，2010 年公司进行改制，2011 年 3 月 30 日提交 IPO 申请材料，2012 年上市申请被否。由于对产品有足够的信心，2013 年施永雷重启上市计划。回过头来看，从上市被否到成功过会的这四年，来伊份经受住了各界的"捶打"，并没有倒下。

从一家小小的民营企业发展到现在的上市公司，施永雷最感谢谁？他会心一笑："最应该感谢的一个人，肯定是太太。"夫妻二人的职责分工非常清晰而又互补，每隔几年会换角色，分工管理再重新调整一下，这样也利于发现问题，及时纠错。关于战略发展方向的问题由施永雷负责，而具体操作则由郁瑞芬负责。

2016 年 3 月 30 日，在证监会主板发审委 2016 年第 50 次会议审核结果公告显示，上海来伊份股份有限公司首发申请获得通过。作为国内领先的专业化休闲食品连锁经营平

台，来伊份在业内享有较高的知名度和美誉度。此次 IPO 申请顺利过会，意味着 A 股市场将迎来史上最大规模的休闲食品零售连锁企业。在施永雷看来，目前的休闲食品市场前景较好，这几年基本按不小于 15% 的增长率在发展。但是市场进入门槛不高，竞争激烈，要做好较难。"来伊份此次上市，可能会吸引更多的同业者进入资本市场，对行业的规范化运营起到一个示范性作用。同时也能推动行业标准化、规范化的发展。"

对于上市后企业发展的规划，施永雷表示："来伊份将继续精耕细作，做好、做强现有的经营业务。此次结缘 IPO，我们将有效运用资本平台，提升企业市场竞争能力，将沪上知名的来伊份变成中国的来伊份。"

食品安全就是来伊份的"生命"

在 2016 年《3·15 晚会》中，"食品安全"问题再一次处在风口浪尖。施永雷说："我们是做食品的，食品安全就是我们的生命。为此，来伊份有自己独立的质量技术中心，并实现了从原料、生产、仓储、运输、销售等环节的全程管控，有效保证了所有商品的质量安全。"近年来，来伊份在食品安全中做出过怎样的努力？具体而言，首先，来伊份每年在系统建设方面不断投入，建成如 SAP、ERP、POS 系统等，进行全程记录，公司经营至今从未发生食品安全事故。此外，来伊份还拥有百万级的液相色谱检测设备，对所有入库商品能做到全指标检测，这在同行业企业中是不多见的。

不仅如此，来伊份还对重要的生产厂家现场生产环节安装了实时视频监控系统；坚持对供应商的巡厂检验，重点企业定期驻厂检查；并引进第三方认证机构法国必维公司对工厂作二方审核，如此开拓了视野、提升了企业经营战略发展的认知。施永雷强调："来伊份视所从事的食品行业为'良心工程，道德产业'，从田园到舌尖，来伊份始终将质量安全工作放在首位。"

突围"互联网+"，线上线下一体化联动

2015 年，"双十一"期间，来伊份以 3.1 亿全渠道销售额，问鼎休闲食品第一；支付

宝"双十二"蝉联双冠王，支付宝支付笔数、成交金额最多的休闲食品企业；移动 APP 支付领域创造中国休闲食品产业用户数第一、销售额第一的佳绩……这些亮眼成绩单的背后，是来伊份通过前瞻性地建立"专卖店 + 电商 + 手机 APP"三位一体的线上线下、全渠道销售模式，突围互联网 +。

施永雷分享："互联网的发展，给企业经营创造了新的机遇。我们这几年来一直重视企业信息化的投入与建设，并在线上、移动 APP 的工作中不断开拓与发展。在互联网 + 时代，来伊份依托先进的信息系统，在专卖店业务稳步发展的情况下，目前来伊份电商业务及手机 APP 业务发展迅猛。"

厚此不一定薄彼。在线上的积极布局，并没有阻碍来伊份线下发展的脚步。目前来伊份在上海、江苏、浙江、天津、北京等 10 多个省、直辖市拥有近 2 400 家专卖店，"建设大平台，深化全渠道。未来我们会重视发展线上与线下的一体化的联动，注重系统开发，给平台上的所有经营者、消费者更好的服务与体验。不断实现'共赢'的价值观。"

▌学习管理之道，破一叶障目之惑

在施永雷办公室中暗藏一间"密室"，推开木门近 10 平方的空间中，铺满了整整三面墙的来伊份战略部署思考。作为从交大安泰 EMBA"赢利模式大赛"中走出的成功案例，施永雷表示："可以说在企业发展初期我还不太懂企业管理之道，容易纠结于一些表面重复出现的问题，而忽略深层次的背后的原因。但是通过在交大安泰的学习，我不断开拓视野、提升企业经营战略发展的认知，让我了解管理之道，破一叶障目之惑。"

现在，来伊份事业的发展进入了一个崭新的时期。但在施永雷看来只是一个新的起点，他有更高的追求。"'以德为重、信任管理'，我希望让所有平台上的人都能在'共赢'的理念下发挥自身优势，取长补短，共同发展。来伊份也将始终致力于中国休闲食品'良心工程、道德产业'的建设，成长为一家开放、透明、有责任感的公众公司。"

汤同奎

EMBA2010 秋 3 班校友
上海维宏电子科技
股份有限公司董事长

人生没有剧本，守得云开见月明

撰文 | EMBA 中心　编辑 | 李震

编者按：

  汤同奎，交大安泰 EMBA2010 秋 3 班校友，现任上海维宏电子科技股份有限公司董事长，国家科技部 2016 年度"科技创新创业人才"。汤同奎曾是大学教师，也曾被上海第三机床厂作为重点科研人才引进，最后毅然创业。他不忘本心，坚持技术创新，推进企业文化与员工队伍建设，公司的发展蒸蒸日上。"人生没有剧本，守得云开见月明"，正是对他的最好诠释。

‖ 情系交大，博士毕业后再入安泰进修

2000 年，汤同奎毕业于上海交大，获得控制理论与控制工程专业博士学位。2003 年，汤同奎与博士同学郑之开共同创立了上海维宏电子科技股份有限公司。回顾这几年的磨合与扶持，汤同奎动情分享："我们俩是同一个导师，感情本就深厚。在企业的发展中，也始终以企业的利益为出发点。信任对方，携手学习进修，也敢于认错和妥协。"

博士毕业十年后，汤同奎又报名了交大安泰 EMBA。"安泰两年的学习，既提升了我的认知水平和管理能力，也更坚定了公司上市的决心。"汤同奎表示，企业要做大做强，必须上市，上市对于企业的市场融资能力、公司架构梳理、规范运营操作等都提出了新的挑战，好比人一样，上市可以构建一个强健的体魄，从而使基业百年长青。"安泰的学习给我点了一盏明灯，我很感谢安泰赋予我的新能量。"

‖ 源头活水，企业文化与员工队伍

企业文化是一家公司"为有源头活水来"的动力。诚如汤同奎所言，"企业文化就是我们的思想、日常行为规范的沉淀与升华，它是自然而然地形成的，我们需要旗帜鲜明的行动来诠释。"维宏自成立以来，始终秉承着"专业、专心、专注"的企业理念，不断开发运动控制产品以适应应用领域。汤同奎诠释道，"专业，就是我们只做擅长的事；专心，就是我们全身心投入；专注，就是我们同时只做一件事。"谈到目前许多企业"什么都做"的通病，汤同奎表示，"首先，我们需要在自身领域做到足够专业，这样我们的产品才可以在市场迅速立足和发展。"他也秉持着"诚信、创新、务实"的员工价值观，"我们不要花里胡哨的东西。写代码就要务实、简练，不要炫技，能用一行代码解决的决不用两行，简单实用才是硬道理。"

回忆起公司在 2008—2009 年遭遇金融危机时的情景，汤同奎也感慨万千，"2008 年末，经济也不景气，许多企业都不愿意招人，我们当时却反其道而行之，大量招人。"汤统奎解释道，"当时我们公司规模小，员工不足 30 人，很多优秀人才都不愿意来，正是在

金融危机这个节骨眼，我们把握机会，招收大量人才，才能建立起人才梯队。"得益于当初的眼界和胆识，这批在金融危机期间招募的员工对公司的后续发展起到了极为关键的作用。2009年底，公司人数已达90多人。2016年4月，公司在创业板上市。日前，员工数接近600人。"人生没有剧本，敢拼才会赢。"这句话，对汤同奎，抑或是对维宏，都是最好的诠释。

‖ 技术创新，守得云开见月明

2016年，汤同奎被国家科技部评选为"科技创新创业人才"，他认为，这是属于全体"维宏人"的荣誉。"保持技术创新，保持管理创新。"从创立之初，维宏就一直保持对技术研发和创新的投入，截至2017年9月，维宏研发投入达3 150万，占营业收入的21%。经过十余年的耕耘，自主研发的核心产品"雕刻机运动控制系统""切割机运动控制系统"已广泛应用于机械加工、模具制造、广告制作、激光加工等众多行业。如今，国外的同类设备几乎完全被国内品牌所取代，雕刻机控制系统等已经打上了"中国制造"的烙印。通过持续的研发投入和多年的积累，维宏已经拥有完全自主知识产权的成套技术与整体解决方案，并根据市场需求和用户个性提供灵活多样的产品和服务。汤同奎说，"我们倡导QA（品质保证），而不是QC（品质控制），虽然有时候会提高成本，但我们的产品故障率在行业中是非常低的。"

守得云开见月明，汤同奎所代表的维宏人期待在下一个3—5年内加快海外市场的开拓，使维宏逐步成为一个国际化的企业，有运动控制的地方，就有维宏的产品！

黎天翔

交大—马赛 EMBA2010 秋 4 班校友
香港高宝集团董事长

抓住机遇，永不放弃

撰文 | EMBA 中心　编辑 | 冯倩

编者语：

　　黎天翔，香港高宝集团董事长，交大—马赛 EMBA2010 秋 4 班校友，从白手起家到建立装潢王国，专为客户提供优质和整体性装饰装潢和高级家具订制，于行内已有 27 年历史。已皈依佛门的他，法号宽翔，相信宽恕、随缘、放下和责任，也相信"永不放弃"会让自己度过人生的每一个难关！不强求，惜缘分，让他在商业与慈善，在取舍之间保持着平衡。关于自己的性格，他用四个词形容：敢于拼搏、乐观坚持、思考全面、换位思考。

‖ 抓住机遇，实现突破

"我的父亲是一名香港警察，因此我儿时的梦想便是子承父业，憧憬着身着制服的正义模样。"可以说，黎天翔的少年梦想源自父亲，也毁于父亲，"却不想年少报考即将录取时，父亲却拒绝签字。可能他带着对我更多的期许与保护。"梦想破碎后，他无奈走出学校，一边白天打工，一边晚上进修室内设计和行政管理课程。1991年，性格敢闯敢干的他投入第一桶金5万港币踏上了创业之路，也延续着一直从事的装修施工行业。

机会总是留给有准备的人。1993年，因朋友推荐，他当机立断承担了LOEWE品牌进驻美国塞班岛的专卖店装修工程。当时，他的公司规模并不大，只有5名员工，于是选用分包商施工的方式，寻找塞班岛当地承包商，而自己主要抓项目管理和质量控制。因为第一次接触奢侈品牌专卖店装潢，黎天翔遇到了两大困难，一是多种文化的冲突：LOEWE是西班牙的品牌，自己是中国人，客户是有法国背影的中国香港代理商，塞班岛归属美国，而商场业主是日本的，他必须巧妙维持中英美日法西六种文化之间的平衡，并达成一致。二是审批流程的复杂，因为当年塞班政府对奢侈品装修并没有概念，不批准施工允许证。于是他就亲自上阵，用并不流利的英语不断与政府方沟通解释，包括装修概念与操作等，最终攻克难题，也由此开启了自己全新的事业旅程。

"有了机会，便有了方向；抓住机会，以谦虚之心方能成功。"基于第一步的成功，1995年他承担了法国迪奥品牌的北京项目，并开始跟随各类奢侈品牌进入亚洲市场的步伐加速，实现了事业的腾飞，目前公司业务遍布全球，于北京、上海、南京、广州、天津、香港、澳门、曼谷、关岛等地均设有独立分公司或办事处，现有客户多是国际奢侈品牌，员工逾千人。可以说，如今的高宝不只是各大奢侈品品牌专卖店的装潢总承包，更是合作伙伴，与品牌客户同步布局、共同成长。在黎天翔看来，进入全球化经营的今天，以客户为中心，懂得并满足客户需求，是制胜法宝。

|| 入驻明珠，战略更新

由于高宝店面装潢的秘密在于工厂内的整体搭建，客户确认后拆分搬至店面安装，有时可能会同时有好几家品牌专卖店需要一并搭建，因此对厂房空间的要求非常大。2009年，高宝工厂由广州白云区搬入从化明珠工业园，占地约93万平方米，正式扩建第一期厂房，以满足不断增长的市场需求。

2012年，地理位置优越，拥有100多家企业的明珠工业园，也同时面临着配套缺失、招工流失大的严重困境。当时，黎天翔以企业家协会副会长身份代表大家向园区提出搭建商业配套的建议，规划建设酒店、CBD、创新研发中心、住宅校区等各类商业及生活配套，打造更大的平台服务于园区内的资源共享与共赢，以期将园区整体提升为广州市的一个明星新区。"对于主营业务已经太熟悉了，新项目的接手是在挑战自己，同时也是顺应政府需求。"于是，他正式与政府合作，开始了新项目的实施，也深感责任重大。

黎天翔坦言自己做事精益求精，做人退一步海阔天空。对于企业管理，他有三点坚持。一是"永不放弃"，机会总是留给有准备的人，但一定要学会抓紧机遇，不坚持很难达到目标。二是"合作共赢"，要在事业里放下自己，学会与人合作。三是"无为而治"，下属不只是一台机器，要学会信任和放手，要更加人性化，要留给他们更多自由发挥的空间。

|| 潜心读书，思考转型

多年的商海浮沉，让黎天翔一直想静下心来再读读书，充充电，思考一下转型。2010年，他不经意看到交大—马赛EMBA的奢侈品品牌课程，眼睛一亮，于是选择了百战归来再读书。如今，已毕业的他坦言最初的预期已得到实现，特别是赢利模式大赛，让他在与教授、同学们的头脑激荡中找到了新的方向——围绕核心业务的客户培训，基于20余年的运营经验，为奢侈品品牌提供咨询和培训服务，解决市场方面的各类问题。

撰写毕业论文时，他在导师吕巍教授的指导下，整整改了三稿。前两稿基于充足的经

验分析了奢侈品牌及市场，却被指出没有提出任何问题。"EMBA 学习是找出问题，把不可能变为可能。"于是，他开始转身研究自己的公司。"一家公司做了 20 多年，却没有市场转型，是否需要转型，怎么去转型，是当时摆在我面前的问题。"

两年 EMBA 学习带给他最大的收获有三点：一是从同学交流中深入认识中国文化和处世方法；二是赢利模式大赛引导企业转型，落实从化项目合作；三是与导师沟通，深入研究自身企业，寻找到弱点。从单一化到多元化，再到国际化、国际多元化，他需要抓住的是机遇，需要思考的是变通，思危、思退、思变，而 EMBA 学习带给他的，正是他所需要的。

‖ 宽恕随缘，回馈社会

"企业家的责任就是要回馈社会。"一直致力于慈善事业的黎天翔非常低调地回应："其实我真没做什么。"而实际上，他已在香港做了数十年的社会慈善捐赠，仅 2013 年就为从化残联捐助了 20 万元善款，为母校交大捐赠了近 50 万元奖学金。同时，他还是香港特区政府交通安全会执行委员会委员，担任新界北总区副指挥官 13 年时间，去年更获香港民政署颁发的嘉许状和奖章，也圆了自己的"制服梦"。

作为佛教徒，黎天翔于 2012 年在香港正式皈依，法名宽翔。"以宽恕自己的心去对待别人。"采访时，他一直重复着这句话，告诉我们要放下执着，爱自己才会去爱人，在别人需要帮助的时候伸出手来。他相信缘分，不争，不求，一心向善，一切随缘，量力而为。在他看来，一个人有两颗心，只有两心向着同一个方向，两心归一，用心去做，才会找到平衡。一旦两心相斥，便会出现矛盾和挣扎。平时，他会打坐、念经，逐渐平复心情；也喜欢潜水运动，海洋能够让他更深入地与自己对话，找到宁静。

时年 53 岁的黎天翔直言目前责任与压力并存，很多时候想放下，但终究放不下这么多跟着自己的员工。因此，用拼搏去创造成就，也不枉此生。"成功离不开家人，特别是太太的支持，所以一直以来我都将家人排在第一位。"现在唯一的儿子出国留学了，他便每次出差都会带上太太。"看到马航事件的发生，在悲痛之余我们更要学会活在当下，珍惜家人和现在。

何 梅

EMBA2011 秋 1 班校友
外联出国顾问集团董事长

爱人如己，以己待人

撰文 | EMBA 中心　编辑 | 冯倩

‖ 敏锐触觉，踩准关键时间点

　　何梅最初是做海外留学中介工作的，因此在多个国家积聚了许多资源。当中国的移民服务行业刚刚出现时，她就敏锐地注意到这个市场，可以说是最早一批接触该行业的人。2002 年，国家开始规范这个行业，何梅相信规范后会给专业型公司带来更大、更广的机会，便决心在这个领域创业。她首先接触的是新西兰投资移民市场，那时新西兰留学很火热，随之而来大家对移民身份的关注，然后 2003 年开始澳大利亚有新政策的机遇，2004 年开始进入加拿大移民市场。

　　2005 年，何梅开始专注做美国的投资移民，这成为外联的发展契机。当时她在推广

美国投资移民时，大家都不太熟悉这块市场，何梅带领外联在认真研究以后便扩大规模来做，上海市场一下就做开了，越来越多的人接受了美国投资移民，打开了这扇市场的大门。然后，她又开始做新加坡投资移民，将其作为第二个战略板块。当时新加坡移民项目相对做的人比较少，所以外联出国很快就有了很大的市占率和知名度，几任新加坡经济发展局的官员也都和何梅讨论过政策修正的问题。回头来看，每一步的时间点都踩到了关键时间点。

目前，外联在上海、北京、广州、深圳、青岛、苏州、杭州、成都、哈尔滨、纽约、洛杉矶、旧金山、温哥华、悉尼、新加坡、香港、马德里等城市均设分支机构，屡次荣获"最具品牌影响力移民机构""最受公众信赖的出国品牌"等称号，连续多次获得办理绿卡数量全国第一、办理绿卡速度全国第一等业绩，是中国投资移民行业的领军品牌。

多年来，外联并没有急于扩张，而是在现有团队基础上挖掘深度和专业度，有了一定成绩后，便努力在服务上下功夫。这几年外联尤其注意在国外为客户提供超越预期的服务。比如，在温哥华、纽约、洛杉矶、马德里等地建立了办公室或会所，除了提供移民服务，更重要的是帮助新移民融入当地社会，实现文化沟通和融合。客户办理投资移民的过程中以及拿到身份之后，自然会有生活上的服务需求。对衣食住行这些基础服务，通过专业公司去帮客户安排，提供"打包式"的专业服务，聚焦关注服务的质量和专业。

除此之外，超越客户预期的就是外联对移民国文化融入方面的关注。外联建立平台，让客户可以和一些老侨民进行放松的交流沟通，作为来到新环境的一个基地。此外，还通过慈善方式让客户与当地主流人群对接，参加一些重要活动，如纽约时装周、常春藤学子午宴、走进500强企业系列就业讲座等，为客户的子女教育提供后续服务。后续，外联会进一步完善海内外布局，把各种专业资源整合到外联的服务平台上，帮助客户享受移民不移居的现代生活方式。

‖ 饮水思源，以公益回报社会

外联出国集团在2014和2015年连续两年支持交大安泰学员参加戈壁挑战赛。在"戈九"，何梅作为B队队员，和全体"戈九"勇士们践行了"理想、行动、坚持"的精神，共同走完了全程。玄奘之路带给她最大收获在于深切感受到团队的力量。在严酷的挑战中，发现内心的强大，发现自己的潜力超越想象。队友们在平时生活中不是"董事长"就是"总经理"，而戈壁挑战赛使校友们的身份发生了转化，给予了每个人一个重新审视自己与团队的机会，共同合作、克服困难，是一段非常难忘的旅程。即使这段行走对于现实生活不会产生可量化的影响，但留下了面对生命中各种挑战的信心和勇气。

何梅曾说："慈善是一种柔性的影响力。"她曾荣获 W.E+ 公益艺术盛典大奖、艾森豪威尔基金奖等奖项，并荣登美国时代广场。对于自己的慈善理念，一直非常关注青少年教育发展和全球公益慈善事业的何梅说："你在帮助别人的时候，也在得到一种教育。"外联支持艾森豪威尔基金会的"青少年安全之家"项目，为父母因吸毒或入狱而无人照看的青少年提供课后陪护服务，提供营养的晚餐，保护他们免受社会不良风气影响。还有联合国儿童基金会"关爱中国儿童"项目，关注中国上千万的农村留守儿童，提供针对祖父母的教育。2015 年，何梅作为美国中国儿科基金会在华的唯一董事，支持了医疗队来华为孤儿院患儿提供免费的医疗救助。该医疗队至今已治愈了超过 900 名中国患儿。外联出国还支持卡内基音乐厅青年交响乐团的夏季巡演，在中国 7 大城市进行演出，用音乐搭起中美文化交流的桥梁。

何梅相信慈善无国界的理念，融入的最好方式是给予。在哥伦比亚大学访问时，她的研究课题就是"中国企业家的声音如何被倾听？"当越来越多的中国企业家来到国外，带去的不仅仅是资金和技术，更是来自中国的温暖和力量。而公益慈善，正是帮助自身获得认可、融入主流社会的积极行为。外联出国一直秉持"爱人如己，以己待人"的企业文化，是充分支持慈善活动的土壤，认为财富来自社会，因此要回报社会。所以做慈善也不是一时而为，而是一直有这样一颗种子。

此外，何梅还关注环保："我是阿拉善企业家生态协会上海中心副主席，共同保护'我们共同的绿水蓝天'是非常有意义的。我们聚在一起时，没有主席台，没有主桌，吃工作餐。开会时经常为了一个议题'吵'得面红耳赤，但大家都齐心协力，只因有一个共同目标——环境的可持续发展。2012 年 6 月，我们应联合国环境署邀请远赴巴西里约热内卢参与'里约 +20'峰会。2013 年 4 月，我随同阿拉善生态协会前往美国考察，访问洛克菲勒家族、拜访联合国全球契约组织、考察 TNC 自然保护区。我和任志强作为中方

主题演讲嘉宾对话洛克菲勒家族，就家族传承问题展开广泛而深入的探讨。"

王石曾说，他在阿拉善学会了妥协，而何梅则在阿拉善学会了奉献。作为企业家，关注公益慈善并不仅仅是投入金钱，更重要的是投入时间和精力。唯有身体力行参与公益环保，才能真正发挥企业家的社会责任，传递温暖的正能量。

范惠众

EMBA2011 秋 3 班校友
常春藤资本高级董事

狼性投资人

撰文 | EMBA 中心　编辑 | 冯倩

编者语：

2015 年，大众创业，万众创新。尚未毕业的大学生、上市公司中高层等，群英并起，轰轰烈烈加入创业大潮。而大批激情澎湃者背后，是点石成金的推手——投资人。他们中，有自立门户的 BAT 精英、上市公司职业经理人、胸怀大志的连续创业者，亦不乏身价不菲的前实业老板和体育影视界明星。他们是怎样一个群体？"神秘""多金""空中飞人"，是外界对投资人的懵懂标签。而真正走近这个群体后我们才发现，用勤奋、智慧、贪婪、狼性等词汇来形容他们或许更适宜。

‖ 勤奋的聪明人

约访投资人有点难，他们不是在考察项目，就是在去考察的路上，他们称为"相亲"。刚"相亲"回沪，常春藤资本合伙人范惠众终于坐定在办公室内。作为 2007 年的入局者，1982 年出生的范惠众参与了多家上市公司的投资和项目后续管理，是创投江湖中的老手。

老手依然勤勉。就在接受采访前，他转发了"一位投资经理的作息表和自我养成术"的帖子，开篇就是对忙碌一天的描述："早 7 点半出门，10 点约谈项目，与创业者午餐，下午筛选商业计划书，继续约谈，见缝插针安排新项目约谈日程。随后'浪迹'在创业大街，盼与好项目偶遇。晚上 7 点半，继续项目约谈，8 点半开始与创投人脉圈社交。回到家，撰写项目推荐报告、投资协议书、创业团队尽职调查及项目最新跟进情况……凌晨 1 点，悲摧疲惫的一天仍未结束。"范惠众对此有深刻体会。尽管跌打滚爬多年，他未敢懈怠，"聪明没有优势，因为聪明是投资人行业最基础的门槛，所以如果你不勤奋，失败和淘汰很快会盯上你"。勤奋的聪明人是可怕的。常春藤资本合伙人分为 3 组，每组每年至少收到上千份创业项目商业计划书，从中筛选阅读近 300 份后，会与 70—100 名创业者见面，80% 以上"见光死"，立项 10—15 个，最后真正实现投资的仅 2—5 个。

之所以保持如此高覆盖率和低投资节奏，只因入行越深越敬畏。创业成功是小概率事件，投资人更忌轻率。身边的教训不计其数，尤其刚从贸易或制造业老板转行而来的投资人，有钱任性，遇推荐项目，乍一听不错就投，却见木不见林，结果栽了。范惠众宁愿采用"笨办法"。前阵子，他邂逅某上门洗车项目，谨慎起见，他一口气看了几十个相似项目，越看越觉商业逻辑不行，最终弃投。常春藤资本偏重于成长期及偏早期 B 轮投资，金额动辄千万数亿，"弃投，意味着前期人力资本大量投入付之东流，但这与巨大投资额打水漂相比，根本算不上成本"。

‖ 数十倍造富神话

每一次"相亲"，都以"联姻"为目的。常春藤资本最近一次"联姻"，是 5 000 万元领投"凹凸租车"共享租车项目，创始人是范惠众交大安泰EMBA12秋1班校友陈韦予。

这是共享经济时代一个利人利己的平台，私家车主可通过出租爱车的闲置时间赚取额外收入，租客可以比市场价低30％—50％的价格租到心仪车辆。平台上线后，战绩不错，待南方市场稳固后，日前已大举北上。吸引眼球的是，新东方创始人之一、现著名投资人徐小平作为共享经济的拥趸，乐于携自己的宝马和特斯拉，为共享租车"站台"，国内一些以健康形象示人的明星亦代言助阵，主张这种"不持有"的新生活方式。

就目前凹凸租车的数据而言，范惠众颇为满意，而有关竞争对手的消息令他更有胜算——同样创立在上海的另一家共享租车平台，最近宣告停止运营。分析失败原因，是过于注重车辆审核而无法兼顾用户体验，也未借助第三方资源来化解风险，故而迟迟未融到下一轮投资。这家夭折的公司，范惠众曾考察过，所幸无投资。他感到，共享租车首轮淘汰赛已开启，如同一次次闯关，但愿自己能笑到最后。

而骄人业绩背后，每位投资人都有噩梦。你能总结出几百条成功理由，但仅仅一个外因或失误，即导致毁灭。"譬如，市场老大和老二，前一秒还在火拼厮杀，下一秒突然宣布合并，第三名瞬间被灭。'黑天鹅效应'随时发生，投资过程中没有权威，这是我们的痛苦根源。"范惠众说。

▌褪去功利 EMBA 才更纯粹

"EMBA 是个平台，只有把功利心褪去，你才能发现 EMBA 的纯粹美。"范惠众于2011 年秋季考入交大安泰 EMBA，他坦承自己读 EMBA 的出发点并不单纯。2008 年加入常春藤资本，负责投资业务之后，他需要与人打交道的地方越来越多。这位复旦大学的高材生，从本科一直读到硕士。科班出身的他直言，"进入交大安泰读 EMBA 之前比较自信，对能在课堂上学到什么没抱太大希望，只是单纯地想找一个平台。"然而，两年课程结束后，他由衷地感叹，"出乎意料，收获真的很大"。

以营销课程为例，之前的他对市场营销理论只停留在"广告语"的层次。然而，在读完柏唯良教授的课程后，让他对营销本质有了更加深刻的理解。"事实上，一个企业的成功不只是广告语的成功，而是整个营销体系的成功，这个体系背后是准确定位。只有准确定位，才能衍生出渠道、通路、广告铺设等一系列动作。"范惠众说。

受益匪浅的还有黄丹教授的战略学。投资行业的术语是先选跑道再选运动员，所谓跑道就是行业，运动员就是企业家。范惠众认为，对于企业家来说，在一个特定的跑道上如何跑得更快取决于商业模式，而选择怎样的商业模式就是要想清楚公司的战略。即便未来公司在发展过程中需要创新，都应始终紧紧围绕这个战略方向不动摇。"EMBA 教育通过系统的知识梳理，为这些野蛮生长起来的企业家提供完整的商业视角。"

课堂之外的收获，范惠众说起来更是滔滔不绝。从开学就结识的这帮朋友，既不似少年同窗友情的青葱朦胧，也不同于商业伙伴的因利而聚，"纯粹是出于对彼此为人、价值观的欣赏而聚在一起"。直到现在，他和同学们每月还会组织一次聚会，跑步、打球、游泳、聊天，"彼此之间没有太多业务上的往来"。但这种非常纯粹的相聚和畅谈仿佛已经成了一种生活方式和生活态度，这是一笔用金钱和利益无法衡量的财富。

孙桂娟

EMBA2012 秋 2 班校友

上海东伽文化传播有限公司董事长

不做梦，把梦做出来

撰文 | EMBA 中心　编辑 | 冯倩

编者语：

　　一头清爽短发，一身黑色洋装，一条天蓝色围巾，笑声爽朗而打扮入时，不禁让人眼前一亮又颇为疑惑：这就是商场中叱咤风云的"女强人"吗？而慢慢我们发现，身为上海东伽文化传播有限公司（简称 CCG）董事长的孙桂娟，在热情而时尚的外表之下，有着一颗坚持而强大的内心，更飘散着一股淡淡"禅意"。十多年创业的磨砺与发展让她更为坚信自己的信念："不做梦，把梦做出来"。

‖ 坚持坚信，心动不如行动

2003 年 6 月，孙桂娟离开了毕业即加入、效益及各方面条件颇好的上汽集团，抓住汽车市场崛起而品牌专业策划缺失的机遇，创办了 CCG，从上海本部逐渐拓展到北京、广州、香港，成长为现今拥有近 500 名员工的集团公司。在她看来，十年来不断的发展主要源自：一是对市场的敏锐判断；二是心动不如行动，较强的执行力；三是求知心切和不断的学习。

"从创办到成长，从 BTL 到 ATL，再到具备整个产业链的集团公司，一步步走来，会有很多困惑和诱惑，但'坚持'是我一个非常重要的关键词！"孙桂娟不无感慨地说道。创办伊始，CCG 只是个做 BTL 活动执行的小公司，基于一定的人脉和对行业的了解以及自身对品质的"苛求"，企业发展也不错。但她却清晰地认识到：BTL 在整个产业链中处于最低端，没有话语权，想就此建立整个产业链是不可能的。于是顶住压力，坚持进入前端 ATL 品牌策略领域，也坚信终会有人理解"创意的价值是无限的"。经过若干年的锤炼，孙桂娟完成了整个产业链的顺利发展。"不同时期会有不同的战略重点，但都存在很大的不确定因素，尤其前期市场培育的亏损避免不了，但要耐得住寂寞。只要自己认准了方向，就要坚持下去。"

2003 年创办 CCG；2004 年、2006 年、2012 年分别设立北京、广州和香港分公司；2013 年，在完成创业十年积累后，企业正走向更为宽广的道路——资本和多元化经营，也正开启着企业未来新十年的发展。在孙桂娟看来，人生每个阶段都需要一个归零的过程，不断总结，不断收获，再不断进取。2012 年重回校园，给了她梳理过往发展的机会，也更坚定了她向新十年重新出发的信念。

CCG 大楼中，无处不彰显着艺术性和现代感，绿意随处可拾。"在为员工带来更舒适的工作氛围，提高工作效率的同时，我们希望吸引更多有能力有抱负的人才加入，这将是公司再发展的良好契机和开端。"在完善以及拓展现有业务板块的同时，CCG 集团将大胆开拓多元化发展的主导策略，积极在文化传播与创意产业中寻找适合自身发展的领域和项目。孙桂娟的步伐一直都很快，脚步却异常稳健。

‖ 从优秀到卓越，心态决定一切

综观国企和外企的种种，在刚刚成立公司时，孙桂娟就在企业管理理念中融合了两者的优势，并扬长避短。她不单汲取了国企的制度化优势，规范做事，致力于提高企业的凝聚力和员工的忠诚度。同时，又吸收了国际企业人才培养和系统运作的理念。

第一步，在公司架构上明确"能力至上"的原则。没有企业政治，没有裙带，因能力取人，不断引入优秀人才，明确奖惩。重视人才的培养和选择，成为企业稳步发展的一个重要方面。第二步，不断探索独特的企业架构管理模式。文化创意市场发展需要考虑最初的利润产生和后续企业的持续、稳健成长，形成完整的产业链，没有任何一个现有模式可以完全套用。CCG 的创新来源于实践，在于业务的纵向形成之后朝着横向发展，从创意策划开始，满足客户越来越多的整合传播需求。

在她眼中，文化创意行业中的每个项目都是 Case by Case，不确定性强，细节设计异常重要，需要不断超越。面对行业的高强度、高挑战、高投入，孙桂娟直言："心态决定一切，痛并快乐着！"良好的心态，无论对事还是对人，都会形成正能量，让自己及团队心情愉悦。她打了一个比方：如果企业是一艘帆船，那么自己就是船长，员工是船员。想要达到一个目标，船长必须把握好方向，分配好船上每个人的角色，让他们在各自角色上发挥出最大能量。这样，船才能行得快、行得稳、行得久。积极的心态，正是她一路保持年轻和激情的法宝。

‖ 跨界而行，不断学习

孙桂娟的学习，总是符合自己的人生节拍，且适应企业不同时期的发展。面对企业新十年的愿景，她希望能够处理好工作和学习的关系，提高自己的管理决策水准，实现企业的海外拓展。"通过一年多来系统的学习，加深了我思考问题的广度和深度，原来朦胧的问题变得更清晰，决策都有了理论依据和管理模型。而移动课堂和同学互动，可以在更多层面吸取养分。"在 2013 年 10 月结束的第 20 届公司赢利模式大赛决赛中，孙桂娟所在

的团队斩获了冠军，在整个团队合作中她受益颇深。

　　跨届而行，她轻松自如。事业上跨岗位，学习上跨专业，生活上跨领域，旅行上跨国界……喜欢新事物、新挑战的孙桂娟从未放弃知识的学习和积累，这让她有足够的能力去判断市场、把握市场、驾驭市场，也有积极的心态去面对生活、享受生活。这些年，她在舞蹈，服装设计和软件开发等领域均有所建树，获得了诸多肯定和奖项。

‖ 阳光的心态，坚持的内心

　　典型"老虎型"性格的孙桂娟，自信而气魄十足。在全力开拓事业的同时，还秉持"与人为善"的处事方针。她认为，自己的这种的心态，与家庭密不可分。孙桂娟出生于一个拥有五个孩子的大家庭，整个家庭关系融洽且互助互爱，养成了她时常为他人着想的性格。而父母从小"做事要认真，要全力以赴"的教诲更培养出她"坚韧"的一面。在笃信佛教母亲的影响下，孙桂娟坚信"因果"之道，深知"舍得"与"感恩"的珍贵。舍得，有舍才有得，付出才有收获。人要学会感恩，三人行必有我师。

　　在孙桂娟看来，人生可以分为三个层面：物质生活、精神生活、灵魂生活。当达到灵魂生活时，始终能够宽容地面对眼前的一切是非，让内心真正强大起来，不为外界所动，所有事情都能很明白、很冷静地去处理，达到"知人者自知"的境界。而达到这一层面，需要不断的自我修炼与感悟。所以她乐于读书交友，不断从书本、培训和良友中学习新知识、好品质，汲取不同领域的知识；喜欢运动，尤其是瑜伽和舞蹈，曾经练过体操的她，逐渐在形体训练中找到了宁静与悠然；也乐忠于长跑和登山，在超越生理极限的过程中，体验坚持的乐趣……正是这些点点滴滴，串联起孙桂娟日积月累的人生修炼。

　　"管理企业和管理人生同样最重要的是健康的心态和体魄。经历了风风雨雨，坚持和微笑，将是我永远的名片。"孙桂娟的话语中，总是带着那股属于她的自信与从容。我们能够理解，作为一个事业、家庭双丰收的女人，她的不易与坚持。也希望在未来她能收获更多梦想！

刘士钢

EMBA 2013 春 2 班校友

江苏东华测试技术股份有限公司董事长

在磨砺中打造企业王国

撰文 | EMBA 中心　编辑 | 冯倩

编者语：

　　初见刘士钢，从江苏靖江赶来参加开学典礼，他体型高大，笑容满面，随和而谦恭。接触下来，渐渐发现他是一个坚守内心方圆的企业家，骨子里的固执带着些许超然，生活中的磨砺又透出无比的坚忍。他在自己的国度里打造抗干扰测试龙头企业和百亩林荫，敢想敢做敢拼敢当，不随流、不附和、不违心。1993 年，他创办江苏东华测试技术股份有限公司，并于 2012 年在 A 股成功上市。融合了低调与强势、开拓与内敛、凭着自己的意志与坚韧，刘士钢打造了属于自己的企业王国。

Ⅱ 技术先导，打破垄断

出生于江苏靖江的刘士钢，父母都是小学老师。作为校长，父亲曾参加过党的地下工作，后因误解太多，"文化大革命"时遭到严重冲击，不免产生消极情绪，但却一直教导他"为人要正直"，这也是从小生活坎坷的刘士钢最引以为豪的品质。1976年高中毕业后下乡插队，1978年考上大专学习无线电技术。1982年毕业，刘士钢便进入工厂底层担任技术工人，做技术、学技术，"七年磨一剑"，到1989年离开工厂时已是仪器抗干扰领域比较有名的技术专家了。

凭着江苏人的一股开拓精神，回到老家的刘士钢，开始着眼创建自己的企业王国。但资金、人脉、管理经验方面的不成熟，让他无从下手，于是先去科委研究所工作了三年，积累了一定的人脉和经验。1993年，刘士钢毅然辞职下海，随之开启了自己的梦想大门。由于资金限制，最初的工厂只能算家庭作坊，制作小型放大器。1—2名员工协助焊接，而跑市场、找订单、买材料、产品研发、制作发货、安装调试刘士钢全部一肩挑，"当时，我什么苦都吃过。因为年轻，就扛下来了。"曾一个星期白天跑市场，晚上就在火车卧铺上度过，一旦补不到票，只能在播音台上腾出桌子睡觉。"那时，晚上能躺下来已经非常不容易了。"靠着一股狠劲，刘士钢走过了20年的风雨历程，打下了企业的基石，也培养了自己很强的交际能力。回首前路，感触最深的便是认认真真做事，一点一滴积累，不去占用社会资源为自己谋利。

谈到转折，刘士钢提起了1998年那点儿事。那时候工厂还不到10人，对上海市场的开拓异常艰难。当时，东华测试研发了一个新产品叫静态音量测量系统，同济大学采用该仪器在浦东国际机场1号航站楼进行了钢梁（拱形）荷载试验，这也是国内第一次做1:1模型试验。现场1 000多人观摩，时任上海市副秘书长担任总指挥。"当时，我很紧张、很忐忑。但当最后一切数据稳定并获得成功时，我非常高兴，也获得了很大的信心。"以前，这一领域都是国外垄断，如今民企打破了这一垄断。第二年，东华测试的产品销量便大幅提升，随后每一个产品出来就会有一次销售猛增。

‖ 交大助飞，国内龙头

目前，东华测试主要在仪器仪表抗干扰方面解决国内重大难题，通过结构动力学分析降低噪音，已占领国内抗干扰测试市场 70%—75% 的份额，基本拥有定价权。国内桥梁 80% 以上都是东华负责模态分析；从"神三"到"神十"、天空 1 号、G20 等许多航空航天军工领域的抗干扰测试也是东华做的。十年来，东华测试与上海交大机械动力学院的震动、噪音、冲击国家重点实验室拥有十分紧密的合作，主要集中于应用和方法研究方面。

产品做好之后，就要着眼于资金和人才的积累。在人才领域，刘士钢有着自己独特的管理模式——几乎全部招收土生土长的靖江本地本科毕业生，2—3 年的自行培养便可以成为企业稳定而忠实的员工。"这样的人才结构稳定性强"，在刘士刚看来，企业职业经理人流动性大，缺少制约，难以管理。目前，公司很多骨干都是他的徒弟，毕业就跟着干，十几年下来感情深厚，不是家人胜似家人，东华测试也成为了"不是家族的家族企业"。与此同时，刘士钢也意识到这一模式难以引入新理念、新模式，并就此在江苏省政协工商联进行探讨，最终获得了肯定。"在并不影响企业正常发展的前提下，我们没必要进行颠覆。"

对于"一言堂"的说法，刘士钢认为自己只是喜欢先把意见抛出来，再让大家一起讨论，这样比较有效率。"可能，我不是一个很好的董事长、总经理，却是一个很好的总工程师。"技术出身，做事情非常规范和精细的刘士钢很少社交应酬，几乎把全部精力都投入业务和销售中。即便现在身为董事长，很多大单子的销售和方案还都是自己亲自操刀，以便了解用户需求。每年 100 个航班，却从来不玩。2008 年，他提出上市，虽有人反对，但他仍坚持用了 4 年半的时间，于 2012 年将企业推向了资本市场。"人的最高境界是能够做自己喜欢的事情。"正是一份热爱，让刘士钢历经种种艰辛与冲击，走到了今天。

‖ 坚守原则，不随主流

随和、好客、热情、低调的刘士钢"孔雀"特质最低，却是一只不折不扣的大"老虎"＋"猫头鹰"，精确性、原则性非常强。他坦言，自己从不做任何与内心原则不符的事

情，不会主动伤害任何人，不会否定别人，也不会随意附和。忍耐性强，目的性强，越是困难，越是不倒。不喜欢交际应酬的他专有自己的私房菜厨师，商业会晤、朋友聚会都在自己餐厅里。"所以我朋友很多。有时候十几天之后还记得，在我这里吃过什么菜，特别好吃，记忆很深。"这是他自我的一片小天地。

同时，从小就喜欢种树的刘士钢，如今在靖江市郊拥有一个 200 亩的园子，养了很多古树和盆景，种种菜、养养鱼，和朋友一起在树荫下喝喝茶，悠然自得，享受着这另一片自我的天地。自言"跟着感觉走，非常单纯"的刘士钢始终乐观地面对社会上发生的所有事情。"看中国的历史看得太多，就没有了任何牢骚。我们生活在最好的年代，一个中国历史上唯一没有饿死人的年代。每个人都有自己要干的事业，为社会创造价值。所有的不顺和不满很快都会过去。决策方向不错就去做，其他问题都容易解决。"

‖ 捕捉感悟，渴望提升

谈到交大安泰 EMBA 为期六天的开学模块，刘士刚用了四个"很"字来形容：很紧张，很搞笑，很轻松，很累。在企业里一直都是自己做主导，比较自由，而如今可以静下心来改变一些习惯，适应新环境。Techmark 课程中不再担任 CEO，而是负责区域市场销售，发挥优势，制定区域销售策略，倾听大家的意见。整个开学模块，刘士钢时时刻刻都在反思和感悟，捕捉并总结之前行为决策正确与否的理论依据。黄志猛老师强调的"不一定"对他的启迪特别深。以前在企业管理上要求太严格，需要整个企业完全按照自己的思路去执行。而现在却在思考着一种根据不同条件、环境和个人所存在的不确定性，不能完全用自己的观念去规划。

技术出身的刘士钢，毫不掩饰自己在管理理论、团队合作以及用人方面存在的短板。"虽然前面自己走了很多弯路，但还是达到了既定目标。但如今面对二次创业、二次发展，特别是企业上市后对募集资金的使用、国外市场的开拓以及人力资源管理等方面新的需求，则有种江郎才尽的感觉，迫切需要理论上的进一步提升。产品虽好，在国内几近垄断，但目前主要是与国外产品竞争，也面临着如何进一步提高竞争力的问题。"既然企业上市了，就要坚持往那个目标走，忍耐、坚持，直至实现。

丁 一

EMBA 2014 春 2 班校友
德马科起重机械有限公司董事长

活在当下，只争朝夕

撰文 | EMBA 中心　编辑 | 冯倩

编者语：

　　德马科位于"中国起重机械之乡"的河南省新乡市长垣县，这也是丁一的家乡。丁一拥有投身高端起重机制造近 30 年的"事业"，同时也拥有绿谷环保、华夏古艺文化，野生鸟类保护三大"志业"。生在河南、长在河南、梦在河南，焦裕禄精神一直激励着他；对于天、地、人的敬畏，鞭策着他不断精进与奉献。"佛心、儒意、道念"是他追求的境界；"健康，快乐，长寿"，则让他更为真实地活在了当下。"每天、每时、每刻对于我，都是珍贵而难忘的。"丁一说道。

‖ 谋定而后动，技术引领突围

1989 年，当改革开放浪潮席卷全国之时，年仅 16 岁的丁一便离开学校，投身起重机行业。一边自学教材，一边推销产品。从最初的跑市场，做销售，到 2008 年创办公司至今，近 30 年的摸爬滚打让他洞悉整个行业规律。"在这个行业里呆久了，便升起强烈的民族责任感。"在丁一看来，国外市场配件成本低、价格高，他们用高新技术讹诈中国。于是，打个"经济自卫战"的念头开始萌生在丁一脑海中。谋定而后动。从 16 岁到 34 岁，这一"谋"就是 18 年。为了梦想，他坚持学习和研究，广纳人才，并在电气、机械、结构领域结交了很多朋友，集结了一大批高端技术人才，为德马科的创办打下了坚实基础。

沉潜起重机行业多年，丁一明白技术的力量多么强大。"创业之初，我便引入差异化经营，将'欧洲技术'作为独一无二的核心，可以说当时技术和人才力量都是世界一流的。"在他看来，创业之初，就是站在世界最高端的三大起重机械制造企业肩膀之上来发展的，技术和产品定位乃全国之首。成立时，公司拥有员工 76 人，产值 3 000 万；时至今日产值已达到 1.5 亿，全国排名前十位，产品主要面对国内中高端客户，以及东南亚、南美、南非市场。资金滚动发展，政府土地支援发展。"目前，公司拥有 38 项专利，其中 36 项目是我出的题目。"谈及于此，丁一毫不掩饰自豪感。"进入行业前五位，是我近十年的梦想。"

‖ 用爱经营，创新深入骨髓

管理方面，丁一的主导思想就是"爱"，爱行业、爱企业、爱客户、爱员工、爱产品。用爱经营，诚信经营，专注经营，用匠心精神对待制造，产品品质才能做到最好。"这就是佛学中提到的勇猛精进。每日完善，每日精进，尽一切努力使客户满意。"丁一说道。在企业管理中，他推崇军队作风，团队合作；力行航天精神，做事严谨、规范。

同时，身处传统制造业，丁一深深了解创新的力量，并将其深入企业的骨髓和血液，督促自己不断革新，不断超越。"市场本身是不断变化的，这个世界永远没有一成不变，运动、变化才能适应天地之间的道。企业不仅要降低成本，还要不断创新营销模式，用创新思维去思考每一个企业运营中所遇到的问题。"在他看来，把"变"字写好，企业的生命力、竞争力才会不断增强。

　　面对传统制造业受到互联网冲击，全球市场不太乐观的现况，丁一坦言企业开始面临利润缩水、份额缩小的困难，"虽然我们做的是高端传统制造业，但现在社会发展趋势与产业趋势不在一条平行线。一直以来，我们都想做一个与国际接轨，迎合国际发展趋势的环保产业。"目前，德马科已新建智能化车间，推行"多用机器少用人"理念，并与互联网和移动智能终端融合在一起去运作市场，这属于互联网＋范畴。丁一认为，面对新常态、新挑战，第一要改变思维，迎向"互联网思维"；第二要调整团队结构；第三则要从战略上把握准确，切入点要更巧妙，更科学。其中，生产、技术与销售可以相互融合。生产用智能化车间，用智能化装备把每一个工艺串联起来；销售则从采集信息领域来考虑；管理环节减少工作人员；最重要的则是减少市场扩张的时间。

‖ 走近绿色环保，传承中国文化

　　如果说丁一的"事业"是其投身近30年的高端起重机械制造，那么他的"志业"则有三个：绿谷环保、古艺文化和野生鸟类保护。"做传统制造业因为责任重大，会非常紧张，丝毫不敢懈怠，其实是一种痛苦。而做文化产业，我非常快乐。这也是人生的一种平衡。"他说。

　　生态环保方面，德马科采用生态绿色元素——恒温、无尘、静音，生活废水，以及焊接气体集中收集和处理，对员工健康负责，对社会环保负责，用心打造一个重型机械的绿色工厂。同时，在兰考打造"绿谷"，成立河南绿谷环保科技股份有限公司，主要聚焦工业废气治理设备与工程、土壤修复领域。"环保和土壤修复是转型，也是下一个风口。这是与时俱进的，与社会、中国以及国际的发展趋势相互融合。"丁一介绍道：在山东和河南交接的黄河滩区，有国家一级保护动物大鸨，以及白天鹅和灰鹤等珍稀鸟类。感动于两位十余年一直坚持在鸟类保护岗位上志愿者，丁一投资扩建了野生鸟类保护区，并一直支持长垣绿色未来环保协会，从精神和物质上给予支持，帮助他们继续走下去。目前，保护区志愿者队伍不断壮大，长垣县也正积极申报"中国大鸨之乡"，大鸨保护已受到社会媒体以及国家、国际层面的关注与支持。

正在投资的"河南华夏古艺文化传播有限公司"（即绢艺展示馆），则是丁一的第三个志业——发扬和传承中国"绢艺"文化。河南华夏古艺文化的"天心绢艺"系列是中国非物质文化遗产，属于中国传统文化的范畴。"投资兴建河南华夏古艺文化传播有限公司"，一是为了给自己解压；二是为解决兰考千位失地农民的就业问题，也为兰考打造一张"中国绢艺之乡"名片尽一些微薄之力。同时，也是践行焦裕禄精神，为兰考人民做实事的具体实践。

目前，德马科已成为当地纳税大户，在去年整体经济环境不理想的情况下，依然增长40.6％。而对于三个志业，丁一则表示现在刚刚起步，还不太满意。正在交大 EMBA 学习的他认为，一旦自己的思想层面、管理能力等积累成熟了，还会有更进一步的发展。

‖ 采众家之长，助灵性成长

工作之余，丁一最喜欢的便是读书，涉足儒、释、道、《圣经》、心理学、《孙子兵法》等各类管理及文学书籍。"很多时候，我喜欢站在文化之上看文化。所有传统文化的精髓都是大爱、大舍、利他、无私，做个好人。有时候会发觉某一种文化解决不了另一种文化的问题，而从不同文化中可以吸取不同养分，采众家之所长，知识便会更全面一些。"在他看来，人生最大的快乐是满足精神和灵魂的需求。

对于交大安泰 EMBA 的学习，丁一直言从不后悔：课程务实，与企业实践密切结合，每门课都能带来不同的领悟，都是对于管理理论的梳理。而对于开学拓展、赢利模式大赛以及戈壁挑战赛，他的印象尤为深刻。"可以说，EMBA 学习是从头到脚把自己洗了一遍。每次身心的完全投入，都会带来更全面、更深刻的体悟。最大的帮助则是思维模式和思维工具发生了质的改变。从过去的点思维，到线思维，再上升到面思维、体思维，而现在是借思维。"遇到问题时，自己能够找到解决的方法和工具，预见性加强，战略思维提高，看问题更透彻，理性成分占了更大比重。"每位同学都是一面镜子、一本书，都有独一无二的长处。取长补短，从而不断提升自我。"

对于班级活动转向社会公益事业，丁一表示支持。"我们 14 春季 1 班、2 班已经有了针对自闭症儿童、保护大鸨基金的捐款和拍卖活动。"在丁一看来，做人要把孝、善、德三个字放在第一位，应该更多奉献社会，才能活得更有价值。

徐世平

EMBA 2003 秋 3 班校友
上海东方网股份有限公司总裁、总编辑

不破不立，东方涅槃

撰文 | EMBA 中心

　　2016 年 7 月，东方网作为上海知名的门户网站重金包下《深圳晚报》头版，连续多天投放整版创意广告，推广旗下新闻资讯类 APP "东方头条" 和语音微信公号 "新闻早餐"，创下纸媒广告投放多项纪录，广告中的 "低调体" "好想体" 等翻拍版面在朋友圈等网络空间持续发酵，引爆关注度，也让东方网及其总编辑徐世平的名字更广为人知。

‖ 成功营销：全媒体互动的探索

　　东方网是一家重点新闻网站，也是上海重要的主流媒体。中国互联网协会和工信部自 2013 年开始对中国互联网企业进行评价和排名，东方网连续四年入围百强，且是唯一的地方新闻网站。徐世平认为，虽然东方网受到了权威官方和业内的充分肯定，但作为一家定位为上海特色的新兴媒体，东方网在全国其他地区的影响力与很多商业网站相比还有差距，与自身实际行业地位也不相称。于是，东方网"出奇制胜"，选择在《深圳晚报》头版连续多天投放整版创意广告，创下纸媒广告投放多项纪录。这是跳出上海进行营销的主要动因，以提高在其他地区的品牌影响力。

从网媒与纸媒的互动出发，对于这次营销，有人质疑报纸日渐式微，在报纸上投放广告是否有效？对此徐世平表示，推广所产生的轰动性效果是对这个问题最好的回复。新兴媒体的互动，不能以为仅仅是介质的切换，更重要的是包括思维、理念、方式、模式、产品的变革，这是徐世平长久以来的思考："尽管是在报纸做推广，但是东方网的营销理念、推广方式以及传播路径，完全是符合互联网思维，切合互联网营销路径的，从这一点来说，不能把在哪种介质做广告做推广，作为营销能否成功的关键。对于《深圳晚报》来说，也用这种新颖的营销方式扩大了在互联网上的影响力，获得了受众口碑，我觉得是一种双赢。"

‖ 一种思考：技术驱动与互联网思维

从事互联网工作已 16 年有余，"技术驱动"与"互联网思维"一直是徐世平的关键词。实际上，对于东方网这样的国企而言，许多探索都是"戴着镣铐跳舞"，但他带领东方网取得了许多成绩，舞得美丽。

在东方网的发展中，徐世平将转型作为传统媒体唯一的出路。"事实上，中央很早之前就作出了明确部署，要培育新型媒体集团。我觉得很多传统媒体集团存在的问题都有共性，包括资本运作滞后、管理模式粗放、人才培养乏力以及技术创新不足，只有下大力气解决这些问题，才有可能和商业互联网企业站在同一起跑线上，才有可能面向未来行业趋势建成新型媒体集团。当然，对于总编辑们来说，有时候受制于政策改革的力度和广度，但我认为作为身肩转型重任的媒体负责人来说，在政策范围内勇于突破、勇于创新和尝试，是必须要担负的职责，必须迎难而上。"

纵观互联网发展的 20 年历程，可以得出一个普遍规律，没有人才、技术和资本的驱动，一个互联网产品不可能走向成功，一个互联网公司也不可能从弱到强。可以这么说，有了人才、技术、资本，不一定会成功；但如果没有上述要素，则一定难以成功。徐世平总结道："我们既然要进军互联网领域，打造新兴媒体，牢牢占据互联网舆论话语权，就必须认真总结互联网行业在中国发展的历史经验和规律，彻底改变与互联网行业特征相悖的理念与做法，要确立'互联网思维'。在坚持党对新兴媒体绝对领导权和控制力的前提下，大胆创新，努力探索，着力改变体制机制中与互联网不相适应的关键环节。这是我的感受，也是对所有新兴媒体掌舵者的最大的考验和挑战。"

2015 年底，东方网成功登陆新三板。徐世平将此视作东方网创新转型工作中的一个环节，其意义是市场化对接资本市场，打通资本市场通道。按照部署，未来东方网要集中精力、聚焦主业，努力建设具有全国影响力的新媒体产品，努力利用资本市场手段迅速做大做强，争取在较短的时间内将东方网建设成为新型媒体集团和现代互联网企业。

现在和未来东方网要重点做五件事，一是聚焦建设移动端互联网为主、多载体并存发展的新型传播格局；二是聚焦资本市场，以新三板市场为突破口，彻底打开资本通路；三是聚焦用人机制改革，建立顺应互联网行业趋势的人才激励制度，包括股权期权激励制度；四是聚焦智慧社区等重点项目，要有形成突破的项目和公司；五是聚焦技术引领，增强技术对于事业产业的驱动作用，未来形成多家成功的新媒体产品和产业公司。

‖ 人生经历：华丽转身源自理性判断

从《新民晚报》记者，到一手打造了东方网这样极具公信力的主流媒体平台，再到担任上海市人民政府新闻办副主任和上海市网宣办副主任，如今又回到了东方网大展宏图，徐世平的职业生涯中完成了数次华丽转身。

"人生有很多经历回想起来必然中带有偶然。"回想这些年来的职业历程，徐世平有一些深刻的感触，首先要对行业趋势有理性的判断，就像 17 年前互联网泡沫破灭，很多人都说新闻网站完蛋了，而他并不这样认为，并根据自己对行业发展的思考，在适当的时刻选择了适当的路继续前行；其次，任何成都永远不是一个人就能够创造的，必须有得力的团队，要关于团结人才，使用人才；最后，无论身处任何岗位，必须兢兢业业、时刻保持

年轻和学习的心态，这么多年的媒体和互联网生涯，互联网的发展突飞猛进，没有年轻和学习的心态，很快就会将团队带入泥潭。

平时喜爱读史，也喜爱写史的徐世平在百忙之中经营着一个公众号"重读历史"。他说："我读历史，向来是带着兴趣读的。时断时续，似乎从来没有什么计划。读历史，常常是想到什么，便去拿了书来看。有时候，历史就是一面镜子。我是经常拿镜子来照自己的。毕竟，现实社会，碰到的事情太多了，有些问题想不通，便去读历史。因为，有些道理，古人说过几千遍了，都有现成的答案。这些道理，并不因为意识形态的改变而有任何的贬值。读历史，我喜欢读人而不喜欢论事。其实，历史就是由一大堆形形色色的人组成的。读懂了人，也就读通了历史。读史，对修身治性很有帮助。浩瀚史海，你我都是尘埃，任何时候都不要轻视别人，也不要轻视自己。如何面对人生，以及我的哲学理念，在我写的文章中都有诠释。我将其视为终生的有益的兴趣。现在太忙，常常只能夜里写文章，但是夜里写文章更有味道，会感觉自己和历史在对话。"

作为交大安泰 EMBA 最早的一批学员，同时也是安泰 EMBA 校友会常务理事，徐世平对 EMBA 项目的发展感到骄傲和自豪，他祝愿未来 EMBA 的品牌建设也能体现全媒体、互联网的营销思维。安泰的求学经历对徐世平而言是难以忘怀的记忆，"做互联网这行，不保持年轻和学习的心态，事业一定做不好。在交大安泰所学到的知识、理论、方法，以及难以割舍的师生情怀，同学情谊，让我刻骨铭心。衷心感谢交大安泰和老师们。"

郑来发

东盟华商 CEO 高级研修班（第 1 期）校友
威利国际私人有限公司董事

老骥伏枥，志在千里

编前语：

在东西方文化交织杂糅的新加坡商界，优秀华商代表，威利国际私人有限公司的董事郑来发几十年来一直坚守着传统中华商业的理念：对待员工富有人情味，经营理念亦儒亦商。搏击商海 40 多年来，他是团队里一呼百应的老大，无论年纪比他大的，还是比他小几十岁的年轻人都尊称他为大哥。然而，郑来发却从来没有放松对新知识的学习，始终保持对经济形势变化的敏锐。2014 年，他选择入读交大安泰东盟华商 CEO 高级研修班首期班，作为了解中国市场的第一步。在郑来发的商界经历中，还有颇为让人称道的一笔精彩，他不仅是新加坡现代企业管理协会的前任会长，也是新加坡"总裁书香轩"的创始人

和首任轩主，靠着一份坚持，让书香伴随着新加坡企业家近 20 年，成为东亚商界的一道独特风景。

‖ 商海浮沉平常心处之

童年的郑来发，生活经常捉襟见肘。成长的旅途也并非一帆风顺，常常遭遇险境。五岁之时，他便在芽笼居所的一场大火中在鬼门关走了一圈，小学时遭遇的一次巨型龙卷风带着他"上天入地"，年轻时在泰国胡姬宾馆坍塌事件中又与死神悄然擦肩。所幸，他屡屡化险为夷，或许正是艰辛的童年生活和这一次又一次的大灾大难，造就了他勇于承担风险、敢闯敢拼的个性。

1986 年，新加坡经历了一场巨大的经济危机，时任新加坡 Robin Group 人事经理的郑来发面临着集团大裁员、大减薪的威胁。他开始琢磨着，既然自己能够同时参与 Robin Group 集团旗下 3 家公司的人事管理工作，多年的人事工作经验也使自己对人事方面的事务驾轻就熟，为什么不开创一番自己的事业呢？

1987 年，他成立威利国际私人有限公司，致力于为新加坡的建设引进外劳。凭着勤奋以及丰富的人事管理经验，郑来发慢慢摸索出了一套行之有效的生意经。短短两年，他便成功地赚取了人生的第一桶金。

随着新加坡经济大环境复苏回暖，他尝试着走多元化经营的道路。想到外劳力的使用与建筑工程会是两个互补的产业，他决定尝试建筑工程业。然而 1997 年的亚洲金融风暴很快便席卷而来，新加坡建筑行业受到重创，郑来发不得不再一次面临抉择。斟酌再三，郑来发决定壮士断臂，果断退出了建筑业，避免了企业元气大伤。

商海浮沉 40 余年，郑来发的投资，有至今仍为同行称道的成功经典，亦有迫于形势的失败的案例。但勇于尝试、敢于承担不确定风险的他，对成败都抱着得之坦然，失之淡然，争其必然，顺其自然的态度。他总说："人生无常，不用把输赢太当一回事，赢了钱财，可能失去很多与家人团聚的时间，甚至健康。输了钱财，回报的是宝贵的经验和教训。"

236

‖ 让书香常伴企业家

尤为难得是，虽然童年艰难，成年后一直搏击商海，但郑来发却始终心中有块净土，酷爱阅读的他，一直被书香所吸引。无论工作多么忙碌，他都挤出时间，博览群书，更将此喜好，推广及人。

1999 年，郑来发牵头在新加坡现代企业管理协会成立"总裁书香轩"，并担任首任轩主。展开每月阅读一书活动，鼓励企业家多读书。谈到创办书香轩的初衷，郑来发表示："我曾经率领本地中小型企业出国考察，发现我们尽管有很好的企业理念，但因为沟通技巧不好，总显得词不达意，不能很好地与人分享我们的观点，谈话也欠缺说服力。这让我感触很深，认为有必要鼓励本地企业家多读书、多思考，总裁书香轩就是基于这样的想法建立起来的。"目前，"总裁书香轩"在新加坡商界拥有极高的美誉度，十多年来保持着活力，并不断与国内外相关机构举办交流会，名声远扬，成为新加坡读书会中的佼佼者。

郑来发总是说，馥馥书香往往比公司盈利更让自己感到满足，"读书会让每个人都受益。一个人读书得到的只是个人的观点，但一群人一起读书，则可以从每个人的不同角度、不同见解中获得更多启示。"他在 whatsapp 上建立"诸子百家之友"平台，每天早上发出"每日一语"，与同学好友分享《论语》等中国古典经典著作，从东方的古老智慧中汲取灵感与精华。

2014 年 8 月，郑来发创作的《发人深思集》出版。他将阅读心得、对时事新闻的感想，深入浅出地娓娓道来，发人深省。出版后，他将该书销售所得全部捐赠"慈济基金会"作为教育基金。

‖ 从容心态拥抱新知

一直重视学习新知识的郑来发，始终保持着积极接受新事物、新知识的心态。2014 年，他报读了首期交大安泰东盟华商 CEO 高级研修班，并作为新生代表，在开学典礼上应邀发言。郑来发在发言中表示，自己在 EMBA 毕业多年后，再次重返校园，是希望能

为自己重新充电，开拓新的视野，寻求新的挑战，认识新的朋友。

在整个学习过程中，郑来发不断收获着惊喜，交大教授们扎实的理论功底和丰富的实践经验，以及拜访知名企业的活动内容，让他感到获益匪浅。郑来发表示，随着对中国市场的了解深入，他对新市场充满兴趣，新的经营计划也在慎重考虑之中。

对于人生，郑来发有一段诗意的总结，"人生不同的阶段，就应该有不同的追求。对一个事业刚刚起步的年轻人而言，要有勇有谋；中年的人必须稳扎稳打；如果对一位年长的人而言，需要适当放下。"如今的郑来发，早已在岁月中放下比较与浮躁，但他身上勤勉、智慧的华商传统却从未褪去，在不断的学习新知中诠释着"老骥伏枥，志在千里"的企业家精神。

范文瑂

东盟华商 CEO 高级研修班（第 4 期）校友
全美世界集团创办人、董事长兼总裁

打造新企进军中国市场的新范本

撰文 | 陈丽伟、冯倩

编前语：

2016 年 6 月 30 日，新加坡全美世界国际集团从中国商务部领取了直销经营许可证，成为首家获得中国直销牌照的新加坡企业。全美国际迈出了进军中国市场的重要一步，这也正是全美世界创办人、集团董事长兼总裁范文瑂博士期望已久的。

作为新加坡知名女企业家，范文瑂 1990 年创办全美国际，历经 26 年的发展，全美凭借优质的产品和服务，在亚洲 11 个国家和地区设立了分公司，拥有众多忠实的消费者和品牌美誉。

2015 年，范文瑂进入交大安泰在新加坡开办的东盟华商 CEO 高级研修班（第

4 期）学习，希望借助中国名校商学院的平台深入了解中国市场，为进军中国市场探路。如今，随着全美顺利获得中国直营牌照，范文瑂成功打造了新加坡企业进军中国市场的新范本。

‖ 首家获得中国直销牌照的新加坡企业

范文瑂的创业历程堪称一个跨界传奇，毕业于新加坡著名大学历史系的她，因为政府关闭华文学校，不得不放弃了教书育人的理想工作。但命运为她敞开了一个更加精彩的世界，范文瑂最终在直销行业开创出一番让人惊艳的新天地。而将美的事业带入中国市场，也一直是范文瑂的梦想："我接受的是中文教育，大学学习历史专业，所以我始终对中国怀有一份特别的亲近，渴望将事业发展到中国。而且我们的企业叫全美世界，就是希望有一天成为世界直销品牌。过去 20 多年里，我们也始终遵循着'深耕亚洲，优领全球'的战略。如果缺少了中国这个人口占全球四分之一的庞大市场，还如何深耕亚洲，又怎么能称之为世界品牌？"

为着这个梦想，早在 20 世纪 90 年代，范文瑂就多次来到上海等地考察，并积极准备申请中国直销牌照。十多年来，范文瑂将全美世界的主流护肤品都做了备案，跑遍了长三角地区寻找适合的合作伙伴。2014 年，全美国际全资收购杭州全金药业有限公司，凭借全美良好的研发实力，高水准的生产设备以及自己的品牌和行销渠道，全美世界不仅增强了申请直营牌照的实力，也解决了日后产品的本土化问题。

2016 年 6 月 30 日，全美世界顺利获得中国商务部颁发的直销经营许可证。多年来一直以欧美品牌为主的中国直销市场首次迎来了亚洲劲旅。

观察中国市场已久的范文瑂非常清醒，在今天的中国市场，企业将遇到世界第一流的竞争对手，但她依然信心十足："今天的中国，经济实力已直追美国，健康与美丽已经成为人们的日常追求。依照中国市场的庞大潜能，我相信在未来两三年内，全美世界在中国大陆的业绩势必超越台湾地区业绩，成为集团最大的市场。"

‖ 在游学中感知中国

全美世界公布获得中国直销牌照当天，其在新加坡股市的股价应声上涨 20%。众多企业界朋友向范文瑁道喜的同时，也纷纷向她请教进军中国市场的路径。范文瑁的建议是，选择交大安泰这样优秀的中国本土商学院，是了解中国的最佳窗口。

2016 年 1 月 6 日，在新加坡举行的东盟华商 CEO 高级研修班（第 4 期）开学典礼上，范文瑁作为新生代表进行了精彩发言。

随着学习课程的深入，游学、拜访知名企业等模块的展开，范文瑁深刻体会到，自己的选择非常正确，"我觉得这个课程的师资都是精挑细选的。教授们非常棒，上课讲的是商战实例，他们既有实战经验，又有深厚的理论基础。"

在交大安泰精心为新加坡学员量身打造的一次考察中，范文瑁和同学们一起拜访了中国最大的电子商务企业阿里巴巴的总部，以及海底捞等多个知名企业，从多个角度了解了中国电子商务、服务业的发展现况。

这次参访让范文瑁感到非常震撼，她以一位优秀企业家的远见敏锐意识到中国市场正在悄然发生巨变，中国庞大的消费潜力呼唤更优质、多元的产品，中国消费者期待更上乘的服务，这些变化为直销行业提供了巨大机遇。她说："我们当时感觉非常震撼，没想到中国的电子商务发展这么快，超越想象。我 90 年代来中国时，中国的饭店还缺少服务意识，但是现在海底捞等餐饮企业的服务已经做得非常好，这些都让我意识到中国市场的巨大改变。"

课堂上对当下中国经济的深刻分析，以及游学见闻深深影响了范文瑁对中国市场的判断。中国地域辽阔，消费者需求多样，这和新加坡截然不同。她迅速制定了与新加坡等市场不同的发展策略，紧盯目标人群，针对性地推出产品，直销与零售两条腿走路，充分利用全资收购的企业的品牌和渠道，加强零售。首先在杭州设立 8 家网点，然后再逐渐向其他重点城市申请扩大直销范围。并计划依托收购的中国药厂研发草本保健品、功能性护肤品来满足中国市场的需求。

‖ 最自豪成为安泰校友

回顾在东盟华商 CEO 高级研修班的学习经历，范文瑂感到，最大的收获不仅是学习到知识，更了解了未来商业、科技发展的趋势和最新的商业信息。

范文瑂建议，对于希望深入了解中国市场的新加坡企业，东盟华商 CEO 高级研修班是一个不错的选择。"如果你想来中国做生意，你必须要来上这个课程。我经营企业 20 年，一直在学习，在美国、中国一些著名大学都进修过，现在有缘分成为交大安泰校友我非常荣幸、自豪。"

对于加入交大安泰校友的大家庭，她倍感骄傲。范文瑂表示，对于企业家来说，良好的学校声誉和校友资源也是一笔难得的财富。"我曾在美国一所著名大学进修，了解如何在美国做生意，了解他们的思考模式，他们怎么看你。如果你想在中国市场驻足，也是一样的，应该来这里上课，你会认识很多朋友。"

范文瑂认为，就读本土商学院正是中新企业家增进了解，取长补短的好机会。在她眼中，中新企业家各有千秋，但敢为人先、勇于创新的企业家精神却是一致的："新加坡企业家重视规则，遵守契约，中国企业家善于学习，比较灵活。但所有优秀的企业家，都是勇于追求梦想，碰到困难不屈不挠，灵活地创新、转型。我认为这是企业家精神的核心。"

也正是这份坚持不懈成就了范文瑂，20 多年来，她用这份"美的事业"不仅扮靓众多消费者，更帮助众多直销商创业、改变人生。如今，全美顺利迈出走进中国市场的第一步，范文瑂在中国的精彩故事才刚刚开始。

岳亚梅

高级工商管理硕士课程研修班（2017 春）校友
新疆熙菱信息技术股份有限公司总经理

打造公共安全领域实战应用专家

编者语：

　　在这个充满竞争、充满挑战的社会里，有这么一群女性，美丽、果敢、睿智，她们用柔弱的肩膀扛起企业大旗，用敏锐的判断抓住市场契机，用细致的观察引领企业走向一个又一个成功。

　　熙菱信息总经理岳亚梅就是其中一位，作为企业创始人，带领熙菱从乌鲁木齐的一家小小的 IT 软件公司，逐步成长为新疆地区乃至全国信息技术的龙头企业，并努力向国际化企业迈进。

传承丝绸之路精神，走不平凡之路

地球每年公转一次，每天自转一次，无声的转动蕴含着无尽的力量。从1999年的那个夏天开始，熙菱扬起船帆、发动转轮，它为中国IT产业而动，为企业管理升级而动，为熙菱人的理想和责任而动。

新疆熙菱信息技术股份有限公司于2017年1月5日在深圳证券交易所创业板上市，成为新疆地区第一家登陆资本市场的软件和信息服务业企业。生于新疆、成于新疆，扎根沃土、跨越蝶变。古丝绸之路绵亘万里、延续千年，"一带一路"倡议为熙菱信息带来新的发展机遇。

企业在市场竞争中如逆水行舟，不进则退。熙菱信息从1999年成立，走过风雨近20载。回首这近20年的发展，岳亚梅不禁感慨："企业转型是个痛苦的过程，但不努力你就不会知道自己有多少能量，今天熙菱的成功是建立在所有创始人和员工不断失败、不断成长、不断探索的基础上的。熙菱的上市之路走了7年，在漫长的转型过程中，公司一直将熙菱定位为一个全国性的公司，因为企业业务只有面向全国，才能做大规模。而想要做大规模就必须先做高，集中优势业务就是非常好的做高机会，做高了才会有机会面对全国的广大市场。"

因此，作为带头人，岳亚梅带领团队坚持创变求新、开疆拓土。自2001年在上海设立全资子公司开始至今，熙菱在全国已经拥有了15家分支机构，集聚科技与人才资源优势，始终致力于产品及方案的研究、开发、销售及服务，构建完善、专业的安防和安全产品线。

不畏将来，不忘初心

"不傲才以骄人，不以宠而作威"这句话很好地诠释岳亚梅的处事风格，一向谦逊低调的她，曾荣获"自治区优秀民营企业家"、自治区科技厅民营科技创新的企业"先进人士""优秀民办科技实业家""爱心捐助"等荣誉称号。近年来，她聚焦重点行业和重点业务，带领公司不断再创佳绩，企业实力不断提升。转型让熙菱有了长足发展，尤其是2017年初上市以来，受到各个方面的关注更多了。

作为乌鲁木齐政协委员，岳亚梅始终心系新疆的发展与建设，熙菱信息作为一家新疆本土企业，已经基本完成了在全国范围内的架构搭建：产业基地在新疆，管理中心在上海，研发中心在西安，产品及解决方案中心在北京。统一式管理平台让熙菱成功解决东西部协调与文化融合问题，东部的视野和技术引入西部，同时将新疆本地化的实战应用经验推广至全国。可以说，在新疆，熙菱信息就是软件行业的黄埔军校。

熙菱信息一直专注于公共安全领域，从最初的平安城市项目设计与实施，到自主研发实战应用型产品并在全国多地部署百套，熙菱信息现已全面形成以市场为导向、以客户需求为创新动力的产品规划与研发体系，拥有视频图像处理、业务建模、旁路数据采集等核心技术，及云计算、大数据、深度学习等前瞻技术，针对公安、司法、交通等众多行业客户提供专业的细分产品、解决方案和大数据服务，保持持续创新力和迅猛发展势头。

熙菱信息基于新疆安防龙头引领和技术优势，连续多年被评为自治区优秀民营创新企业，荣获"中国安防百强工程商""新疆维吾尔族自治区软件企业十强""新疆安防行业技术领先企业""自治区最具成长性企业""安防产品行业科技品牌""新疆安防行业杰出贡献企业"等多个荣誉称号，连续五年获得"上海市明星软件企业称号"。

‖ 选择交大安泰，探索未来新趋势

熙菱信息作为公共安全领域的实战应用专家，一直以先进技术与实战应用的结合保障公共安全；以智能图像技术和大数据技术为核心，带动公共安全领域的实战应用发展。将大数据技术与视频图像结合，将图像资源进行深度应用，实现了百亿级卡口图像的结构化处理，进行快速检索、布控预警、比对碰撞。"实战应用专家不是一句口号，这是我们的长远发展目标，将其转化为员工的共识和行动，方能发展致远。"岳亚梅说。

据了解，熙菱信息自主研发的"Merlineye"魔力眼智慧安防系列产品曾荣获乌鲁木齐市科技进步一等奖。Merlineye 魔力眼图侦工作平台荣获"上海市优秀软件产品""科技创新示范案例"等荣誉，并成功服务过亚信峰会、G20峰会、亚博会等大型活动。目前，

在全国多个省市区部署应用，仅 2017 年上半年，就协助公安机关破获案件多起，抓获在逃人员多人，真正体现实战效能，不愧于"实战应用专家"称号。

岳亚梅认为做好企业必须持续学习，她感慨道："进入交大安泰学习，得到了很大的帮助，不仅结交了很多志同道合的朋友，还拥有了更多合作机会。"学习之路仍在继续，创业者的脚步永不止息，岳亚梅会继续带着企业砥砺前行，驶向蓝海，探索更宽阔的疆域。

王　宇

浦东新区企业家创新领导力发展计划高级研修班
（第4期）校友
宇昂科技创始人、董事长

逆练"九阴真经"的科技创业者

编者语：

　　作为交大安泰浦东新区企业家创新领导力发展计划高级研修班（第4期）校友，全国功能高分子行业委员会秘书长，专著《水溶性高分子》主编，国家科技部万人计划领军人才、宇昂科技（430179）创始人、董事长王宇，形容自己的创业思路是"逆练九阴真经"，因为他在创业之初就坚持高定位，坚持自主技术研发。正是在王宇的坚持下，宇昂科技深耕水溶性高分子PVP领域二十年，终于打破了国际巨头的技术垄断。2012年12月20日，宇昂科技挂牌新三板，为上海市首批新三板挂牌企业，王宇也获得"创业中国年度创新人物""科技部创新人才推进计划创业人才""2016中国创业榜样"，上海十大青年创业先锋，张江优秀人才，上海十大科技成果转化先锋等荣誉称号。

‖ 另辟蹊径登顶平台技术

2015 年 6 月，王宇收到了一条微信，那是武警湖北省总队医院领导从抢险一线发来的感谢信。那年夏天，"东方之星"号客轮在长江倾覆，该院在事故前线抢险救治时，消毒药剂很快告罄，王宇得知后立即捐助了 50 箱消毒制剂，并包车连夜运抵事故前线。王宇介绍说："我们的战士执行任务受伤后，使用常用碘伏消毒，伤者的体表创面会有很强的刺痛感，而且几小时后必须再次消毒，否则容易感染。而 PVP 技术则能使药物活性成分锁在消毒液形成的膜内，缓释效果长达 6 个小时，无需二次消毒。而且不痛不刺激，不影响搜救工作。"

水溶性高分子，是一个公众听起来感觉很陌生的词。其实，日常化妆品中的保湿因子，美发品中的柔顺因子，净水器中的滤芯，都必须用到 PVP 技术，它横跨了新材料、生物医药和节能环保三大新兴战略产业领域。作为一种环保、健康的新材料，水溶性高分子本身就是取代传统有机化学的绿色产品，广泛应用于医药、食品、化妆品、农业、涂料等诸多领域，在发达国家是热门新兴产业，也是产业发展趋势，而其在 3D 打印、纳米材料、页岩气开采，石墨烯聚合物等前沿领域的应用也关乎到国家发展战略、能源战略，其本身具有数百亿美元的行业规模，延伸领域规模更是超过万亿美元。

为了让公众了解信任这一技术，王宇真的豁出去一回。"2012 年，证监会领导来上海调研新三板拟上市企业，我在张江药谷的实验室做汇报，讲到水溶性高分子的安全和环保，连见多识广的证监会领导也将信将疑，我拿起浓稠的消毒液当场喝了一口。"王宇回忆说，"和我预感的一样，宇昂成功上市。"

此前，水溶性高分子技术一直牢牢掌握在欧美跨国公司手中。20 世纪 90 年代，中国开始奋起直追，王宇有幸成为参与技术攻关"国家队"成员之一。2005 年，王宇从事贸易开始创业，2009 年他发挥自己的研发优势，开始自主创新。目前，宇昂现在有 20 余项国家专利、7 项 PCT 国际专利、2 项国家标准和众多技术秘密，在研发分工、分级权限、核心员工管理和激励上都做了安排。已经成为中国水溶性高分子行业的领军企业和隐形冠军。

‖ 逆风而行走出精彩

中小企业发展一般都是先易后难、从模仿到创新，宇昂则逆风而行，并走出一条精彩之路。"在市场开拓上，我们先从国际上最知名的企业入手，拿下诺华、雅培、葛兰素史克、辉瑞等跨国药企的订单，这是证明自身实力和推广品牌的最好方式。"现在在国际市场上，宇昂已经拥有了不错的口碑。王宇这样解释自己的思路，"一开始在自身弱小时，我们就选择了高定位，构建了相对较高的技术门槛，这是别人无法真正学会并替代的。我们不惜重金不断加大研发力度，攻克平台技术，编制国家标准，这就占领了产业制高点，又通过组建行业协会，搭起一个协调与整合的平台。"

回顾创业模式，王宇坦陈，高举高打的做法其实风险和代价都很大。"产品超前，国内市场接受度非常低，只能从国外向国内逐渐渗透。技术超前，不但政策制定和规划部门不了解，享受不到优惠政策；监管部门对技术也需要一个熟悉过程，许可审批耗时过长，导致产品迟迟不能向高利润的下游延伸。连国内资本市场也不能充分理解我们的技术，给出的估值远远低于国外投资者。"

"办企业不是搞研究，领先市场半步是勇士，领先一步很危险，领先两步难免当烈士，王宇你领先两步半就是找死。"王宇至今仍然清晰地记得参加"联想之星"培训班时，导师柳传志对他的批评，后来参加的交大安泰浦东新区企业家创新领导力发展计划高级研修班等一系列培训更促使他进一步反思发展战略。

"现在想来，如果再让我重新选择一次肯定不会这样走，时间和资源耗不起。当时之所以能坚持下来，一来是我很固执，还有就是半途而废就意味着前功尽弃，只能咬着牙挺下去。"追忆创业的艰辛，王宇也不忘自嘲，"我和欧阳锋一样'逆练九阴真经'，居然也成功了。宇昂没像欧阳锋一样走火入魔实属侥幸，但'真气'却消耗了不少。"不过回过头来，这种不计后果的偏执却是宇昂最终能腾飞的核心要素。成功没有道路可以复制。

‖ 中国制造将成中国智造

对中国制造业，王宇认为，十年后的中国制造肯定会成为带有互联网基因的中国智造，通过学习德国和日本等先进制造业国家，再凭借自身的积累和创新思维，中国制造业完全可以实现"弯道超车"。

对于自己的宇昂科技，王宇则坚信，十年后，宇昂必将成为中国水溶性高分子行业的航母及领军企业。另一方面，他希望在公司的资本和治理结构完善以后，自己能从日常的行政管理工作中解放出来，只把握宏观战略和研发的大方向，而总经理的位置会交给更适合的职业经理人。

十年磨一剑，宇昂科技已经迎来了风口。在 2017 年成为上海临港智能制造的示范点企业，拥有了自己的院士工作站，成为了上海专利示范点企业，又牵头成立了国家级的水溶性高分子 PVP 生产基地，行业的研发中心及产学研战略联盟。宇昂目前已经成为继欧美二大巨头之外的另一家拥有核心竞争力的中国水溶性高分子企业。

对于未来，除了科学家、创业者和企业家的身份之外，王宇的规划中还增加了一个诗人的角色。作为一个成功企业家，王宇对这个文学梦很认真："这是我从小就有的梦想，至今我已出版两本诗集。十年后，我会把主要精力放在文学创作和社会公益事业。享受天伦之乐，更会周游列国，与更广阔的世界相遇。"

张 健

浦东新区企业家创新领导力发展计划高级研修班
（第 6 期）校友

上海 636 创新企业发展股份有限公司总经理

爱泼冷水的热心创业导师

撰文 | 陈丽伟、冯倩

编者语：

　　2016 年 9 月 28 日，张江跨国企业联合孵化平台举行全球新闻发布会，正式发布第一期技术项目模块，向全球创业者奏响合作"集结号"。在新闻发布会现场，交大安泰浦东新区企业家创新领导力发展计划高级研修班（第 6 期）校友、636 创新公社总经理张健倍感自豪。

　　张江跨国企业联合孵化平台以跨国企业的溢出技术及专家资源为基础，结合 636 创新公社等优秀本土企业家资源，是全国首个由跨国企业联合成立的创新孵化器。运行不到一年，对于整合资源打破"孤岛创新"困局，已经做出可喜的尝试。636 创新公社是平台的

重要股东，这其中发挥了巨大作用。

作为 636 创新公社的操盘手，张健也有着多个成功的创业经历。围绕着创新创业的话题，张健与所有创新创业者分享了自己的建议，展现出一位成熟企业家的敏锐洞察力。

▌ 跨界创新平台创造双赢

获得 GE、eBay、联合利华、博世等世界名企提供的溢出技术、研发条件、专家指导，甚至是研发成功后与其旗下品牌的商业合作，这样的机会是技术型创新创业团队梦寐以求的。

"张江跨国企业联合孵化平台正是这样一个神奇的孵化器"，张健自豪地说到，"这样的联合孵化模式将促成一种双赢。"

"一方面，众多落广张江的跨国名企，体量庞大，虽然内部有自己的创新研发体系，但长期以来因为没有外部的参与，形成'孤岛现象'，影响创新活力。所以，越来越多的大企业希望通过开放式创新，联合孵化器发现有潜力的中小企业，为自己造血，让中国的初创企业来解决本土问题。""另一方面，对于张江数量众多的创新创业企业来说，这种联合孵化模式意味着创业公司能够站在巨人的肩膀上，起点更高，资源更多，管理更规范。借助这样的平台，中小企业能够迅速实现创新产品的产业化，占据细分市场。"

在张健看来，参与搭建张江跨国企业联合孵化平台，这只是 636 创新公社成立以来，服务浦东创新创业事业的众多举措之一。

当前，浦东正处于创新驱动、转型发展的关键时期。创新驱动、转型发展的主体力量是企业，核心是要培养和集聚一大批具有全球视野的企业家，在浦东这块热土上创新、创业和持续发展，最终带动形成一大批具有全球竞争力的企业。为此，浦东新区科技和经济委员会自 2009 年启动"浦东新区企业家创新领导力发展计划"，截至目前已先后资助七期研修培训，500 多家企业 750 多名企业家参与其中，个人创新意识和管理能力获得显著提升，一大批创新型企业从中脱颖而出，成为带动浦东新区经济增长的新动力和新引擎。2015 年底，由浦东新区企业家创新领导力发展计划前六期的 636 位学员共同发起成立"636 创新公社"，通过市场化操作，形成政府、企业、个人相互促进、相互帮助的企业创新创业生态系统，现已有 776 位成员。636 创新公社通过行业专业委会、高级人才专家智能团以及本土实战企业家组成的创新创业导师团，对进入孵化平台的项目进行评估和帮助。

636 创新公社聚集了浦东新区企业家创新领导力发展计划发展 7 年来的全部学员，这些创业者通过这个平台可以对接跨国公司的全球资源，从技术、管理、资金等方面得到帮助，尤其世界 500 强的溢出技术可以为我所用，是真正的双赢。

▍激发"N"次方效应的创新平台

636 创新公社作为一家公司化运作的平台公司，在总经理张健的构想里，他希望这个凝聚了浦东创业创新核心力量的平台激发出 N 次方效应："首先 636 底下会有 N 家子公司，分公司在专委会下成立，目前已经有各专委会下面的各个公司落地，诸如 636 文化艺术品公司、636 传媒公司、636 医疗科技有限公司，接下来还会有 636 新材料、636 农业等各种和社员擅长领域的创新型公司出现。"

为此，张健也给自己和 636 创新公社建立了 3 年的规划目标：第一，3 年内成立 30 家子公司，做到 3 家完成上市准备；第二，成立 636 科技创新学院，培养更多的科技创新型企业家；第三，将 636 创新公社的成功模式复制到上海各个区县。

张健观察发现，636 创新公社的成员企业，虽然都已经度过了生存危险期，但技术创新的压力始终如影随形。所以，在 636 创新公社成员企业和子公司发展的过程中，重点为他们提供与各种资源对接的机会。

成立 636 科技创新学院，反哺社会是张健的另一个情怀："培养更多的商业人才，为社会培养能创造就业、创造财富的人，也是一种慈善，也是对社会的回馈。"张健所构想的 636 科技创新学院依托 636 创新公社强大的专家、企业家资源，为小微创业企业和创业者进行免费培训，快速培养适应创业企业发展要求的白领员工，反哺创新创业，甚至不妨做成白领界的"蓝翔"。

随着 636 创新公社的发展与成功，外区乃至外地的许多园区、地方政府表现出浓厚的兴趣。目前，636 模式已经开始在杨浦、虹口等地区尝试落地。张健认为 636 模式的成功，关键在于两点，"首先，浦东新区科委是真心实意地为企业家服务，政府起到了将水

滴汇聚起来形成大海的作用。其次，复制这个模式一定要因人而异、因地而异。"

▌ 创业决策不能只凭一腔热血

张健自嘲地认为："对于创业，我是一个爱泼冷水的人！"而对于很多向他求教的创业者来说，张健其实是一个爱泼冷水的热心人。

张健自己也是一位连续创业成功的创业者。从 2007 年创立自己的第一家公司上海统创电子科技有限公司起，张健就开始了创业者的探索历程。今年刚刚 40 岁的张健，拥有上海摩泰搅拌机械制造有限公司、上海顿佩科技发展有限公司两家企业，后者正是他通过安泰的创新领导力学习，整合资源，摸索出传统行业创业的新路径，将自己的企业做到产值突破十亿。

创业过程中，团队成员的自立门户，技术难于突破、资金的困难、思维的受阻、合作的艰辛等，这些当时面临的困境，如今回想起来，张健已然能微笑面对，更多的是冷静的思考。

随着对 636 创新公社以及国内外创新创业孵化器研究的深入，张健结合自己的连续创业经历，对创业和企业经营发展的问题、困惑有了更新更深刻的思考。他给创业者提出了三点建议："第一，创业者决定做一件事情的时候，必须审时度势，全方位考量，不能仅凭一腔热血。其次，要寻找思路一致，有共同理念的资源合作方。第三，持之以恒的信心。"

而这三点，也正是张健希望 636 创新公社能为创业企业提供的，"一些初创者满怀激情到我这里来了，我比较爱泼冷水，你的产业链呢？客户群呢？资源呢？但是这种冷水是要真真正正帮到他。一开始就帮他把选择做'对'，后面的就是他自己的坚持了。"

未来，张健希望 636 创新公社变得更开放："不是每个企业家都有机会参加'浦东新区企业家创新领导力发展计划'，有机会到交大安泰这样好的商学院来学习。我们希望通过开放这个平台，吸收更多创业企业家加入，让大家都能获得这种商业智慧，推动中国创新创业的发展。"

在大众创新、万众创业热情涌动的时代大潮里，张健打造全国乃至世界先进的创业孵化平台的信念越来越坚定，思路越来越清晰。

封晓骏

浦东新区企业家创新领导力发展计划高级研修班
（第 7 期）校友
上海市海华永泰律师事务所高级合伙人、高级律师

专业人士更需要商学院

撰文 | 陈丽伟、冯倩

编者语：

　　"持一丝不苟之态度，怀一往无前之勇气，求法律之公平公正。"这是上海市海华永泰律师事务所高级合伙人、高级律师封晓骏的座右铭。在封晓骏看来，一名优秀的律师，不仅要有求真务实之精神，维护公平正义的专业能力，更要有一颗服务公众，关注民生，为社会发展奉献的职业精神。

　　在交大安泰浦东新区企业家创新领导力发展计划高级研修班（第 7 期）里，封晓骏将自己从业近 20 年来成功扶持企业融资上市、并购重组、风险控制等方面的从业经验，毫无保留地与同学们进行了分享。对他来说，这种互动，既是与同学们互相学习的好机会，

更是以此回报母校的培养。

‖ 专业智慧服务社会

封晓骏心中的律师梦由来已久。20 世纪 90 年代，大学毕业后的他，三换职业，从中外合资企业到公务员，再到外贸公司，但心中那股追求公平正义的侠义情怀让他最终对律师职业情有独钟。

1999 年，第一次参加律师资格考试的封晓骏就高分通过，他毅然辞去外贸公司常务副总的职位全心投身律界。2005 年，因为出色的专业表现、丰富的诉讼实践经验和良好的办案效果，江苏省泰州市司法局报请司法部授予他"中华人民共和国司法部个人三等功勋章"，泰州市司法局发文号召全市律师向封晓骏学习，成为当地司法界的一段佳话。

2006 年初，封晓骏从泰州来到上海发展，希望在这个更加广阔的舞台上实现人生价值。如今，已在业界成绩斐然的封晓骏每当回忆起丰富的职业经历，诸多感悟："职业选择经历让我深入了解了政府、企业的规则，积累了丰富的实务经验，养成了追求完美的性格和工作习惯，尤其是外贸实务操作要求非常高，稍有差池就会损失很大。"在这段工作经历中形成的追求卓越、富有担当的职业精神，至今仍是封晓骏身上的鲜明标签。

作为上海市海华永泰律师事务所高级合伙人、高级律师，封晓骏对上海律师行业的现状分析指出，目前上海拥有执业律师资格的从业者总数不到两万人，这个数量相对于目前上海 2 600 万常住人口、5 000 多万居住人口、高度活跃的上海社会经济生活来说，是远远不够的，且现有律师队伍良莠不齐。随着上海建设国际金融中心等"五个中心"的进程不断加快，对具有高超专业水平、熟悉金融等行业专业律师的需求非常大，对律师提出了更高的专业要求。

封晓骏认为，一名优秀的律师，既要有高度自律的职业精神、高尚的职业道德，还应该具备出色的专业水平与解决问题的能力，以最大限度维护当事人的合法权益。

‖ 分享专业经验回馈校友

律师执业近 20 年来，封晓骏先后为 300 多家国内外知名企业、上市公司以及政府、银行、金融资产管理公司等提供法律服务，帮助建立规范化的内控运营管理机制，加强防范机制，为顾问单位挽回经济损失数十亿元。封晓骏积累了丰富的企业投融资、并购重组、上市挂牌等方面的实务经验，先后参与了上海临江旅行社重组改制、私募及创业板上市；民生轮船有限公司等公司的重组改制及上市；成功主导了上海科新生物；安徽利民生物科技等数十家企业的新三板挂牌；上海罗亚国际货运；上海肯米特文化传媒等众多企业的上海股交挂牌项目。

2016 年 3 月，封晓骏入读交大安泰浦东新区企业家创新领导力发展计划高级研修班（第 7 期）。在与同学们的交流中，封晓骏发现，很多创新创业型企业有着强烈的与资本市场对接的愿望，但对其中涉及的法律问题，往往感到陌生而无从下手。封晓骏结合自己的实践经验，精心准备了法律讲座，与同学们进行了分享，实操性很强的专业建议受到了同学们的一致好评。封晓骏提醒，随着新三板的火热，新三板挂牌门槛越来越高，对于未来有上市、新三板挂牌计划的企业来说，一定要在前期运营中就充分注意规范运营，对于企业存在历史沿革、证照不齐就开始运营的"先上车后补票"等情形的，要请专业机构制定切实可行的解决方案，以免影响企业的上市挂牌。企业运营中要注意规避法律风险，在如今的经济环境下有效控制风险，注意避开商业贿赂的地雷，以免影响企业的运营发展。

特别是很多企业在初创期以求生存为第一目标，没有构建合理的股权架构和管理制度，当企业发展到一定阶段往往矛盾凸显从而影响企业发展。对此，封晓骏建议，可以通过建立现代企业管理制度、科学合理的股权架构、完善的公司章程等来保障企业良性发展做大做强。

在接下来的学习中，封晓骏准备围绕知识产权保护等法律问题再与同学们进行一次交流。他说："在这里，同学之间温馨友好的氛围感染着我，交大安泰高水平、内容丰富的课程安排和校友平台让我在课程之外收获颇丰。我希望自己在学到知识的同时能为大家做点事，回报母校。"

▌探索现代律所管理模式

随着越来越多的专业人士认识到企业管理知识的重要性，越来越多像封晓骏这样的知

名律师、会计师等高级专业人士选择来到交大安泰进修学习。封晓骏以自己的亲身经历鼓励更多的高级专业人士走进交大安泰。他认为，作为专业智慧服务的提供者，律师事务所的团队管理、发展战略制定，有其行业特性。同时，囿于国内律师行业发展的历史较短，律所及团队管理者缺少可借鉴的成熟经验。通过商学院的学习，一方面可以帮助管理者突破瓶颈，探索出有效的管理模式；一方面可以有效提升自己，更好地为客户提供全方位的专业服务。

封晓骏自己也正是抱着这样的想法，走进了交大安泰的课堂，封晓骏珍惜每一次学习机会，尽管律所事务繁忙，他却至今没有缺过一次课。在学习中，周宏桥老师的半面创新、余明阳教授的品牌管理、李海峰老师的领导人性格与知人善用、陈亚民教授的资本运作、徐小跃教授的传统文化与企业管理、周红老师的网红经济分析等课程让封晓骏受益匪浅，促使他对现代律所及团队的管理模式、品牌管理等进行了深入思考："未来律所的发展方向是规模化、国际化、专业化和品牌化，律师行业的管理存在着大团队和小团队的问题，律所的管理，首先是对人的心理的把握，目前大部分律所采取合伙人制，怎样让律师有主人翁的感觉，如何才能吸引人才并有效留住人才？如何提升及管理专业品牌？"通过在安泰的学习深受启发，激情和梦想，是成就一名企业家和优秀律师的基因，专业和创新，是作为一名优秀企业家和优秀律师的精神！

从泰州到上海，从钟情律师的追梦者到业绩出色的知名律师，封晓骏一路走来，在上海登上了事业的更大舞台。而经过安泰的学习，他对事业发展的要求也更高："一个优秀的律师也必定是一个优秀的总经理。"走出安泰课堂的封晓骏，在探索现代律所的管理之路上奋发前行。

杨世先

浦东新区企业家创新领导力发展计划高级研修班
（第 7 期）校友
上海真金创业投资管理有限公司副总裁

投后管理是优秀风投的试金石

撰文 | 陈丽伟、冯倩

编者语：

杨世先既是冷静理智的创投人，也有着和创业者一样的激情。这位儒雅的年轻人也许并未意识到，他的成功项目里，也包括对自己职业发展的"投后管理"：近十年来，他先后放弃浦东新区科委机要秘书、浦东科投董事长秘书的优越职位和令人羡慕的发展空间，以创业者的勇气和自信，加盟当时刚刚成立的上海真金创投基金。

体制内外的职业经历赋予杨世先更广阔的视野和敏锐的观察力，进入真金创投后，他从投资经理到公司投资合伙人，一步一个脚印，先后主导了对优爱智能、御康医疗、皓元医药等多个项目的投资和成功上市。这份成功，诚如他自己的总结："是人品和项目的积累"。

2016 年，杨世先和另外数十名浦东创业者一起，走进交大安泰浦东新区企业家创新领导力发展计划高级研修班（第 7 期）。在这里，他深深地被同学们专注、热情的精神氛围所感染，他说："身为班级的一分子，我为有这样一群激情、创新、团结的同学感到自豪，我要为充满正能量的班级文化点赞。"

‖ 坚持理性杜绝"疯投"

对于中国创投人来说，当下是最好的时代，也是最坏的时代。

随着全民创新创业的热潮汹涌，创业项目数量激增。与此同时，我国已备案的私募股权投资基金突破 25 000 家。资金和项目的剧增，使得一些投资者严重背离投资规律，风投成为"疯投"。而杨世先坚信，投资机构只有始终保持理性，以专业的甄别能力，才能避免"疯投"，挑选出真正优质的创业项目。

杨世先认为："投资机构的关键能力有两个，一是有项目源，目前中国市场上不差钱，而好项目则永远稀缺。二是项目的甄别能力，我们一年接触的项目达一两千个，进一步接触的有 300 多个，但最后投资的只有一到两家，沙里淘金的甄别能力非常重要。"

狂沙未尽，真金不显。千淘万漉的筛选，看人？看团队？还是看项目？在杨世先的投资理念中，除了不同的阶段依据不同的评判指标，更重要的是风投与创业者对各自角色、作用的深刻理解与遵守。创业者也只有真正理解了市场的投资逻辑，才能与最合适的风投成功牵手。

杨世先认为，如果是早期项目，应该更重视创业团队，只有团队和睦、能力互补，项目才能成功。如果是中后期项目，此时项目已经实现了从小到大的转变，证明了团队的能力，风投更应该关注企业的持续成长性，以及项目对接资本市场的法律、环保等风险。

在对创业团队的判断上，杨世先根据自己多年来的经验分析指出，本土创业者往往事业虽大，却缺少团队。一旦创业者倒掉，企业就会散掉，这是本土创业者的弊病。而很多海归创业者，创业之初就建立起团队，股权结构相对合理，为引进合作者预留了空间。对于创始人，杨世先更倾向于偏市场化的创业者："创业这件事对综合素质要求很高，技术性人才市场相对容易找，甚至可以外包，所以偏向市场化的创业者更容易成功。"

‖ 好的投资是扶上马再送一程

沙里淘金，确定投资项目，还只是一个开始。杨世先指出："真正体现风投核心竞争力的，是投后管理和如何退出。项目的情况千差万别，难有模板，这才是创投团队能力的试金石，绝不是有钱就能做投资人。"

在杨世先看来，出色的投后管理不仅是把项目扶上马，更要稳稳地送一程：事先充分考虑好在后续公司治理中担任什么角色，尽量不影响创始人的决策而是为其保驾护航，导入资源为企业和创业者补齐短板。

随着中国股权投资市场的发展，一幕幕资本方与创业者的"爱恨情仇"不断上演。对于创业者股权稀释、失去主导权的顾虑，杨世先坦率指出："风投与创业者应该坦诚相待，既然引入了风投，创业者就应该有开放的胸怀，一些信息你越捂着投资人越觉得你有问题，这是诚信，也是沟通问题。我建议创业者做自己擅长的事，把与资本市场相关的事交给投资人。同时，投资人也要多和企业沟通。我们一直尝试与企业家交朋友，站在对方的角度考虑问题，我们的理念是只做小股东，保证控股权在创始人手里。当引入下一轮投资时，我们的利益还是和创业者绑在一起。"

杨世先坚信，好的风投与创业者一定是互惠共赢的："未来如果想分享时代红利，只有两条路，一是创业，二是参与创业。而风投就是要把自己的钱交给这些比我们更智慧、更勤奋、水平更高的创业者。"

具体谈到当前"大众创新、万众创业"的国家战略以及上海市建设具有全球影响力的国际科创中心时，杨世先描述道："我们能进入浦东新区企业家创新领导力发展计划高级研修班（第7期），完全得益于浦东新区科委高瞻远瞩的决策，应该讲是很具有前瞻性的。科技创新的载体在企业，而企业发展的关键在于人才，创新领导力项目是一个很好的赛道，正如我们投资项目一样，除了给资金，关键在于扶上马送一程，浦东科委在领导力课堂之外为浦东企业家搭建的政企互动平台、创新大讲堂、投融资平台、摄影、徒步、健康等活动更好地服务于浦东企业家，对浦东创新创业环境有极大的提升，准确来讲浦东新区在创新领导力项目的投资是非常成功的。"

‖ 为同学的项目"义诊"

2016 年 4 月，杨世先为班级学员进行了题为"我和风投有个约会"的分享，在这场风趣幽默，又接地气的演讲中，杨世先结合自己的实践，解答了许多创业者迫切希望知道的"干货"。

杨世先建议，创业者除了接受风投尽调，同时也要尽调风投，在选择风投时，可以主要考量三个因素，一是看它的资金来源，包括资金属性、有无现成的资金等；二是看已投项目，是否有本行业的投资案例；三是看对方除了资金还能提供哪些资源。

他还提醒创业者，商业计划书一定要简洁明了地说清楚：我是干什么的，计划怎么干，如何保证这件事干成，和竞争对手相比我的优势何在。并非多多益善的还有项目路演，杨世先从投资机构的角度指出："就我个人而言，如果一个项目有好多人推荐给我，那我一般不会投资，各种路演里的熟面孔我也不会投。因为好项目永远不缺投资者，一个优秀的风投就是要去挖掘。"

在为同学的项目"义诊"过程中，杨世先深深为创业者们的创造力和激情感到骄傲，他坦言，这里也成为自己的优质项目源之一，"交大安泰举办的一些创投大赛，我都积极参与担任评委等，挖掘好的项目。交大安泰高管教育中心的老师，也一直积极地为校友企业牵线搭桥。为我们授课的教授们不仅有深厚的理论功底，更有丰富的商业实践经验，这样的课程指导性强，很有实战意义。我在游学中也很有收获，比如我们赴深圳拜访了名企中兴通讯，它们的激励制度很值得借鉴。这里最好的地方还在于学员之间的交流，如果不是同学，不会这么坦诚，不会深入聊这么多东西。你有什么好的招聘渠道，他有什么特别的激励办法，大家行业不同，但这些共性问题可以互相借鉴。"对于学习的后半程，杨世先坦言自己非常期待，"在安泰，我们既能在事业上互惠互助，也收获了真挚的同学情谊，这种氛围是我最为珍视的。"

为了将志同道合的伙伴们凝聚在一起，杨世先牵头发起了"创投兄弟圈"，越来越多的交大同学、创业者开始加入其中。回首半年来的学习，杨世先认为自己不仅结识了众多事业上同行的伙伴，更与这里的师生在创业精神上产生了共鸣，"安泰良好的学习氛围和真挚的同学情谊是最打动我的。这也正是课堂之外，我在安泰最珍贵的收获。"

赵红峰

浦东新区企业家创新领导力发展计划高级研修班
（第 7 期）校友
普研（上海）标准技术服务有限公司创始人、总经理

民营检测行业的探路者

撰文 | 陈丽伟、冯倩

编者语：

"我们的食品安全吗？"这是很多第一次见到赵红峰的人，最常问的问题。"说明食品安全监测已经成为社会焦点，这是社会管理的考验，也是我们第三方检测行业的机遇，更说明我们的责任重大。"普研（上海）标准技术服务有限公司创始人、总经理赵红峰这样解读人们的疑问。

2011 年诞生的普研，作为专业的非政府性独立第三方检测机构，是国内首家与中国科学院营养所成立联合实验室的民营第三方检测机构。五年来，赵红峰率领普研，成为民营检测行业的探路者。

对于普通人来说，专业的检测机构还显得非常神秘。赵红峰介绍，除了最具优势的食品检测，普研检测项目还包含化妆品、抗菌、环境、生活饮用水等领域。

精密先进的检测仪器、超过 3 500 平方米的总部实验室、专业素质过硬的检测人员……每一位曾参观过普研位于浦东张江总部的人都由衷地把赵红峰和他的团队伙伴们称为"安全卫士"。

赵红峰说："健全的食品安全检测体系是保证食品安全的重要环节，普研公司的宗旨就是'为民族食品安全做贡献'。"

‖ 打破行业传统，积极延伸业务链

2011 年春节一过，人们在等待第一缕春风的同时，国内食品安全行业也传来一个重磅信息，我国将借鉴美国的模式，放开检测行业，让第三方检测机构参与竞争。赵红峰立刻捕捉到这一信息背后隐藏的机遇，我国的食品检测机构都由政府所主导的局面将发生变化，一个原本紧闭的市场即将敞开大门。凭借商人惯有的高效率和之前积累的人脉，赵红峰在一周之内就组建好了团队，注册成立普研（上海）标准技术服务有限公司。

同时摆在赵红峰面前的，还有中国检测市场的激烈竞争。赵红峰介绍，目前我国市场上存有两种第三方检测机构，一个是各相关政府部门的国有检测机构，另一类是以国外大的跨国检测机构和国内的民营检测机构为主的真正的第三方。在市场化进程的大背景下，各方都会寻找自己特色优势的服务领域，赵红峰和普研领导团队为企业定下了自己的发展策略："我们首先要在传统的检测领域保证自身的专业度和公正性，同时，不断开发传统检测市场以外的新兴领域。"

普研早已不再像传统检测机构那样坐等顾客上门，而是不断将服务范围从传统的最后一道检测工序向前端延伸。提供对企业生产过程的审核，为工厂进行行业认证，甚至追溯到原料的把控，从源头保障产品的安全。事实上，越来越多的企业愿意向第三方检测机构购买这种服务。检测监督越早介入，企业产品安全越有保证，越是可控。赵红峰断言，未来谁能先意识到这一点，谁就能占领先机，这也是被国际经验证明了的。

‖ 借鉴国际经验，服务日趋多样化

近年来，三聚氰胺重创中国乳业，塑化剂让酒鬼酒、农夫山泉深陷"质量门"，频频发生的食品安全事件，让原本极少出现在公众视野里的第三方检测机构突然成为镁光灯的焦点。每当事件扑朔迷离各方争论不休时，社会公众往往将期待的眼光投向第三方检测机构。赵红峰感到，这种高度的社会关注与信任背后，是社会对第三方检测的日益重视，个人用户对检测服务的需求将呈现爆发趋势。

就在 2016 年 9 月，上海市通过了《上海市检测行业条例》，按照规定，个人送检无门的情况将大大改善。赵红峰认为："个人送检的情况将会越来越多，检测会成为人们生活中必不可少的一部分。"赵红峰指出，在这种市场需求的推动下，一直广受人们诟病的检测周期长，检测费用高的情况将逐步改善。这对第三方检测机构也提出了新的要求。

对于行业未来发展趋势，赵红峰认为，普研今后会借鉴国外经验，像 SGS、天祥这些国际大型检测机构经过百多年的发展，都已经从最初的单一服务商迈向了跨行业的一站式综合检测服务商。所以，以后第三方检测机构提供的服务也将越来越多样化、细致化，检测、审核、认证都在做。比如从农田到餐桌，这一个流程都需要被监管，土壤、水、空气、农药、采摘、运输、保存环境，都需要做测试。"现在食品检测行业还停留在最后一步，前面很多环节仍然缺少监管，整个行业才刚刚开始。"赵红峰如是说。

‖ 问道交大安泰，提前布局新领域

公众安全意识的提高，对专业服务的重视，让原本安静的实验室成为公众焦点。但对于检测行业本身，人们所知仍然非常有限。赵红峰这样总结道："检测行业其实是三个密集，资本密集、人才密集、技术密集型企业。"同时，一家检测机构的成功，需要长期的信誉积累，这些因素导致资本介入这一行业时非常谨慎。

但是赵红峰依然坚持保持开放的心态，在与不同行业、不同观点的人的交流中寻找火花。2016 年，他选择就读交大安泰浦东新区企业家创新领导力发展计划高级研修班（第 7

期）。在这里，安泰名师们的课程给了赵红峰很大启发，"老师说要突破以前的机制去做，我就想到我们既然掌握了企业的原料、生产和最终品质，那我们也可以为他指导定价。这是一个全新的业务方向，完全可行。"

更让赵红峰感到自己来对了的是："这是一个真正学习型的班级，大家见面就是聊你有什么新想法，他有什么新点子。我们经常是上课在讨论，下了课还在一起讨论。比如这几天，几位环保、征信领域的同学就很感兴趣，因为我可以为他们提供一些基础支持。"

不断突破旧有格局拓展业务，赵红峰对行业未来趋势有清醒的认识："目前国内检测行业有品牌、有资质的实验室加起来有上千家，但是按照西方同业曾经的发展轨迹，20年内就会完成大规模的行业并购，最后胜出几家大型企业，第一波并购最快三年后就会到来。"

"创业没有松懈的时候，不同的阶段遇到的困难不同。"对于这种紧迫感，赵红峰认为是督促自己前行的动力，对他来说，居安思危、提前布局正是一个企业领导者的必修课。

范剑淼

浦东新区企业家创新领导力发展计划
课程研修班（第 8 期）校友
上海词海信息技术有限公司 CEO

跨界创业，选择更有价值的事

编者语：

　　博士毕业 10 年后，海词网创始人兼 CEO 范剑淼选择来到交大安泰企业家创新领导力发展课程研修班第八期学习，一方面是想提升自己，因为领导力对于他来说更像是一种修养，需要不断的总结反思再提高；另一方面是拓宽思路，认清行业内趋势，因为创业对于他而言是一条没有终点的路，这个社会变化很快，有时候选择要比努力重要得多。

　　从化学博士跨界到数字辞书和语言研究领域，他深知学习对于适应变化的重要性。在创业多年后，他感慨世界发展太快，只有不断学习和进化自己才能在风口站住脚。范剑淼相信交大创新领导力课程会帮助他更好地走创业这条路，他认为创业的风景是在路上，正

如从高中、大学、硕士读到博士，在拿到博士学位时回味的都是路上的美好与曲折。

‖ 跨界创业，做有意义的事

范剑淼在美国读化学博士期间，从国内带了一个文曲星用于查阅单词，但是有一天文曲星突然坏掉并且在美国买不到，他就萌生了做在线词典的想法。经过一番调研后，他着手做了中国第一个在线词典——海词。他最开始的想法是做一个"维基"词典，加入像"宫保鸡丁"这样的词汇在北美做一个共建词典库，前后吸引了 5 万多人参与词条的贡献。

范剑淼博士毕业时，海词网在国内外都有了大量用户，考虑到国内的用户需求量更大，他便下定决心回国继续完成这项事业。导师在得知他要回国创业的时候，曾劝说："科学才是影响人类最伟大的事业"，但是他认为"商业和实业也可以影响到很多人"，能够帮助用户不再随身携带厚重的字典，让学习语言变得更便利也是很有意义的一件事情。

没曾想，国内用户保护版权的意识较差，海词网回国内发展后浪费了大量的时间去做维权和正版教育，这算是范剑淼创业来一件痛心的事情。在 2017 年 6 月份，海笛科技与商务印书馆合作开发的新华字典 APP 正式上线，关于其收费问题引发了各大媒体及用户的吐槽，反而忽视了其专业性，其实像新华字典这些正版软件不会像盗版软件一样的模式运营。范剑淼表示他们会走精品教育服务的路线，做好语言及文化的数字化启蒙和多媒体内容服务，而非靠广告盈利。

‖ 十年磨一剑，从"泛"到精

只有精准，才有未来！新商业时代，只有精准才是企业的核心竞争力，是企业获得用户的法宝，商业存亡的必备条件。海词网的词库最开始是由用户创建，然后再后期审核。海词网被带回中国后，改变了之前的模式，由专业的编辑去精心编辑词库，做到了内容更精准。

相比海词网的互联网词典发展模式，传统的辞书出版更像是一个更严格且权威的专业流程，可惜大量的版权内容还停留在纸质出版的方式。海词在拥有十多年的数字辞书开发经验后，与各大出版社开始合作开发 20 多个语种及 80 多个行业的优质辞书，并沿用了传统出版社的三审三校的测试流程以严格品质保证。这些专业权威的数字辞书不论在功能创新还是推广创新上做得如此成功，都离不开与出版社的有效合作。提到合作，在交大安泰创新领导力课程中朱博涌老师在创新思维课程讲到的 R&R 案例给范剑淼留下深刻印象，朱老师介绍了如何通过外部资源帮助合作伙伴及自己双双获利，双赢对于海词是立于不败之地的重要因素。这也许就是商学院的力量，老师讲到的案例并不会直接给出解决公司问题的方法，但是聪明的领导者会从中找到符合自身企业发展的解决方案。

在这个变化的社会，持续学习才能立于不败之地。怎么才能有更好的创新商业模式？范剑淼提到，在读的交大安泰企业家创新领导力发展课程研修班对他启发很大，每次上完课回来都要经过一番复习消化。语言是文化的载体，语言是人与人交流的基础，关于未来，范剑淼认定在更好的合作模式基础上，数字辞书会成为一个"智慧老师"的角色，可以更准确更高效地帮用户建立母语或外语的基础知识，用户关于语言学习过程中的疑问也都可以通过友好的人机交互界面更轻松地掌握，智慧语言老师会通过数字化的方式提供无微不至的文化辅导。

‖ 寻求领导力创新

合格的领导者应该是什么样子？范剑淼似乎找到了答案，相比海词初创时期的研究先锋角色，现在更多地扮演组织者的身份。韦尔奇曾说过："在你成为领导以前，成功只同自己的成长有关。当你成为领导以后，成功都同别人的成长有关。"管理是创造一种机制，以促进人人更加优秀。在创业初期，范剑淼希望团队成员能够自动自发地工作，便实施了上班无打卡制，但是这也给自己和人力资源部门造成了不小的麻烦，最后将无打卡制升级为弹性工作制和成就评定制，大家就变得更加自觉了。通过安泰的创新领导力课程，他认识到管理还是有很多门道，管理中如果建立了明确的机制，那么管理就能轻松高效。范剑淼特别重视人才的培养，他认为身处一个变化的行业中，员工的能力决定了企业的成功与否。范剑淼会挑选一些课程跟自己的员工进行分享，拓展管理运营思路、实现更高的创业价值。

一个创业公司能做的事情很多，但是创业的关键点在于认清行业的大势所趋以及自己的优势所在。范剑淼在安泰学习的过程中，系统地梳理了宏观趋势、企业价值、商业模式、领导艺术、管理创新等多个方面，由此，对于企业未来的发展有了新的思考，比如如何在合作模式中达到多赢？如何认清行业的大势所趋？赢利模式只是商业模式的一部分，成功企业都会设立一个相对稳定的体系。面向未来，范剑淼愿意带领他的企业和团队，掀起文化产业的数字化革命。

张 埏

商界领袖课堂（第 2 期）
中国 CEO 私募股权投融资高级研修班（第 4 期）
中国 CEO 创新管理高级研修班（第 32 期）校友
上海坤泰集团总裁
中国 CEO 俱乐部·投融资俱乐部会长

从"非洲传奇"转型成功投资人

撰文 | 陈丽伟、冯倩

编者语：

　　张埏谦逊低调，十几年前，作为中国矿业民企远赴非洲发展的先驱，他带领团队在当地"出生入死"，找矿开矿，这段足以写入中国民企海外发展史的创业故事，他却很少谈起。员工、同行心中留下了对他的深深敬佩，他也在非洲大地留下一段中国民企披荆斩棘、生死交织的发展传奇。

　　张埏精明睿智，从矿业起家，但极富远见地预测到清洁能源、低碳经济的巨大前景，他主导成立的私募股权投资基金，不仅关注海外矿业资产，更注重清洁新能源。随着他成功地从企业家转型为资本投资者，其旗下的上海坤泰集团也从以矿业为主发展成为矿业、

地产、投资等多元化发展的大型综合性企业集团。

张椿感恩重情，十多年来，他先后在交大安泰的商界领袖课堂（第 2 期）、中国 CEO 私募股权投融资高级研修班（第 4 期）和中国 CEO 创新管理高级研修班（第 32 期）中学习，并担任交大安泰中国 CEO 俱乐部·投融资俱乐部会长。他非常珍视与交大校友之间的真挚情谊，积极为同学间的合作牵线搭桥，帮助大家避免投资雷区，对于众多刚从实业转型投资的企业家，给予诚恳真挚的建议。

‖ 开创中国民企的非洲传奇

胆大心细、不屈不挠，是很多人对事业强人张椿的第一印象，然而和他相处已久的团队员工，却能更深地感受到他重情重义、临危不惧的一面。这种刚柔并济的领导者气质，来自他少年时代艰辛生活的锤炼，在惊心动魄、险象环生的创业中淬炼定型。

20 世纪 90 年代，张椿从河南财经大学毕业后，先后在地方国企、央企担任高级管理职位，积累了丰富的管理经验和人脉资源。随着改革开放大潮的涌动，张椿成为了第一批放弃铁饭碗"下海"闯荡的弄潮儿。他选择了上海作为起步之地，并通过进口矿石贸易赚到第一桶金。在有色金属市场，张椿逐渐如鱼得水。90 年代末期，张椿的坤泰集团一度成为中国白银行业最大的贸易商。他也因此被推选为中国金银分会副会长，上海坤泰集团成为世界金银协会里为数不多的中国理事单位。

从 2003 年开始，随着原材料价格的大幅上涨，张椿意识到有色金属行业应该从源头做起，只有走出去，才会真正有出路。他带领团队走进了矿业资源丰富的非洲，从南非到赞比亚，再到刚果（金），他带领员工克服了当地极端落后的生活条件和战后的社会混乱，数次从空难、车祸、疟疾等灾祸中幸存，坚持工作，与当地商人斗智斗勇，捍卫中国民企的利益与尊严。15 年的披荆斩棘，张椿以敏捷的思维、超强的口才、精准的市场判断和果断的投资决策，真正书写了中国民企的"非洲传奇"。

‖ 顺势而为转型投资人

2009 年，在国际金融危机的影响下，很多国际矿业出现颓势，国际矿业资产价格大幅下滑，同时，中国政府出台了一系列政策鼓励中国企业走出去。张堵意识到这是中国企业进行国际并购的好时机。2009 年年底，他联合众多国内矿业企业，主导成立了"中矿新能基金"，并担任首任基金董事长。这是中国第一家专门投资矿产、新能源以及新能源高科技产业的股权投资基金。

张堵介绍，基金的投资重点除了放在国内外发展潜力较大的有色金属和能源类矿产等领域，还将重点关注清洁新能源、新材料以及相关高科技企业，使中国能源行业尽快成为国际基金舞台上的主角之一。

张堵抓住机遇抄底优质资产，把握未来发展趋势张堵将矿业收益转换成"绿色"财富。张堵顺势而为，开始了从实业家到投资人的转变。也正是在这期间，他开始了与上海交大安泰的缘分。

2005 年，张堵参加了交大安泰商界领袖课堂（第 2 期），至今回忆起来，他仍很感慨："学的内容全面、系统，很扎实，之后我就与交大安泰结下了不解之缘。后来交大安泰推出中国 CEO 私募股权投融资高级研修班，当时正值中国资本市场火爆，安泰顺势推出这个课程，我觉得非常好，又来读了私募股权投融资管理。再后来，我又在这里读了中国 CEO 创新管理高级研修班，三个不同的课程都让我感觉获益匪浅。"

张堵就读中国 CEO 私募股权投融资高级研修班时，他与同学们一起成立了中国 CEO 俱乐部·投融资俱乐部，并担任会长。作为安泰中国 CEO 俱乐部的下属行业俱乐部，张堵积极为校友们的合作投资牵线搭桥，几年来已有不少项目取得良好的收益。

‖ 实业家转型投资切忌盲从

张堵通过中国 CEO 俱乐部·投融资俱乐部的平台，越来越多希望从企业家转型投资人的校友向张堵请教经验。对此，张堵提出了三条投资铁律：第一，小心谨慎，不要盲从，投自己了解的、熟悉的行业，不熟不做；第二，不要想着今年投钱，明年就摘果，不要急于求成；第三，"鸡蛋不要放在同一个篮子里"，要合理配置资产，加强风险管控，特别是不能丢掉根本的主业。

张堉认为，做企业和投资是相通的，企业做得好，经过投资知识的学习以及实践，也可以成为一个好的投资人。但是专业投资人有专业的团队，有科学的投资方法。对很多企业家来说，刚刚从实业转型到投资领域，资金量不大，缺乏经验，那么不妨委托优秀的投资机构，让专业的人做专业的事。

2016 年，适逢上海交大 120 周年校庆，张堉高兴地说，自己与交大结缘已经超过十年，通过学习，让他结合创业实践，重新思考商业，悟出自己的商道心经。在祝福母校的同时，少年时代即显露文学天赋的张堉也诗意的总结了他心中的商道：何为商道之本？善审时度势、沟通权变，方能化险为夷；虚怀若谷、取长补短，方能成就人生大格局。

尤 申

中国 CEO 创新管理高级研修班（第 27 期）校友
上海中外运国际货运代理有限公司总经理

海纳百川，有容乃大

撰文 | 冯倩

　　尤申所在的上海中外运国际货运代理有限公司，是中国外运华东有限公司在的全资子公司，发展到现在已有五六十年的历史，上市距今也已有十余年。上市初期，为了把优良资产开放到全球去招募，中外运集团内部把所有企业合并为上市公司，其中大部分为专业的公司，把它们的优良资产单独拿出来，而其他效益相对不佳的就没有归入上市公司里。尤申滔滔不绝地介绍："为了发展整个国际物流产业，综合性的公司是需要的，比如空运、海运、集装箱原来是三个公司独立运营的，满足不了客户的综合需求，这样的话内部的交易和市场资源调配上都会遇到问题，我们公司——上海中外运国际货运代理有限公司是上市公司运营五年以后，深刻体会到应该有一家综合公司为客户服务，我们就是在这个背景下成立的全资子公司。"

上海中外运国际货运代理有限公司的海运和空运以上海口岸为主，能够覆盖到江苏浙江安徽的长三角龙头位置，有些业务还延伸到重庆、青岛和厦门。无论海运还是空运，其业务板块在上海物流细分市场都是名列前茅的。尤申对于公司发展前景一个职业规划"我希望把公司带向年效益过千万元、人均收入同行业中最高、内部和谐交流成本最低的新高度，为在上海国际航运中心 2020 年建成的时候，成为它主要的物流服务的供应商而努力。"尤申胸有成竹地说道。

上海中外运国际货运代理有限公司迅速的发展和取得的成功，离不开尤申的付出和努力，他推崇团队合作，而不是个人能力。公司这个良好的平台是中外运集团给的，在这个平台上怎样把团队，尤其是管理层的团队建设起来，形成一个优势互补的精英团队，是至关重要的。

"我们的企业文化是帮客户创造价值，因为我们是上市公司，这样我们企业的价值也能集中体现。"尤申介绍，"在管理上我采取的是扁平化的授权方式，尤其是在物流行业，国际物流这个行业在我国参加 WTO 之前就是一个竞争市场，在管理上才去扁平化的授权方式，有利于直接面对与第一线客户接线的员工，他们的信息就能直接反馈。比如我和我们第一线的员工之间只有三级，他们遇到问题，告知他们的部门主管，主管直接跟我汇报的，这样我们对整个市场的响应速度就很快。我们公司发展比较迅速，有一定的社会地位，除了中外运本身就有一个很好的基础之外，这种管理方式也起到非常大的作用。"

作为一名交大安泰的学生，尤申表示两年的学习经历给他留下了深刻的印象，并对他的人生产生了深远的影响。"我来安泰读书的时候正好是 2008 年金融危机，我们CEO 创新管理高级研修班主要是周末上课，那时候其他教室都没有人，只有我们班人声鼎沸，老师也讲得起劲，我们班对学习的渴望也是非常强烈。安泰聚集了众多优秀的学生，这样的学习热情和学习氛围让我感悟颇深。安泰给我们配备的老师不仅是交大也是行业里最顶尖的导师，他们有庞大的数据，并把这些数据信息和知识点系统地、理性地整理好分享给我们，我们在课堂上不仅是听课，也积极与老师，与同学互动，这对于我们这些在职的企业家来说是非常适合的。我们缺少的不是执行能力，而是完整的知识体系来支撑我们的执行能力。"尤申现在依然会利用周末回安泰学习充电，他很喜欢这样优良的学习氛围，也为自己是交大安泰的学子而倍感骄傲。在与客户交流、做员工培训的时候也常会运用到交大学到的理论，他希望不仅他一个人能接受这样的教育，所以他也把企业的中级干部分批送去学习，而且他表示会继续坚持这样做下去。

"我在安泰读 CEO 总裁班的时候是班长，当时我们班有个约定，走进班级就没有董事长、总经理这些职称，我们都是普通人，互相之间直呼其名，因为彼此都是没有利益冲突的同学关系，不能把社会上浮躁的相处方式带进学校。对此我要求自己做到三点。第一，清空。就是把固有的对于某一事情的看法清零，不要带着自己的方案来验证，而是带着好学的心来听取各方面的意见。第二，处下。来自不同企业的同学们能够走进交大这个平台，大家的起点是一样的，都是一个班级的同学，在情感和交流方式上要学会处下的姿态。第三，倾听。要努力记住同学、老师的名字，与人交流要用心去听，去记，而不是急于发言，将心比心，别人听你说话的时候自然也会用心。第四，帮助。我希望自己能够在交流中给予别人帮助，用自己的经验来提醒别人，启发别人。"也许这就是尤申人缘好的原因，大家都愿意与他交流，因为他总是真诚的。尤申坦诚在工作中、社会上与人相处，大家都会自我包装，但是对于同学、校友，无论年轻、职务，他都会很真诚地去对待他们，因为今后也许再难有机会去学校学习，而这些同学可能是他后半生中很重要的朋友，他非常珍惜。

作为中国 CEO 俱乐部的副会长、物流俱乐部的会长，尤申每月都会积极组织主题活动，比如去企业回访参观，集中分析物流市场等。"我希望俱乐部扎扎实实，每个月把自己本分的工作做好。上海是个航运中心，也是个金融中心，我希望在这个中心里面我们中国 CEO 俱乐部能成为领袖、佼佼者，发挥更大的作用。我们校友中有做国内运输、国际货代，未来在一起应该能做点事情，对上海国际航运中心有点帮助，这是我们俱乐部每个成员的共同想法。"

尤申还加入 MBA 职业导师的队伍，帮助在校生学习进步。他表示希望自己走过的弯路别人不会再去走一遍，"人生很短，我希望他们走的更顺畅。他们进步了，我看着我也高兴。"说到刚跨入社会的学弟学妹，尤申也有自己的见解。"现在的环境和我们当初刚踏入工作岗位的时候不一样，经济发展很快，每个人都很浮躁，需要一个很高的收入来支撑生活，尤其是对交大毕业的学生来讲，他们的眼界比较高，他们看到的可能都是成功人士，并且把自己的人生规划和成功者自动对焦，但是他们忽略了一个问题，每个成功者他

都付出了极大的辛苦，面对极大的挫折，甚至是摔过跟头后又站起来。现在的一呼百应，有影响力，有很好的收入待遇的状态是辛苦和汗水换来的。刚踏入社会的学生年轻、有朝气，我希望他们找第一份工作的时候不要只关注收入，要更关注锻炼的机会，找一个好的平台，好的领导。因为在企业工作和在课堂上讲的完全是不同的，要注意获取经验和发挥特长。现在的学生专业、外语、计算机都是很优秀的，相比之下我更关注两个问题。第一，读不读书。看书的过程即是思考的过程，与看电影不同，你只能跟着电影的情节走，是从属者。第二，有没有除了专业之外的拿得出手的个人爱好。我说的不是说会，而是在一般人水平之上，比如打篮球、比如唱歌。我认为人一定要全方面发展，这样以后有什么压力才能有很多支撑点来分散这些压力。上进，身体健康，性格阳光，能主动认错都是一些优良的品质，能做到这几点的年轻人进步会很快，也能把握机会做更多的选择。"

尤申办公室的墙壁上赫然挂着"海纳百川，有容乃那，壁立千仞，无欲则刚"的书法，每天一抬头就能看见，这便是他的人生信条。做人最重要的一点是心态要好，海洋是影响地球气候最大的一个因素，是源于它的广阔，但是海洋的水是由小溪、小河、江汇聚而成，是因为它地势低，自然水往低处流，无论来自四面八方，最终积成大海。与人交往中，我信奉把自己放低，让人有亲近感、易于交流，这样你就成功了。因为每个人都是独特的，都是有创造价值的，能不能让别人把心打开，就要看你是不是能把自己放低，跟大海一样。

李　琴

中国 CEO 创新管理高级研修班（第 42 期）校友
今石文化创始人

大道至简，方得始终

撰文 | 陈丽伟　编辑 | 冯倩

编者语：

交大 120 周年校庆期间，许多校友都收到了一份来自母校的特殊礼物——手绘版交大地图。这份令人眼前一亮的校庆献礼出自交大安泰校友企业今石文化，它的创办者正是交大安泰中国 CEO 创新管理高级研修班（42 期）校友李琴。创业八年来，这位 80 后女性创业者，从传统制造业出发，成功转型为品牌服务与企业文化解决方案的提供者，业务范围越做越大，公司却越做越轻，而她本人也在一路创业中，坚守初心，蜕变成长。

‖ 跨界创业，决战品牌力

2004 年，德国留学回来的李琴顺利进入上海一家知名德资外企。彼时的上海，站在新世纪的起跑线上，极速集聚着资本和新科技的力量，成为创业者的机遇宝藏。当众多同龄人把进外企做金领，视为最佳人生通道的时候，李琴敏锐地觉察到一座城与一个新时代即将爆发出的巨大能量。她毅然辞去令人艳羡的外企管理职位，与先生一起，主动找到全球顶尖的德国海德堡机械公司寻求合作，开办印刷厂。

命运以成功奖赏不懈的奋斗者。坚定执着的精品意识，对质量的专注投入，李琴的企业短短几年就成为上海同行业中的佼佼者，不少世界五百强企业客户，甚至愿意为迁就她的档期，手持订单，一直等待。然而此时的李琴，却再一次展现出极具前瞻性的眼光和勇气。2009 年，她从已经步入正轨的传统印刷业务中抽身，果断开始第二次创业，创办上海今石文化传播有限公司，围绕"品牌视觉设计"和"企业文化建设"，以"战略化 + 视觉化 + 可执行化"的创意设计理念为企业发展的核心元素，助力品牌增值服务。

从看得见摸得着的实业，到以品牌视觉创意设计以及策划咨询为主的知识服务，这不仅基于对行业未来发展趋势的大胆预测，更包含着李琴对商业的深刻理解："所有伟大的企业，其秘密归根到底无非'品牌'二字，未来企业比拼的一定是品牌力。"

在与众多客户接触中，李琴发现，很多国内企业对品牌的理解过于表面化，仅停留在商标和广告的层次；一些外企来华水土不服，品牌力大打折扣；而更多的企业则刚刚萌生品牌意识，从一个既符合美学又契合大众视觉感的商业标识，到一句令人拍案叫绝的广告语，从企业文化对员工的内化塑造，到品牌形象的传播强化，种种问题犹如乱线缠绕，削弱了企业的品牌力。

"今石要做的，就是将这些问题整合，从品牌视觉设计开始，延伸到企业文化的梳理与落地，为企业量身定制完整的品牌服务方案。"今石创办之初，李琴就定下清晰的目标。商场上的超前者犹如黎明时分就出发的行者，虽然路途艰难，却越走越亮。八年间，正是大量企业品牌意识、企业文化意识觉醒的时期，今石文化不仅为上百家中外知名企业提供了品牌服务方案，也在行业中树立起自己的金字招牌。

‖ 初心不改，聚焦文化力

从以制造业为主的"重"，到以设计咨询为主的"轻"，李琴做企业专注品质、追求极致的初衷从未改变，"今石文化的名字，就是寓意创新创造，匠心精神。"大道至简，这份匠心成为李琴坚守的经商之"道"，也成为今石文化备受客户赞誉的秘诀。

对于客户来说，没有最好，只有最适合的理念——秉承这样的理念，在为众多客户提供 VI 全案、标志、画册、海报、包装等品牌视觉设计方案的同时，李琴不经意间也成了许多企业家朋友的品牌文化顾问。

"最好的企业文化一定是从企业自身 DNA 中生长出来的。"她深知要将这一理念完美落地，需要一支理念国际化，打造本土化的混血团队。今石文化的设计师中，既有学成多年归国的专业精英，也有扎根本土市场、对国内企业有着深刻了解的创意策划团队。要成为企业文化专家，意味着要比客户更了解客户。今石团队突破传统设计公司的工作模式，常驻客户企业，在企业的日常运作中亲身感受企业文化，从真实的员工身上寻找灵感。

在李琴的规划里，今石的目标是要超越自己，"企业文化专家是第一步，今后我们要转型成为品牌大师，借路企业文化，以品牌建设为核心，为客户提供专业、精准、高品质的全套品牌建设方案，让客户品牌价值最大化。"

‖ 结缘交大，再造领导力

经营企业犹如长跑，有关键时期的冲刺，也有等待突破时的沉淀。在李琴看来，作为企业领导者，思考比赶路更重要。创业之初的目标已经初步完成，下一个要突破的，是作为企业领导者的自己！

2016 年，李琴走进交大安泰中国 CEO 创新管理高级研修班学习。每一次上课，她都会在朋友圈里放上一张绿意盎然的校园即景，"在安泰学习的时光非常宝贵，做企业的人重返校园，就像阳光下的绿色植物，是吸氧，是加油。"每一次教授在课堂上抛出的问题，都会成为她和企业家学员们的热门话题。每一次讨论，不时有精彩的火花闪现，让她惊喜。

　　"在安泰不仅是充电学习，还收获了同学之间的情谊。作为交大的一分子，我希望能为母校尽一分力。"为了回报母校，她和她的团队先后制作了交大校友会的《思源》季刊、安泰校友季刊《同窗·安泰》等，成为校友争相传阅的热门刊物。此外，她还参与了《中国商学院管理思想践行——企业家精神与传承创新》一书的策划以及设计制作，书中汇集了交大安泰校友与合作企业商业历程的精彩记录，在校友中引起了广泛反响。

　　作为一名女性创业者，前十年间李琴完成了从传统制造业向服务业的华丽转身。下一个十年，因体验而分享，因口碑而增值，这是李琴为今石确定的核心发展方向。而对于企业领导者，下一个十年，也必定充满令人激动的未知精彩。

严 明

中国 CEO 创新管理高级研修班（第 3 期）校友
亚商资本创始合伙人

更多化妆品企业将拥抱资本

撰文 | 陈丽伟、冯倩

编者语：

　　"我希望成为化妆品行业里，在企业家领域最懂投资，在投资领域最懂化妆品的人。"
在国内，有底气说这句话的人不多，严明，正是其中之一。

　　在进入国产化妆品领域之前，严明已经有了相当丰富的职场历练，20 世纪 80 年代，
他在上海橡胶制品研究所任职五年；90 年代，进入 3M 等著名外企担任高管；1997 年，严
明选择自己创业。2003 年初，他受邀加盟上海相宜本草化妆品股份有限公司，12 年间历
任董事总经理，总裁。

　　带领相宜本草完成从区域品牌到国内一线品牌蜕变之后，严明却没有满足于此，2015

年1月，他应邀加入亚商资本，转型成为职业投资人。两年多来，严明先后成功主导了对欧洲天然有机化妆品娅缇克兰、国内全网销量第一的指彩品牌 Miss Candy 等品牌的投资，"在企业家领域最懂投资，在投资领域最懂化妆品"，严明距离自己的目标越来越近。

‖ 交大搭台结缘相宜本草

在欧美日化产品强势推进中国市场的90年代，相宜本草成为少数杀出重围的国产化妆品品牌。严明与相宜本草的结缘，正是源于交大安泰的良好平台。1997年，严明开始了创业之路。在企业初创期，他选择就读交大安泰中国 CEO 创新管理高级研修班（第3期）。在一次学院组织的企业交流活动中，严明了解到相宜本草这个品牌，并结识了后来成为自己重要商业伙伴、相宜本草创始人封帅。2003年初，严明受邀加入相宜本草，开始了自己在日化行业最重要的12年征程。

伴随着相宜本草不断成长的过程中，严明也不断释放着自己十多年来在不同类型企业积累的丰富的管理和运作经验。他首先整合梳理相宜本草的销售渠道，将日常运营管理规范化，并坚决推进信息化管理和 IT 系统布局。因为在国有、外资、民企三种不同的体制内工作过，严明对不同行业之间的差异以及不同体制的利弊了解得比较透彻，对从不同体制引入人才的优劣也有着最直观的感受。他清醒地意识到："大部分本土化妆品老板都是国企出身或自主创业，没有经历外资企业的系统化培养，在企业运营上与外企相比还是有很大的差距。而我把外企良好的企业经营理念和较为先进的管理方式带入相宜本草，规范企业运作，如劳务关系、财务管理等。"

回忆这段大刀阔斧改革的日子，严明认为："相宜本草面对的竞争对手是早已建立严格规范的跨国企业和本土领先的优秀连锁企业，因此，这种规范化势在必行。"事实证明，也正是这套雷厉风行的做法，使相宜本草在较早阶段就避免了中国民企常见的野蛮发展的命运，为中国本土化妆品品牌树立了成功的范本。

得中产者和新世代者得天下

如今，已经转型为投资人的严明，仍然重点关注日化行业。在以投资人的眼光重新审视化妆品行业之后，严明这样阐述自己的投资逻辑："化妆品从原料、包材、品牌、渠道到媒体、平台有很长的产业链，我们着重从头到尾两端切入，建立一个投资生态圈。一方面借用原来经验从产品、研发端切入，另一方面从渠道入手。"

他认为，化妆品品牌的成功，既需要资金也需要"熬"。在这个过程中，企业必须要过几关："管理体系要跟得上，产品研发要跟得上，IT 信息化要跟得上，团队建设要跟得上。"

与此同时，对于新兴的消费趋势，严明认为，即使是知名企业，也需要不断地学习。例如品类售卖向社群式销售转变，线上与线下融合，消费者从被动安排到主动选择，从物质消费上升到对时尚健康的生活方式的追求，从现实到 VR/AR 虚拟……这些令人眼花缭乱的表象背后，其实是经济实力更强、更渴望个性化服务的中产阶层和新世代的崛起。严明断言："得中产者和新世代者得天下。"

严明举例说："在西方化妆品行业，存在着大量小而美的品牌。未来这种情况也会出现在中国化妆品行业，随着中产阶层人数的壮大，新世代消费能力的增强，这些人群消费的个性化需求将日益凸显。他们需要的是批量的定制化、个性化的产品。所以未来化妆品行业要瞄准中产阶层和新世代，能满足这种需求的项目会受到投资人的青睐。"

本土品牌进入"战国时代"

如今，严明常常受邀回母校和同学们交流创业、投资的心得。2016 年 4 月，严明应邀参加"百廿荣光，情聚交大——2016 年中国 CEO 俱乐部年会暨校庆纪念活动"。在当天的论坛上，严明和安泰校友们分享了近期对行业的观察，他直言，"随着消费品大量过剩，预示了品牌时代的到来，我们投资的企业必须要对品牌有深刻的认知。我们考虑投资一个品牌时，最终看的是产品力和营销力形成的品牌合力。产品力指的是研发和前期产品

概念的开发，营销力则是市场营销策略和终端执行效率。"

事实上，中国化妆品行业的表现一直让资本又爱又恨。过去几年中，化妆品行业整体增速可观，化妆品企业在资本市场越来越热，但因为一些化妆品上市公司"险情"不断，又使得资本市场对化妆品企业的估值偏低。不过，作为投资人的严明显然看得更远："未来五到十年，资本依然钟爱时尚产业，所以将会有越来越多的化妆品企业拥抱资本。中国化妆品行业现在还没有形成格局，未来还有很多机会。"

显然，尚未固定格局的中国化妆品行业正处在品牌的战国时代，在这个群雄竞起的时代，如何选定目标，坚持不懈，是每一个投资人必须解答的时代命题。严明对此给出的回答是："你是站在过去看现在，还是站在未来看现在。"这个希望成为"企业家领域最懂投资，投资领域最懂化妆品"的人，正站在行业与投资的前沿，解答属于他的时代命题。

张 彤

中国 CEO 创新管理高级研修班（第 5 期）校友
连飞集团董事长中国 CEO 俱乐部副会长

成功是熬出来的

撰文 | 陈丽伟、冯倩

编者语：

走进环境优雅、充满书香的上海交通大学安泰经济与管理学院大楼，很多人都会留意到每个楼层墙壁上的电子显示屏，每块屏幕的下方都有一行标注：校友企业连飞集团捐赠。

作为交大安泰中国 CEO 创新管理高级研修班（第 5 期）校友，连飞集团董事长张彤深情地说："这只是一份微小的捐赠，代表了我对母校的感恩。母校有这样的需要，恰好我的企业可以做到，我就贡献一点这样的力量。"

别人眼里的张彤，有很多的头衔：上海连飞投资发展有限公司、洛阳高新连飞科技发

展有限公司董事长、上海市嘉定区南翔镇商委执委、中国 CEO 俱乐部副会长，以及上海洛阳商会副会长……相比于这些沉甸甸的荣誉，张彤却说，自己最在乎的是，"我是一名交大人"。

‖ 顺势而为保持企业常新

回溯自己的创业经历，张彤认为正是梦想与情怀引导自己走上了创业之路。1988 年，大学毕业的张彤进入中国一拖集团洛阳油泵油嘴厂担任业务员，凭借着出色的工作能力，24 岁那年，他成为洛阳市重工系统最年轻的销售科科长。

1995 年，中国经济进入发展快车道，梦想鼓动着一颗颗不安分的心灵，重新规划自己的人生。正是这一年，张彤放弃了国企干部的"铁饭碗"，下海经商，成立自己的公司。之后在摩托车整车及进口零部件的代理销售以及正版软件销售领域里，取得了良好的销售业绩。

然而，随着互联网广泛应用和免费下载潮流的兴起，传统软件销售模式受到冲击，以及随着摩配市场的国产化，产业的商业模式几乎已经穷途末路，痛定思痛下，张彤认识到，眼界决定境界，必须到沿海市场发展自己，张彤开始了人生的第二次创业和自我提升。

1999 年，张彤来到了自己的祖籍地上海，初入上海滩他感到，作为企业领导者，除了苦干，更要拓宽视野，有前瞻性的战略眼光。于是，他选择走进安泰进行学习提高。在安泰的学习，使张彤领悟到战略定位、科技创新和资源整合的重要性，他开始逐渐尝试在互联网、LED 产业探索，投资创建了互联网和 LED 光电子两家科技型企业，年产值达到8 000 多万元。公司还与航空工业 615 所通过改制并购了一家研发地理信息软件及多点触控硬件制造的公司，并合作开发出多款软件，在科技领域应用获得了成功，集团在上海慢慢站稳了脚跟。

张彤并没有满足于此，在转变经济发展方式的新形势下，他带领连飞集团顺势而为，通过资本与科技产业对接，由技术制造商向服务提供商转型，将现代服务业作为公司的发展方向，在实践中走出了一条科技与资本相融合的新经济发展模式。

2010 年，公司在上海南翔参与建设了以总部经济为载体的中暨大厦，成为南翔的地标性建筑。2012 年集团总部迁到南翔，2013 年在银南翔商务区开始规划建设上海连飞中心，项目于 2017 年建成投入使用。

在上海取得成功的同时，张彤也依然挂念着故乡洛阳。2010 年连飞集团与微软合作在洛阳高新区成立了河南（洛阳）微软技术中心，并投资 1.4 亿元建设了洛阳连飞中心·微软科技广场项目；将其打造成为河南省软件公共服务平台、洛阳中小企业信息化云服务平台、河南省中小企业公共服务平台、河南省级企业孵化器省级创客空间、洛阳信息产业、现代服务业和电子商务示范园区。2012 年与法国雅高集团合作引进了宜必思酒店；2013 年签约引进微软 IT 学院，计划年培养中高级 IT 人才 1 500 人，为本地信息产业发展提供人才、技术和品牌支撑。

张彤说："我希望能为故乡建立起企业基地和培育人才的可持续发展方式，这是我对故乡的回馈，也是鞭策自己时刻铭记交大的校训，饮水思源，爱国荣校。"

‖ 交大学习使思维跳出旧格局

今天的连飞集团，凭借二十余载的积淀，已成为集地产开发、招商运营，科技孵化、园区商业配套于一体，多重发展的跨行业、跨地区的综合型科技服务类企业。

其连飞中心地产品牌更是中国首家打造国际化都市型 HOA（HOTEL、OFFICE、APARTMENT）精品园区综合运营商模式的先行者，项目运营团队基于对现代人工作交流和生活需求的深刻洞察，于新的 CBD 商务区及产业聚集区开发建设 10 万方左右的精品园区，社区内融合了商务、办公、居住、休闲等多元生活元素，打造宜居宜业宜商一站式的社区环境，截至目前，连飞中心在上海与洛阳两地已经成功开发运营了上海·虹湖天地与连飞中心·洛阳微软科技广场项目。未来，连飞中心将布局全国，继续在二三线城市复制其 HOA 开发模式发展项目建设。

对于今天的成就，张彤总是很谦虚地说，目前的成功不仅属于自己，更是企业团队共同努力的结果，特别还要感谢母校上海交大所给予自己的精神财富。

张彤感慨，在自己创业的时代，机遇与创业者的聪明才智作用更明显，而随着市场体制越来越规范，贸易机会越来越少，事业小有成就的张彤也进入了一段迷茫期。经过深思熟虑，他选择来到安泰读书。孟宪忠教授的中国新经济挑战下的战略思维课程让张彤有一

种拨云见日的感觉："孟教授的课让我明白，公司是要布局、长期规划的，要随着国家大局，随着行业进步新老更替。现在互联网时代对传统行业的打击很大，传统企业更要学习如何跟互联网嫁接。"

另一个让张彤印象深刻的课程是余明阳教授的全球市场竞争与品牌营销管理，让他第一次意识到对企业管理者来说，品牌意识、品牌管理是多么重要，这也对他后来的创业之路有很大影响。他说，"回想在交大读书的日子，老师的讲课让我有了一个思想升华，同学之间的交流交往，精英的思维方式，让我跳出了当年的一个贸易小圈子。"

学习结束后，张彤向母校捐赠电子显示屏，并一直积极支持学院的建设发展。张彤说："与其说我是在用一种恩情回报的方式保持着与母校的联系，不如说这是我作为一名交大安泰学子应尽的本分。"

‖ 创业亦有术与道

穷则独善其身，达则兼济天下。这是张彤最喜爱的古训，他对这句话有着自己的理解，"穷"除了物质贫穷，也是思想认识、理论水平、看待事物的匮乏；同样的，不是只有赚很多钱才是发达，"达"是人的思想认识提升，达到了一定境界。

张彤说："虽然我做不到古人说的'兼济天下'，但我希望尽量在自己的能力范围内做大胆的创新，兼顾更多的人，为社会尽更多的力，传播更多的正能量。"

对于刚毕业、有志创业的校友，张彤不仅给予正能量的鼓励，更给出了自己真诚的建议，年轻人不妨从底层做起，想清楚自己目标是实现梦想的事业还是一份安稳的职业。"创造事业是有梦想的，什么叫梦想，就是你天天想，再苦再累都要想的事。"张彤如是说。

同时，他希望年轻人不要贪恋安逸，在创业路上，某种程度上来讲情怀应该大于商业模式，"就是你心里面有什么，这是最能坚定你走下去的信念，但是很多人把这个术和道混淆了，掌握了一些技巧却没有掌握去拼搏和奋斗的道理。"

今天的张彤，更愿意用谦虚、真诚的态度与年轻的校友畅谈事业与人生，在他看来，年轻人必须明白："伟大一定是熬出来的。"这句话，是他送给年轻校友的宝贵箴言，更是他一路艰辛创业成功的精彩总结。

杨 剑

中国 CEO 创新管理高级研修班（第 28 期）
中国 CEO 私募股权投融资高级研修班（第 8 期）
EMBA 2012 秋 2 班校友
上海耶里夏丽实业有限公司董事长，上海市新疆商会会长

在奔跑中感悟企业家的孤独

撰文 | 陈丽伟、冯倩

编者语：

清瘦斯文，爱喝龙井，这是交大安泰中国 CEO 创新管理高级研修班（第 28 期）、中国 CEO 私募股权投融资高级研修班（第 8 期）、EMBA 2012 秋 2 班校友杨剑给人的第一印象。很难让人相信这样一个年轻人，是沪上知名的清真餐饮连锁企业耶里夏丽餐饮集团的掌门人。

1995 年，杨剑在上海完成学业，从此与上海结下了不解之缘。从 1998 年胶州路上一间不足 40 平方米的烧烤小店，到如今遍布上海繁华地带的十余家门店，耶里夏丽正以蓬勃发展之势成为上海滩优秀的品牌餐饮企业。

作为一位优秀的"疆二代",杨剑已经在上海重塑了心中那片故土。他为自己的餐饮品牌取了一个美丽的名字——耶里夏丽,在维吾尔语中是"地球"之意,既包含着多元文化在此交流融合的寓意,也是把乡情寄托于其中的方式。

‖ 耶里夏丽的变与不变

在耶里夏丽,所有的员工都称彼此为"家人"。在杨剑看来,工作的意义不仅是赚钱,更是连接彼此。耶里夏丽的发展理念中,有三个"坚持":坚持清真必"清";坚持食品安全;坚持民族品牌。耶里夏丽的新疆菜立足清真的"清",以新疆文化和精神作为载体,通过餐饮传递一种自然和融合的理念。

在瞬息万变的餐饮业,杨剑用自己的变与不变,顺应潮流,摸索前进。不变的是对品质的坚持,为了确保原材料的质量稳定可靠,耶里夏丽的核心原料选择的都是数一数二的供应商,比如羊肉选用的全是整羊,没有肉卷;米面油全部与中粮签订战略供应协议;清真食品全部与品牌商合作。杨剑坦陈:"这样做的成本高了不只一点点,所以耶里夏丽的价格也的确会贵一点。但是相信消费者对于健康的关注一定会成为将来餐饮的主流。"

敏锐寻找新的增长点则是杨剑的顺势而"变"。都市白领的生活习惯在发生急剧变化,杨剑就在考虑从原来做中午和晚上两餐,发展为三餐或五餐,在店堂零售新疆的时令鲜果、葡萄干等特色礼品。这些悄然转变,使得耶里夏丽排队等待的食客中,不仅有本地拥趸,更有来自世界各地的清真食客。

2010年后,耶里夏丽迎来发展高潮期,新开门店数量屡创新高。此时的杨剑显示出超越年龄的冷静,他敏锐地发现内部管理因发展过快出现问题,一方面通过一线、二线员工的轮岗,加强企业文化建设,增强团队凝聚力,一方面聘请管理咨询公司厘清公司结构,从品牌角度整合内部资源,形成统一的发展理念和系统的企业管理制度。

磨刀不误砍柴工,适当放慢速度,令耶里夏丽的品牌更亮,团队焕发出全新的激情。今天的耶里夏丽已然成为西域美食的代表品牌,先后在2010年上海世博会、2014年米兰世博会等国际盛会中绽放光彩,赢得世界赞誉。

‖ 人才管理多重考验

在人员流动率极高的餐饮业，员工管理始终是一个难以解决的痛点。对此，杨剑深有感触地说："作为服务行业，人是最重要的。但是，目前很难在服务性岗位上招到高素质人才。"

杨剑分析指出："在服务业，年轻人对自己的职业前途没有规划，看不到自己的发展空间，也就无法产生价值认同和归属感。"对此，杨剑非常重视内部员工的培养，既强调企业文化建设，也重视岗位职业培训。前者是帮助把员工心态放平、融入企业和社会中去；后者是把农民或农民工子弟转化为职业人。如今，在耶里夏丽集团，不乏工作十年与企业一路相随的老员工，也有很多大学生毕业后选择这里作为事业的起点。耶里夏丽正逐渐建立起自己的管理梯队。

作为一家以新疆、西域美食为特色的清真餐厅，少数民族员工管理也成为企业管理的一大挑战。耶里夏丽的员工中有回族、维吾尔族、哈萨克族和藏族等17个民族的兄弟姐妹，还有从土耳其、乌兹别克斯坦来到上海的"洋女婿"。为此，公司制定了一系列以人为本的管理制度，比如所有员工见面都要行握手礼；在饮食保障、宿舍标准、工作机遇方面尽量做到公平，强调标准化，不搞差别对待。耶里夏丽非常注重培养选拔少数民族管理人员，力求让他们承担更多的社会职能。每月开展一次清真饮食等知识培训，每周组织汉族员工学习维吾尔语、维吾尔族员工学习汉语。

作为这个"民族大家庭"中的"主心骨"和"大哥哥"，杨剑说："耶里夏丽一开始就自我定位为一个多元化的企业。多元化的核心莫过于'尊重'两字。"

在耶里夏丽有一件事让杨剑特别自豪："到目前为止，我们没有发生过一起员工之间的民族纠纷。大家和谐相处，不同民族的员工都深深地热爱自己的企业，把她看成是自己的家。"杨剑说，想到这些，工作中即使再苦再累，也心甘情愿。2014年8月，杨剑被国务院评为"第六次全国民族团结进步模范个人"。

‖ 做企业要"跑步排毒"

杨剑曾说自己是一个不安分的人，个性上不愿受到束缚，餐饮行业需要花很多时间和精力，所以这并不是他喜欢的工作。但是兜兜转转，他还是留在这个又爱又恨的行业。虽然没有走出油盐酱醋的餐饮业，杨剑的人生却一直在重新定位。

2012 年，杨剑来到交大安泰攻读 EMBA。期间，杨剑把自己通过寻找新的增长点，从品牌角度整合内部资源，形成统一的发展理念和企业管理制度，作为案例参加安泰 EMBA 第 20 届公司赢利模式大赛，一举斩获桂冠。

2013 年，杨剑参加了交大安泰经济与管理学院组织的商学院戈壁挑战赛，在清冷的戈壁上，"邂逅"跑步。他是这样解释自己对跑步的热爱："管理企业少不了负面情绪的影响，这就是'毒'，而跑步中人边跑边思索，就是一个'排毒'的过程。"

杨剑先后三次走进交大安泰，他说，每一次回到母校，自己都收获满满，不仅是教授们的点拨，让自己一下子拨云见雾，更是在校园里，对事业和人生的思考，让自己感到平静和通透。杨剑常常用跑步来比喻管理，"跑步是一项寂寞的运动，跟企业管理者很像。做企业的虽然是一个团队，但最终依凭的还是企业家的心性。"在跑步中，杨剑得到了自我调适和自我释放，也让他有了更多的时间陪伴家人，收获了健康的体格与平和的心态。在跑步中，杨剑找到了自己的不惑之年。

王艺瑾

中国 CEO 创新管理高级研修班（第 34 期）校友
约珥传媒创始人、总裁

创业，就是改变人生的打开方式

撰文 | 陈丽伟、冯倩

编者语：

2016 年 8 月 27 日，中国资本市场又迎来一家交大安泰的校友企业——以"让严肃财经轻松起来"为宗旨的约珥传媒正式在新三板挂牌。在敲钟仪式上，一众"红围巾"中，约珥传媒创始人、总裁，交大安泰中国 CEO 创新管理高级研修班（第 34 期）校友王艺瑾，显得从容自信。

王艺瑾的创业经历，让人赞叹这个外表温婉柔弱的女子做起大事举重若轻。2012 年，时任第一财经担任制片人的王艺瑾，选择走进交大安泰，这次宝贵的学习经历开阔了她的视野，促使她对媒体内容制作进行了深入的思考。

走出去，变革行业的种子在她心里萌生。2014 年，王艺瑾放弃了在电视台已做得顺风顺水的事业，创办约珥传媒，致力于让一贯高冷的财经节目变得更轻松、更易懂、更欢乐。如今，这个玩着说财经的 80 后，两年时间就带领企业成功登陆资本市场。

‖ 玩儿着说，严肃财经更"悦耳"

2016 年 6 月，王艺瑾入选"上海文化创业年度人物"。颁奖礼上，一贯低调的她，以一场轻松易懂、纯干货的演讲征服了现场观众。王艺瑾阐述的创业观简洁有力："我们的口号是'改变内容的打开方式'。我的创业观，就是创业改变人生的打开方式。"

财经应该怎么说？在电视台工作时的王艺瑾已经是成功的财经节目制片人，但她总在思考这个似乎不是问题的问题："我们希望让专业晦涩的财经知识，成为观众喜闻乐见的内容产品。财经内容不应该是少数人的自娱自乐，它同样可以是知识的全民盛宴。"

约珥传媒制作的节目在移动端平台播放的大数据研究结果，也验证了王艺瑾的观点。节目在移动端吸引了上至 60 后，下至 90 后的大量观众，年龄跨度比预期更大。其次，移动端节目内容碎片化趋势明显，在上下班途中等碎片时间里，人们需要更多时间更短、信息量完整充分的内容。换句话说，财经可以做得更"轻"一些。

在"快乐财经"的宗旨下，约珥传媒让人发觉，原来严肃的财经节目也可以这样"悦耳"。三年来，约珥传媒让第一财经的知名栏目《醇享人生》"换脸"，严肃拘谨的演播现场充满幽默的笑声；栏目一出生就为传统电视和移动端分别定制了不同版本的《马上胡》，让英国"榜爷"胡润成了汉语脱口秀红人；《不被辜负的假期》让观众看到，不再"端"着的财经名人，是那么可爱有趣。

王艺瑾指出，约珥传媒始终以优质内容为节目导向，对财经知识的解读是建立在对知识本身的深刻理解上，迥别于一些泛娱乐化财经节目依靠娱乐明星、网络红人所塑造的表面"轻松"。王艺瑾认为，"快乐财经"这四个字本身就是对公司定位的最好描述，"首先它是财经节目，但不是说教的。这个门槛其实并不低。变现实际上并没有外界想象得那么困难。它并不要求所有产品集体变现，先有能吸引市场注意的爆款产品，然后产生以点带面的突破效应。"

▌ 勇敢试，主动对接风口

主动适应观众口味的变化，对接市场需求的风口——在王艺瑾看来，这种大胆正是"产品经理"意识的表现，把所创作的内容看做产品，发掘、顺应市场需求，优质的产品还能引导市场需求。这其中，最难的是对需求的理解。王艺瑾认为，今天的内容制作者应该主动走进年轻一代，理解他们的思维方式，"未来成功的公司会有一些共性，例如，有塑造文化认同的热情；勇于试错；最重要的是，哪怕看不懂年轻人也能理解他们。"

作为初创企业，王艺瑾充分尊重创作团队，愿意投入资金试错。"哪怕你只有一年不到的工作经验，但只要举手说，我想试个新节目，我们就会尽力按照你的策划安排拍摄、制作、推广，直接接受市场的检验，哪怕这个创意我个人不理解。毕竟，纸上谈兵式的培养永远不会取得效果。"这种敢于放手的气度让人对这个初创企业充满敬意，也在短时间内为公司聚集了大批优秀人才。

对于想创业的传统媒体人，王艺瑾真诚建议："资金很重要，但不要只为了钱制作内容。例如冠名费没到位，这节目就不做了。成功的媒体创业者有一种对内容的本能热情，三天不写点东西，不说段音频，不拍个节目浑身不舒服。有了这样的'本能'，才有创业成功的基础。"

▌ 选商学院，看重同学间的共鸣

2012 年时，作为高端财经访谈节目的制作人，王艺瑾接触到的成功人士从数量上说可以称之为一个"小商学院"了，但王艺瑾仍然选择走进交大安泰的中国 CEO 创新管理高级研修班，沉淀思想，梳理思路。

对于这个决定，王艺瑾说自己的初衷非常简单："学无止境。同样一本《红楼梦》，不同年龄段看都会有不同的收获，何况是到这样优秀的商学院学习。"谈到这次学习最大的收获，王艺瑾脱口而出："毫无疑问，当然是视野。"视野的拓展，在无形中推动她向创业之路更近了一步。

王艺瑾常常与商界朋友们交流创业者选择商学院的话题，"其实，挑选适合创业者的商学院标准并不复杂。第一，课程内容有干货，不是理论的堆砌，有大量丰富详实的最新案例；第二，课程系统化，千万不要搞成嗑瓜子吃水果的沙龙；第三，我很重视与同学之间的互动交流，招收学员应该有标准，有高质量的学员，这样大家的学识、管理实践比较接近，上课时容易获得共鸣。"

对于创业，王艺瑾也抱定一颗平常心。生活中的王艺瑾有一个调皮的笔名：王一斤。在 2016 年的上海书展上，她用这个笔名出版的《纯想》一书与读者见面。在这本书里，她亲自讲述了"一个看上去并不拼命的创业观"：不在遭遇危机时创业，不在遇到困境时纠结，不在生活与事业中做选择题，从容而坚定的做好自己认准的事。在王艺瑾的解读中，这份领悟之后的执着才应该是创业的本来面目。

沈玲娴

中国 CEO 私募股权投融资高级研修班（第 8 期）
国际品牌管理高端课程（第 3 期）校友
上海达弗服饰有限公司董事总经理

小女子玩转大品牌

撰文 | 陈丽伟、冯倩

编者语：

在沈玲娴身上，可以看到中国 80 后创业者与前辈相比，无畏、目标明确、视野国际化的鲜明特点。这个年轻的 80 后女孩，她的决定往往出人意料，她在成功背后所付出的努力令人赞叹不已。她从小体弱多病，却在二十几岁就成为事业的强者；她将一个普通的超市品牌引入中国，仅用三年就实现了从 0 到 20 亿的销售奇迹；她在营销界赢得了"大嘴猴之母"的赞誉，却总是更强调自己是"做品牌"的。

在忙碌的工作中，沈玲娴也没有放松自我进修，她先后就读于交大安泰中国 CEO 私募股权投融资高级研修班（第 8 期）、国际品牌管理高端课程（第 3 期）。也正是这两次的

学习经历，为她打开了更广阔的视野。

如今的沈玲娴，毅然开始第二次创业，成立上海达弗服饰有限公司，引进意大利著名服装设计师 Vittorio Di Giacom 推出的同名男性时装品牌 VDG1968 迪伽默，并在服装业普遍不景气的情况下，逆势赢得风险投资，而她本人也在逐渐探索全新的投资领域。

‖ 依托中国市场，借力洋品牌

因为一场医疗事故，沈玲娴迟至 9 岁才上小学，上下楼梯都要靠同学们搀扶。但是这个瘦弱的小姑娘心里却始终有一股不服输的劲头，从不放低对自己的要求。温馨和睦的家庭环境，父母开明的教育，使年幼的沈玲娴养成了坚韧不拔的性格。

2009 年，从南京财经大学毕业的沈玲娴来到上海一家美国公司从事品牌授权工作。她在工作中的出色表现，吸引了内地一家服装企业的关注，她对品牌的理解，特别是对引进外国品牌在中国运作的思路，为自己赢得了开创自己事业的契机。这家企业主动出资与沈玲娴合作，寻觅有潜力的外国品牌，希望能择机引进国内。

沈玲娴的第一个目标就是引进在美国家喻户晓的服饰品牌大嘴猴（Paul Homme）。她将这个北美的平民服饰品牌重新塑造包装，成功地让其在中国市场建立起年轻、健康、时尚的品牌形象，成为广受欢迎的时尚潮牌，3 年内销售额实现了从 0 到 20 亿的突破。沈玲娴笑着介绍："我们有几十个代理商都依靠这个品牌成了千万富翁。"

在大嘴猴的成功基础上，随着合作的深入，沈玲娴逐渐从早期的获得外国品牌授权过渡到与外国品牌合资。在与外国品牌的合作中，沈玲娴认为，最具价值的经验是学会如何借力和转化，把洋品牌和中国巨大的市场嫁接起来。外国品牌的优势主要在于产品的研发和设计，以及品质把控。而中国企业最大的优势是我们有世界上最大的市场，对本土市场了解更深刻。

合作过程中，摩擦不可避免。沈玲娴建议，用公司制度来约束双方，"在中国市场发展并非易事，许多外国品牌倒在这里，中国企业在掌握主动权的同时，也要牢记自己要借什么力，仅有品牌这个壳是没用的。"

在运营授权品牌方面积累了丰富经验的沈玲娴认为，中国运营方与外国品牌未来的合作趋势一定是收购，不是授权，中国企业将有更多的国际自主权。而为避免制造业曾出现过的同质化竞争，有眼光的企业应该提早进行细分市场的布局。

‖ 认准大趋势，精选品牌再启程

2012年，沈玲娴与意大利男装品牌迪伽默达成投资收购协议，她果断转让了大嘴猴的股份，将事业的重心全部放在了迪伽默中国区的品牌运营上。自此，沈玲娴又增加了一个新身份——迪伽默中国区创始人。

在商业运作紧锣密鼓展开的同时，沈玲娴也再一次展现了营销高手的风采。李健、陈学冬、郭晓冬、包小柏、曹启泰等一众明星纷纷穿着迪伽默男装与公众见面，迪伽默成功地公众传递出自身所代表的时尚考究、年轻优雅的新一代男士形象。更让人眼前一亮的是，迪伽默旗舰店的建设选择了在数年前还是非常新鲜的众筹模式。沈玲娴联袂京东众筹平台，让消费者最大程度地参与到品牌塑造和建设中来，既是消费者也是所有者。这些全新的商业手法，让迪伽默在男装品牌普遍不被看好的当时，获得了风险投资的青睐。

2012年，迪伽默获得证大集团4 000万天使投资；2013年，惊艳亮相上海时装周；2015年，央视在报道中，将迪伽默视为纺织服装业转型发展新方向的优秀代表；2015年，获得劲邦资本的A轮融资。面对成绩，沈玲娴却保持着冷静的思考。她坚信，迪伽默成功的根本在于其出众的品质："未来服装消费一定会回归性价比，一定要将品牌做到最佳性价比，才有出路。"

这份自信源自沈玲娴对整个纺织行业的深入观察和思考："我曾带着一件意大利产西装去拜访国内的纺织业大佬，他看到衣服说，这个没有办法做，因为这需要高品质的纱线、面料，而国内厂家还生产不出来。"这些经历让沈玲娴感到，中国纺织业在技术研发和设计等环节，仍然有很大的提升空间。没有面料、印染、设计等源头工艺的进步，中国纺织产品特别是成衣，很难有真正的性价比。只有整个行业产业链水平提升，中国纺织业才能有实力与西方竞争。

也正是基于这样的观察，沈玲娴建议目前的纺织行业从业者，更多地关注整个产业链的上游环节，如纱线、面料、花色的研发和设计以及高级工艺，"只有有人愿意花慢功夫，

从纱线、面料、色彩的研发和工艺开始，中国纺织行业整个产业链的水平才会提高。"

‖ 从营销高手到成功的品牌投资者

出乎很多人的意料，在品牌授权、营销方面做得风生水起的沈玲娴，却将自己更多地定位为一个品牌塑造者，"做品牌和做服装是两种根本不同的思维，我擅长的是从外观到产品研发再到品牌内涵，以及如何塑造和传播。"

2008 年，创业初期的沈玲娴选择进修交大安泰国际品牌管理高端课程（第 3 期），作为当时班级最年轻的学员，沈玲娴以超前的市场嗅觉抓住了中国品牌塑造推广的黄金时期，寻找到一条迥别于传统制造业的创业思路。

在将大嘴猴品牌引入中国获得巨大成功以后，沈玲娴再次走进交大安泰中国 CEO 私募股权投融资高级研修班（第 8 期）。这段学习经历启发了沈玲娴，"让我后来在团队管理、品牌运作过程中的核心点把控得更好，对我的思维很有启发。"

今天的沈玲娴既是成功的连续创业者，也是资本运作的行家。总结成功的经验，她说，最重要的是坚持做自己擅长的事，认准发展方向。"其实很多事是人做出来，品牌也是做出来的。与欧美相比，中国市场潜力巨大，人力资本成本也很有优势，所以我们只要能慢下来，愿意花功夫学习，提升研发和设计，我们仍然有很多机会。"

从借力洋品牌完成资本原始积累，到转型为品牌投资人，沈玲娴在短短数年间就完成了许多企业和企业家渴盼多年的转型路程。这份成功，是新一代创业者的国际化视野、善于借力资本等众多合力所推动的，在这众多因素中，沈玲娴自己最强调的则是坚持，"这是创业者最核心的素质"。这个玩转品牌大学问的小女子，自信地如是说。

魏玉林

中国 CEO 私募股权投融资高级研修班（第 13 期）校友

国药控股公司董事长兼公司党委书记

"聚"变中国医药流通行业的领军者

撰文 | 陈丽伟、冯倩

编者语：

事业上雷厉风行、迎难而上，生活中谦虚有礼、平易近人，这就是交大安泰中国 CEO 私募股权投融资高级研修班（第 13 期）班长魏玉林给人的最深印象。

提起国药控股这块中国医药产业的金字招牌，不能不提起魏玉林。2003 年，他加入国药控股，现任公司董事长，兼任公司党委书记。在其担任总裁期间，国药控股从一家上市前不到 500 亿销售规模，仅布局主要二级省份医药供应链网络的医药企业成长为如今拥有全国 51 个分销中心约 2 000 家零售药店、覆盖全国近 94% 的三级医院和 50% 以上的二级医院的强大网络，销售规模突破 1 660 亿元的中国医药流通行业无可争议的标杆企业。

2012 年，魏玉林在第八届"中国最佳商业领袖奖"评选中以绝对优势荣获"2012 年度中国最佳 CEO"称号。

‖ 整合资源抢占行业先机

上兵伐谋，最好的战略是把对手之力转化为同盟之力。在中国许多散乱而竞争无序的行业，能实现这种有效整合者极少，一旦有所成就，收效往往惊人。魏玉林带领国药控股，采取的正是这种"聚"变行业的策略。

受制于中国医药体制，医药流通行业各自为政数十年，始终群龙无首。2003 年 1 月，国药控股股份有限公司成立，魏玉林任公司副总经理。2006 年，他担任公司首席运营官，当时公司的销售额仅有 190 多亿，魏玉林开始了整合行业资源的战略，首先以上市的方式进行股权融资，解决发展瓶颈，整合业务运营平台，搭建总部架构。2009 年，公司在香港上市，成功融资 12 亿美金，是 2008 年全球金融危机后医药行业融资最成功的项目之一，在亚洲掀起轰动。

公司上市后，魏玉林接任公司总裁，为了抢抓公司跨越式发展的窗口期，公司通过资本并购重组布局全国渠道网络，至 2013 年末，公司销售额 1 679 亿元，集团也成功晋升世界 500 强企业。提到国药控股的发展，没有人比魏玉林更了解这些上升的数据，以及为此所付出的艰辛努力。

作为企业高管，魏玉林对行业大环境和企业自身有深刻的认识。他认为，在当前的医药流通市场环境下，药品制造业产能明显过剩，药品流通企业数量偏多，同质化竞争明显，且创新服务能力不足，缺乏核心竞争力，并进一步加剧了医疗资源分布的不均衡，导致区域公共卫生水平差异巨大。目前中国药品流通市场尚未出现垄断型企业，谁能够充分把握政策、资本与创新，谁就能够把握机遇，抢占发展先机，成为中国医药流通市场的领头羊。而成为行业领头羊，并保持优势地位，正是魏玉林的目标。

‖ 商学院助力角色转换

随着企业一路走来，曾经读过商业企业管理的魏玉林深深感到，商学院的学习，对企业和个人的发展都影响深远。多年的实践和管理经验，更让他明白更新知识结构的重要性。对于课程的选择，他目标清晰，"公司做大了，一定要考虑产融结合的问题，希望成立金融和类金融的公司，如融资租赁、供应链融资，私募并购股权基金等创新模式。这就需要学习新知识、新技能，把重心从投资并购、经营管理转到资本运营。"

在交大安泰中国 CEO 私募股权投融资高级研修班的学习中，魏玉林认为，一个资产上千亿大公司的董事长，与总经理不同，他需要更多地了解金融资产、私募股权的运行方式，未来主要的任务是考虑整合战略性资源和创新性要素资源，从政策层面了解如何运作、如何把握规律控制风险。

而选择交大，魏玉林表示国药控股和交大结缘已久："一直以来我们都要求公司及各个子公司经营班子成员，总部的中层干部都要通过 MBA 和 EMBA 的学历教育，在这方面我们与交大的合作是最多的。我们企业内部的国药大学也开设了相应培训，和交大有针对性地的合作。而交大安泰中国 CEO 私募股权投融资高级研修班的课程设计比较实用，老师们都是实战派，不仅有理论研究的成果，更有实际操作基金的经验。研究内容和当前的市场融会贯通，与时俱进。另外，同学们都是对这方面感兴趣的志同道合的人，大家有共同语言。"

提到在交大学习的时光，魏玉林表示自己从来没有缺过课，真真切切希望在课堂上学到有用的知识，他说："交大在引领企业转型提升中起到的作用，非常有价值。在商学院的系统专业学习，起到了提纲挈领的作用，让管理者对产业发展趋势有了新的认识。"

在交大安泰学习期间，魏玉林也应邀为在校 MBA、EMBA 学员做过讲座，他建议："可以让 MBA 与 EMBA 学员共同交流讨论，让 EMBA 学员为 MBA 学员讲授实战知识，帮助 MBA 学员将实战和理论结合，这样更有效果。"

‖ 在交大的收获超出预期

作为班长，魏玉林认为交大给予同学们的，不仅仅是课堂知识，更有难能可贵的同学情谊，"大家把自己工作中遇到的问题拿出来和同学们商量，分享学习培训的信息，一起听讲座，参加丰富的课外活动，与各界校友相聚，增进了友情，也收获了更多人生经验。"

魏玉林认为，丰富的信息资讯，正是交大与众不同的地方，同学们对此反应也非常热烈。他至今仍很感慨，"我注意到安泰的领导和老师们，在很多细节方面的努力和良好的专业水平，所以我很庆幸选择来安泰深造，在这里有超出我预期的收获。"

虽然学习已经结束，但魏玉林仍然经常受邀回校与学生分享，组织参加校友活动。2016 年，上海交大喜迎 120 周年华诞，魏玉林在深深祝福母校的同时，也表达了对母校的感激之情："回望我所倡导的企业发展之道，无不坚持交大传授于我的'对文化的传承、对历史的尊重、对国运的眷注、对学术的坚持、对知识的更新'。"

魏玉林在交大安泰学习期间，中国医疗卫生事业发展史也迎来了最重要的一轮全新变革，通过学习，不仅让他对行业的未来趋势更加明确，也更坚定了企业未来的发展方向，诚如他自己所说："在走出交大校园之际，中国医药领域迎来互联网时代与资本的双重变革，行业变局正在发生，而此时的我，目标清晰，信心坚定，已毫不犹豫。"

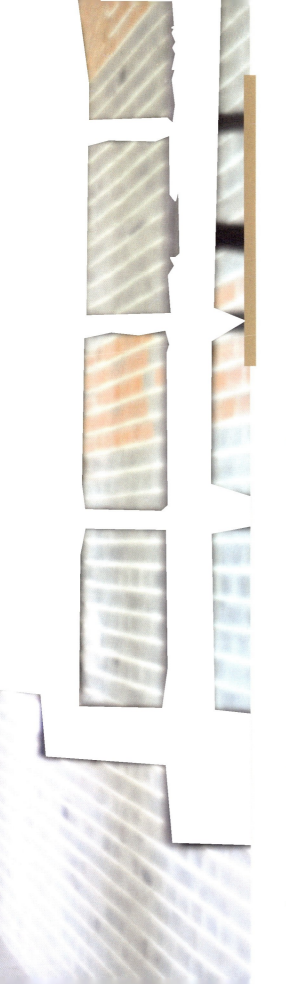

践行中国梦

　　一百年栉风沐雨，始终奋进在时代前列，安泰经管学院创建世界一流商学院的愿景不变。一百年砥砺奋进，安泰经管学院带着一届又一届学子的梦想，见证了世事变迁，他们始终不忘初心，不断探索，坚持创新。安泰人，敢为人先、积极探索、求真务实、奋勇前行，为民族进步、国家富强和人民幸福作出了不可替代的贡献，为推动社会建设和改革事业输入了源源不断的新鲜血液。

　　2018年新春中国迎来了万山红遍的新时代，2018年安泰经管学院也将开启属于她的新征程。意气风发新百年，壮怀激越新起点。栉风沐雨见肝胆，砥砺奋进续华章。安泰将秉承中国之智慧、远眺国际之视野，服务国家战略，培育栋梁之才，践行伟大中国梦，开启百年新征程！

俞伟景

1984 届工业外贸班
联合水务集团董事长

源清流洁，梦想高飞

撰文 | 章君秋　编辑 | 冯倩

编者语：

　　交大机械工程专业的高材生，管理学院首届工业外贸班的班长，20 世纪 80 年代出国工作和深造的"天之骄子"，30 多岁就担任世界 500 强企业中国区的副总裁……他就是联合水务集团董事长——俞伟景。低调沉稳、和善可亲的外表，藏不住一颗坚定睿智、追逐梦想的心。毕业 30 年，他仍是同学们口中亲切的班长；对母校有着深厚的感情，也一直关注着母校的发展，连续多年以个人名义捐赠学校校友基金，为进一步支持母校，2014 年捐赠 100 万元整设立"上海交通大学联合水务奖学金"；2015 年俞伟景与夫人，交大 1989 届校友晋琰女士，慷慨捐资 200 万，支持徐汇校区"饮水思源碑"修缮项目。

1983 年上海交通大学准备恢复管理学院，从当时的三年级学生中通过考试选拔一批优秀学生组成首届工业外贸班。俞伟景原是机械工程系的学生，凭借聪慧天资、勤奋用功成为了这个跨专业班级的一员。1984 年夏天，他幸运地被选为系里的学生代表，作为翻译陪同时任党委书记的邓旭初赴美国考察访问，对于那时候连上海都很少跨出的一个在校大学生来说，这次交流无疑让他眼界大开，外面精彩的世界也在年轻的俞伟景心中播下了一颗种子。1984 年，俞伟景毕业后留校，在南洋公司上班。但这样吃着大锅饭，同工同酬的现状无法满足他的壮志雄心。所以，当 1986 年，澳洲一家贸易公司向他抛出橄榄枝的时候，他决定走出国门闯世界。1987 年，俞伟景横跨大洋，只身赴澳，开始了长达 9 年的海外生活。

初到澳洲，凭借出色的英语口语和专业知识，俞伟景很快融入到当地的生活和工作中了。几年后，他进入了澳大利亚联邦小麦局工作。在这期间，他还在墨尔本大学攻读了 MBA。对知识的系统学习，与对应业务的熟悉，锻炼了俞伟景的国际视野和宏观把控能力，为他今后事业的发展打下了坚实的基础。

漂泊的心虽已安定，思念的情却愈加浓烈。俞伟景无时无刻不惦念着生他养他的热土。1995 年，恰逢世界 500 强公司法国拉法基集团定向招聘一名中国区高管，俞伟景凭借着优秀的管理水平和海外工作经验，顺利地进入拉法基工作。在位于法国巴黎的总部工作一年后，俞伟景被任命为中国区高级副总裁，负责公司的战略发展和投资业务。至此，他终于结束了国外的漂泊生活，回到北京安家落户。30 多岁的他，干劲十足，开始在中国展现他的才华。其中对他影响很大，也为之后创业打下坚实基础的是在四川都江堰投资 1.58 亿美元兴建水泥厂的项目。从考察调研、设计、组织人员、培训、采购，到施工中的种种程序和步骤，与政府部门的协调，以及最后的市场营销，他事无巨细，亲力亲为，在众人的共同努力下，克服重重困难，在当年只有几座荒山，一片农田的都江堰建造起一座当时西南地区单线生产能力最高、工艺设备最先进的现代化水泥厂。

都江堰水泥厂项目，让大家看到了俞伟景的卓越能力。拉法基公司计划派他去其他区域担任更高职位。然而，就在此时，处于事业巅峰期的俞伟景，却选择了急流勇退。说到为何会放弃在拉法基的大好前程，开始自己创业，俞伟景回忆时这样说："做一些能够直接贯彻自己想法的事业的念头从小就有。"在进入交大之前，他有机会参观过一些国内那时候正在建设的厂房车间，比如宝钢。现代化的工业企业对他的震撼一直烙印脑海，也成为他创业的主观内因。20世纪初，我国进一步深化公用事业领域的改革开放，继发电和燃气后，开始推动自来水和污水处理业务市场化的工作。中国人均水资源匮乏，改革开放以来，工业迅速发展的过程中水环境受到污染，有些地区非常严重。俞伟景选择了做水务这项关乎国计民生、市场发展潜力巨大的行业。过去在项目开发、工程建设等方面的丰富经验也成为他从事水务行业的一个有利基础。

2003年，公司成立初期非常艰苦，没有资金、没有人员……幸运的是，公司得到了一家企业的投资，而原来在拉法基的两位部下也放弃了"金饭碗"来和他共同创业。公司成立后的第一个项目是宿迁市自来水公司。万事开头难，俞伟景和他的团队克服了老企业改制、老员工重新定岗和安置、设备更新改造、内部制度完善、塑造企业服务形象等一系列难题，使得自来水公司面貌焕然一新，员工工作热情高涨。优质的服务赢得了当地社会各界的广泛赞誉，被中外水务专家评为全国供水企业改制成功的典范。这之后，俞伟景乘胜开拓污水处理业务。2007年，联合水务投资成立桐乡申和水务有限公司，负责桐乡经济开发区污水厂的投资、建设和运营。11年来，联合水务在江苏、浙江、湖北、内蒙古、江西、河南和宁夏等地的8个城市，拥有11个供水和污水处理项目。

"源清流洁，为用户提供优质的水处理服务、为社会创造洁净的水环境"，俞伟景说这就是他的梦想，也是联合水务所有员工的共同梦想。

工作之余，俞伟景也尽可能将更多的时间留给家人，周末尽量和家人在一起过家庭活动日，每年的全家外出旅游也是必不可少的。除此之外，他还有很多的兴趣爱好，跑步、快走、阅读等。每天睡前看书是他多年养成的习惯，平时在出差途中，高铁上、飞机上，他都会随身带一本书。他喜欢阅读各类书籍，现在主要阅读的是中英文的人物自传、时事类、美国一些专栏作家写的书、历史书，等等。

参天之树，必有其根；怀山之水，必有其源。作为交大校友，俞伟景、晋琰伉俪在事业成功之余，时刻关注母校发展，曾于118周年校庆之际，以联合水务公司的名义慷慨捐资，在母校设立了上海交通大学联合水务奖学金，每年资助14名同学学习。120周年校庆之际，不但以个人名义捐资支持母校徐汇校区"饮水思源碑"修缮项目，还多次听取、参与修缮计划的设计研讨，可谓倾心倾力。每每提起母校，他总是谦虚地说："交大是每一个毕业生感到骄傲自豪的地方，交大校友遍布全世界，大家都在默默无闻地为交大做贡献，而他只是其中的一分子，希望饮水思源的精神能够代代相传，衷心祝愿母校和学院越来越好！"

罗 华

1991 届工业外贸系本科校友
金杜律师事务所纽约分所合伙人

生生如夏花，从容更绽放

撰文 | 冯倩

编者语：

　　罗华，1991 届工业外贸系本科校友，之后以近全奖就读美国罗林斯学院，获得 MBA 学位。曾任前美国西屋电气公司（发电业务部）财经分析师和市场分析师。随后在美国范德堡大学取得法律博士（J. D.）。持美国纽约州、加州及新泽西州律师执照的资深律师。先后在多家国际著名律师事务所的硅谷、纽约及上海分所工作，后担任合伙人；现任金杜律师事务所（King & Wood Mallesons）纽约分所合伙人。罗华曾携新书《生生如夏花》回到母校，讲述她的故事、分享她的经验、奉献她的爱心，为"交大闵行扬帆 30 周年庆"献上质朴的贺礼。

‖ 从中国到美国，追逐"美国梦"的新移民

20 世纪 90 年代，对于许多中国人来说，美国是一块遥远陌生而富足的土地，他们相信那里有无数的好机会，无数的新移民来到这里，他们当中，有来美国继续求学的，有来美国找工作赚大钱的，也有作为家属来美国陪读的，无一例外，都是追逐"美国梦"来的。如同《北京人在纽约》中的主人公王启明一样，罗华也是这些新移民中的一员。1991 年交大工业外贸系毕业后赴美留学，1996 年在美国罗林斯学院获得 MBA 学位，凭借优异的成绩以及在交大打下的工科基础，她顺利通过面试，进入美国西屋电气公司国际运作部，担任财经分析师，后来公司整改，她又调入能源部担任市场分析师，分管亚洲业务。90 年代初的中国正在经历一场会计制度的改革，会计制度的不完善，中西方文化的差异，这都给她的工作带来了不小的困难。这段经历，现在回想起来，罗华感叹到，在年轻时有机会和不同国家、不同文化背景的人打交道，这种历练让她不仅在业务水平上、心态上都得到了很大的提升。

‖ 听从内心声音，执着追求"律师梦"

勤于思考，喜欢凡事都要弄个明白的罗华，似乎天生就有成为律师的潜质，早年在费城偷渡客职业介绍所的打工经历，让她见到了很多同胞因为语言不通、不了解美国当地法律常常受挫，但律师这个职业对她来说还是一个遥远的梦。真正让她下定决心是在罗林斯学院学习后。当时有一门课程——商业法，让她看到法律在调整各种商事关系中发挥了极大的作用，再加上每年数以万计的中国留学生赴美选择金融、管理学科继续就读，会计学科优势不明显，这些促使危机意识很强的她最终选择放弃西屋的工作，参加法学院入学考试，顺利通过后于 1998 年正式进入美国纳斯维尔城的范德堡大学修读法律博士学位。放弃工作，放弃绿卡申请，甚至可能背负上大额债务，选择重新入学就读法学院，这在当时很多人看来都是一个疯狂的举动。

罗华就读的范德堡大学法学院每年招两三个中国人，三个年级当时一共七个中国人。

法学院学业繁重，每天总是忙于无穷无尽的案例阅读分析，惶恐于在课堂上被教授当众提问，语言压力，如何不被淘汰是罗华面临的最大问题。第一学期合同法考试结束，她只得了个 C+，这个成绩让她吃惊不已，法学院的考试往往没有标准答案，案例信息量大，人物关系错综复杂，分析解读方式不同，得出的结论也不同。这让她意识到长期以来已经形成的工科思维习惯显然已经不适应，迅速调整后，她很快适应法学院的学习生活。

回想起在法学院的学习生活，包括后来进入律所实习工作，成为律所合伙人，罗华认为，作为一个律师，你要认清自己的角色，律师是代表客户，要把客户的利益放在首位。交易最终是要达到一种平衡，要充分了解谈判的意图是什么，在谈判中，要善于观察别人，善于换位思考。

‖ 热心公益，给生命更多的爱

业余时间罗华也担任非营利组织 Adoption Resources China（爱相连）的董事，该组织致力于帮助中国有特殊需求儿童的国际领养事业。其与上海宝贝之家携手，在资金、医疗资源等各方面，为在沪治疗的病患孤儿提供帮助，协助其监护人完成他们在沪的医疗救助，为有需要的病患孤儿提供有利于其恢复的、非医疗专业性的临时照顾及其他相关辅助工作，同时为病患孤儿寻找涉外家庭完成国际领养。

每当志愿者们走进孤儿院，看到病患孤儿一双双无助迷茫的眼睛，常常会觉得自己的力量太渺小，只是"大海里的一滴水"。这时罗华常常会告诉他们，公益不仅是一次的奉献，重在持续，让爱心变成一种习惯，并能把这种习惯影响到其他人，点滴汇聚助推浩瀚波澜，这就是公益的力量，给生命更多的爱！

‖ 经年之后，终将惊艳时光

回顾罗华没有剧本的前半生，从交大到罗林斯学院，再到范德堡大学法学院；从 90年代形形色色的中国留学生中的一员到费城唐人街的"偷渡客"，再到功成名就的大律师。在成长和蜕变中，也曾独自面对生死、体悟艰辛，但她始终坚信，把新的生活当成一张白纸，真诚地与人相处，保持一种开放的心态，乐于学习接受新事物，执着追求你真正想做的事情，经年之后，终将惊艳时光！

生生如夏花，从容更绽放！

苏 罡

1996 届本科、1998 届硕士、2006 届金融学博士校友

长江养老保险股份有限公司党委书记、总经理

坚持信念，塑造自我

撰文 | 章君秋　编辑 | 冯倩

编者语：

　　他履历耀眼，是金融系统的先锋，曾获"上海市新长征突击手"称号，上海金融创新奖一等奖等荣誉；就职长江，他临危受命，奋力拼搏，首倡"专业、可信赖、有情怀"的养老金管理理念，带领公司从 26 家顶尖管理机构中脱颖而出，获得基本养老保险基金投资管理人资格，实现战略性飞跃，公司管理规模在一年半时间里增长 80%，达到 2 500 亿，成为国内首家累计盈利的信托型养老保险机构。他正用梦想和实力谋划出中国一流养老金管理公司的版图。

在上海交通大学的求学经历对苏罡来说是终身难忘的。每每回想起来，学习期间的许多场景都历历在目，老师和同学们的许多话语都声声在耳，一切就像发生在昨天一样。"学生在校期间，主要是从学校和老师那里汲取人生观、价值观、知识和技能的精神营养，不太有机会向学校和老师贡献自身的价值。我是比较幸运的，在本科毕业后直升研究生之前的那个暑假，参与了交大安泰经管学院的前期筹备工作。在那一个月左右的时间里，我和几位同学通过担任翻译，提供会务服务，协助谈判等工作，深入地参与交大管理学院与美国安泰保险公司的战略合作之中，为交大安泰经管学院的建立和发展做出了一名学生应尽的贡献。"

踏上工作岗位以后，苏罡的工作和人打交道比较多。"每个人都是一个独特的个体，人际交往越广泛，协调人际关系就越复杂。"他把"塑造自我，尊重他人"作为维护良好人际关系的基本原则之一。"塑造自我"是为了实现自身的人生价值，"尊重他人"是为了支持和帮助身边的其他人实现人生价值。

苏罡在中国债券市场发展初期进入证券行业，创建申银万国证券固定收益总部，形成了融资策划、产品销售、自营投资、流动资金理财等一体化的固定收益商业模式并成为具有领先竞争力的核心板块，担任了中国工商银行 IPO 等重大项目的保荐代表人。加入中国太保集团后，先后从事集团上市工作、资产管理公司另类投资工作和寿险公司投资管理工作，在保险业内首创非公开市场资产管理一体化平台，涵盖债权、股权、不动产投资，领导完成投资总额约 1 400 亿元，债权计划业务排名持续多年业内第一；主持诸多创新投资案例，例如：保险业第一个不动产金融产品（上海公租房项目），第一个土地储备项目暨业内最大的联合受托债权计划（北京土储项目），第一个无担保央企债权计划（中国建筑项目），第一个无担保地方企业债权计划（同煤集团项目），第一个股权型项目资产支持计划（泰山股权专项基金），第一个旧区改造股权投资产品（上海城市建设与改造项目），具有境外、股权与不动产投资三重属性的上海世纪商贸广场收购项目，参股国务院特批的铁路发展基金项目，参股互联网金融巨头蚂蚁金服项目，投资夹层股权基金，参股信用增信公司等。苏罡组织建立寿险公司与资管公司的新型委托受托管理模式，推动寿险公司形成资产负债管理、大类资产配置、委托投资、直接投资、流动资金管理等完整、独立、主动的委托人投资管理框架。

2015 年 6 月到任长江养老之后，苏罡带领长江养老在集团"保险与资产管理双轮驱动"的战略框架下，定位于市场化、专业化、综合型养老资产管理机构，坚持"以客户需求为导向"的经营策略，首倡"专业、可信赖、有情怀"的养老金管理理念，加强与太保集团在客户端、产品端、资产端的全面融合，对内制定新三年发展规划，推进实施利益共享机制、MD 机制、事业部制等市场化机制改革，对外加快业务创新与人才引进，推动公司业务规模快速增长，投资业绩全面超越业绩基准，盈利水平不断提升，实现了受益人价值、股东价值和公司价值的持续增长。截至 2016 年底，公司管理资产规模超过 2 500 亿元，服务企业和机构客户近 8 000 家，覆盖职工和个人客户超过 200 万人。

古人云"三十而立，四十而不惑，五十知天命"。可见，一个人在经历不同生命阶段的过程中会不断总结和提升自己的人生理念。苏罡认为"坚持，理解，平衡"六个字代表了现阶段他对人生理念的一些粗浅的认知。所谓"坚持"，就是从自我的主观努力出发，为了心中的目标，知难而进，永不放弃；所谓"理解"，就是善于与身边的人进行互动，积极换位思考，获得他人的认同与支持，实现共赢；所谓"平衡"，就是在责任权利的复杂关系中把握好"度"，张弛结合，进退有节。

苏罡平时的工作是很忙碌的，他坦诚地说，在工作和生活之间的平衡一直做得不太好，或者说对于工作的投入往往是过度的。"当然，我正在努力调整自己工作方式与节奏，希望可以有更多的时间可以陪伴家人，毕竟，家庭的幸福是人生幸福的基石。"

毕业以后，苏罡依然关心母校发展，热情参与校友工作，他说，"'饮水思源，爱国荣校'不仅是校训，而且是每个交大人都应秉承的人生观和价值观，其中富含一种深刻的内心感情与行为表现，那就'感恩'。父母的养育之恩从来不能忘怀，母校的栽培之恩一样对我们的成长和成功有着至关重要的作用。为了让母校与学子之间的互动共荣能够长期可持续下去，我们必须投身回报母校，这样才能让一代代交大人都能享有母校给予的无尽精神力量！"

杨国平

1997 届（首届）MBA 校友
大众交通（集团）股份有限公司董事长兼总经理

细节之处方显大将之风

撰文 | 章君秋　编辑 | 傅晗玮

编者语：

　　作为 MBA 首届校友，杨国平用"务实"两字评价安泰 MBA，并且率先体验"边学边试，学以致用"的美妙。作为大众交通集团掌门人，他敢于尝试，勇于变通，更带领集团走过坎坷，迈向辉煌。作为上海企业家和浙商的杰出代表，他在业界具有广泛的影响力，多次荣膺各类国家奖项，并于 2016 年荣获"上海市浙江商会 30 年 30 人杰出奖"，成为行业标杆。"一要不断学习与创新，二要积极思考，三要永不放弃"是他坚持的人生准则，杨国平怀抱热忱，迈着稳健步伐，走在永无尽头的自我革新之路上。

‖ 安泰 MBA：一次改变人生的尝试

杨国平回忆起当年来交大进修的契机，正是 1992 年邓小平南方谈话之时，上海的改革开放也达到一个高潮，公司抓住这个机遇开始着手进行股份制改革。实际上大家对股份制心里都没有底，社会上也尚存争议。开始做股份制之后，他深刻感觉到需要学习更多的理论知识支持实践，1993 年下半年看到交大 MBA 开办的通知，毫不犹豫报了名，9 月份开始参加为期半年的培训，然后参加考试。进入安泰后，系统的学习对杨国平的工作有了很大的启发，特别是如何规范管理上市公司，像管理会计学、运筹学等管理方面的课程都是他以前从未接触过的。他回忆道："当时我们班上有四个人在上市公司工作，对上市公司这个概念，我们也是在循序渐进的学习中了解的，老师和同学们在课堂上交流上市公司的情况，看各个公司的财务报表、市场定位等。对我来说 MBA 的学习很务实，对我的帮助立竿见影，虽然当时学习条件较差，但是对知识的汲取让同学们倍感充实。"

杨国平认为，"MBA 是企业家的摇篮，课堂上学习的理论与工作中的实践相结合，会有更好的效果，但如何平衡工作与学习是一个重要的问题。现在大部分企业是支持员工继续学习的，比如我们公司会允许进修的员工合理调整安排自己的时间，对于学费，我们也有激励机制，对于成绩优异、拿到毕业证书的员工给予报销或奖励"。另一方面，工作与休息也需要做到平衡。"适当的运动可以放松身心，我以前打网球、游泳，现在年龄大了，就跑跑步，边看新闻边原地跑，一举两得；或者做俯卧撑，做俯卧撑锻炼很方便，既不占地方，也不用器材。"智者的才能不仅体现在工作上取得的成就，更体现在生活中的每一个细节。

‖ MBA 同学会：一个交流互通的平台

作为 MBA 同学会的会长，他介绍说，MBA 同学会从成立一开始就旨在提供一个互相学习，互相帮助，共同提高的平台。同学会这个平台，相对课堂来说比较轻松，有益于增进同学间工作交流和情感；对有些产品，或者工作上的困难，大家会提出来互相交流，从而打开新的思路，同时对自己公司也是一种宣传；还有新的课题、新的内容，大家也会在一起讨论，比如能源专业的同学，会讨论新能源未来在上海、在中国的前景到底怎样。

杨国平回忆说："有一次活动，我们专题讨论滴滴打车、快的打车，对传统订车方式的冲击。政府部门对此，开始是叫停的，后来是默认，现在是要求规范。我认为规范是必然的，随意加价、驾驶安全等问题如果解决不好，对消费者不利，所以互联网还需要不断地去深化、去创新、去改进。"说起同学会的活动，杨国平如数家珍。MBA同学会除了定期举办座谈会和论坛活动外，也会举办体育竞技类的球赛、太极拳比赛，以及文艺类的品茶会等。

‖ 商场实战：一种敢为人先的远见

杨国平所在的大众公用集团前身是浦东大众，他回忆起公司一路走来的经历和遇到的困难，并到现在发展壮大。他说道，公司是1991年12月成立的，邓小平南方谈话时提到考虑要开发浦东，当时浦西到浦东交通不便，特别是打车过去，单程要收来回费用。后来领导提出奖励政策，希望把浦东的出租汽车问题解决，杨国平的公司就响应了，备了100辆车，颜色是黄色的，专门作为浦东的大众出租车，这样就缓和了浦东打车难的问题。1991年公司也正好抓住了机会改制上市，后来由于汽车业务很单一，又改名叫大众科创，也想赶着时髦搞创投，但是发现创投风险很大，最后还是回到了熟悉的老本行做公用事业，便改名为大众公用事业。

‖ 现场交流：一点润物无声的感悟

在杨国平看来，MBA教育成功与否，很重要的是能不能培养出优秀的企业家，或者优秀的精英管理者。对于这方面，他的观点分为以下两点：第一，注重交流。他说，"在校生和校友保持交流，不仅可以把成功经验互相分享，也可以交流挫折的经历，吸取教训。"第二，提供适当的就业指导。他觉得学院相关部门可以与一些用人单位对接，对创新产业也要主动联系，请他们到学院来做一些推荐。他说："国外的大学经常会搞此类活动，校企与学校的互动。上海现在存在的问题是一方面企业缺人才，一方面学生难觅良职，这是因为信息不对称，学校可以促进此问题的解决。"

杨国平还分三点向我们阐述了他觉得最重要的准则。第一，不断学习，不断创新的理念。他说："社会在进步，我们不去学习，就是退步。好多新的知识新的理念在不断产生，只有不断学习，不断创新才能追赶时代的脚步。"第二，积极思考。"在工作中生活中都难免会碰到各种各样的困难，但是我的理念是办法总比困难多，所以要去想办法解决困难，不思考就只能困在原地。"第三，永不放弃。"自己选择做某个产业，就该认准方向，就算有时候会碰到暂时的困难，也不能轻易放弃，坚持以后可能就胜利，如果放弃就等于失败。"

2018 年，对于大众来说具有重要意义，即将迎来大众创业 30 周年的里程碑。2018年，也是建设新大众的开启之年。展望未来，杨国平踌躇满志，他表示将把创新作为企业发展的关键，以创新为机遇、以创新为动力、以创新为责任，把创新精神融入每个业务领域和板块中，实现新跨越，再创新辉煌。知行合一，奋勇向前，共同创造一个更加美好的新大众！

顾卫平

EMBA 2003 春 1 班校友
兴业银行总行资产管理部总经理

事业·人生·责任

撰文 | 顾卫平　编辑 | 冯倩

　　我曾任上海农学院经济系副主任、副教授，在经济和金融理论知识方面具有深厚功底，长期从事高等金融教育，每年都会输送一大批学生到金融行业，与金融行业有比较深的积淀和渊源，这也成为我后来进入兴业银行工作的契机。

　　虽然我一直在课堂上跟学生讲授银行是怎样的，怎样去做银行，怎么成为一个好的银行家，但因为自己没有在银行这个领域亲身实践过，感觉到是一种缺憾，就想到这个行业里去挑战一下。从学者到银行业，我顺利实现了行业的跨越，这一方面得益于在金融、经济方面的拥有比较扎实的理论知识功底，另一方面则是因为教师这个职业培养，造就了我长期以来的工作责任意识以及严谨的工作作风。而这一点是获得成功所必不可缺的。在我看来，银行应当不断思考如何推动经济、环境、社会与企业的协调发展，协调处理好企业

社会责任与企业盈利的关系。兴业银行提出"寓义于利"的社会责任履行方式，即"将社会责任与银行自身业务相结合，落实到银行经营管理的具体环节，并且在履行社会责任中寻找商机，探求一种可持续、可发展的银行与社会共赢的商务模式和社会责任实践模式。"

我曾做过一场题为《人生·理想·责任》的报告，以亲身经历和切身感受谈责任、谈感恩、说理想。"人生"，不是一种设计，重要的是脚踏实地一步一个脚印，循序渐进，重在过程；"责任"，概括而言，一个"不简单"一个"不容易"，从身边做起从小事做起，能够把一个小事天天做好，就是不简单。大家公认的非常容易的事做好，认真做好就是不容易。

由于我本身对教育行业的深刻了解，让我在就读交大安泰 EMBA 时，总会带一些批判的角度来思考问题。一般的学生，都是老师讲什么就接受什么，但 EMBA 是不一样的。我们带着问题来读书，来寻求解决方案，针对同一门课程，我们会有很多不同的理解。尤其我们首届的同学，在 EMBA 项目建立初期来读书，其实与项目是共同探索前行，我们的很多问题，也帮助项目完善了课程体系。在读书时期，每一次课程结束后我都会写课程笔记，这种习惯我也一直保持到现在。我想，"人生"，不是一种设计，重要的是脚踏实地一步一个脚印，循序渐进，重在过程；"责任"，概括而言，一个"不简单"一个"不容易"，从身边做起从小事做起，能够把一个小事天天做好，就是不简单。

通过 EMBA 的学习，我认为在几个方面得到了提升：一是知识得到了更新，整体素质得到了提升。EMBA 既带来前瞻性的战略思考，也带来很多实用的操练方法；二是利用学校 EMBA 的平台，能够建立和扩大社交网络；三是 EMBA 的学习既激发了学习的动力，又培养了学习的能力。

EMBA 很多的校友在实践方面都是非常优秀的，所以与他们的互动和交流过程中也会产生很多的火花。通过校友沟通交流的平台，我们把实践中的一些问题进行了总结，为下一步更好发展提供了开阔的视野。

而其他方面的思考，则与我的老本行——教育密不可分。一方面，如何更好地促进产学研的一体化；另一方面，如何让现有的教育摆脱浮躁，更脚踏实地？这也是我在招聘人才过程中的一些思考，希望大学生教育能有一些探索和创新。

在 2016 年成立的上海交通大学产投俱乐部金融分会中，我很荣幸地担任了名誉会长一职。我们计划搭建一个金融服务平台，可以让交大的实业家、企业家、金融服务工作者互动起来，促进产业和金融的互动与融合。我预感，这一组织将会促进交大在金融教育方面的发展，我也会更好地为我们产投俱乐部扮演好这个角色，做好资本对接，为校友服务。

从安泰毕业后，我也去了其他两所商学院进修——剑桥大学丘吉尔学院和沃顿商学院。我觉得从师资和课程上来说，它们并不比安泰强很多，最大的区别在于它们更加国际化，更加全球化，同时它们有更多的案例。现在安泰在国际上的排名已经很靠前了，希望不久的将来，安泰能够成为全球顶尖的商学院。

于 淼

EMBA 2003 春 3 班校友

季风书园董事长

戈壁行走汇聚的精英公益

撰文 | EMBA 中心　编辑 | 冯倩

编者语：

　　季风书园接盘人、农村中小学"好校长"成长计划和支教"志愿者支持计划"负责人、交大安泰 EMBA 读书俱乐部会长……70 后的于淼有很多公益身份，但在以往的报道中，很少谈及他自身的创业经历。作为一个成功的电子商务网站创业者，为什么会在人生的巅峰阶段选择向一名公益人士转型，于淼的答案来自挑战极限的体验，来自对生活和后代的思考。

‖ 从企业家到公益者的转型

2013 年 3 月接手季风，按于淼的说法，目前书店保持了自己的特色也实现了最基本的目标，使经营走上了正轨。于淼的另一个身份是某知名电子商务网站老板，以销售果蔬生鲜等餐桌健康食材为主。1996 年于淼创办了一家进口个人护理及化妆品代理公司，面向中高端消费群体在全国营销，主要渠道是百货商场和国际连锁超市。后来感觉"进场费"压迫太厉害，于是在 2006 年他又创办了 B2C 电子商务网站，试水网络销售。可以说于淼的创业之路十分顺利，赚到了自己在中国进口贸易及网络购物迅猛发展中的第一桶金。

辛勤创业十年后，于淼的人生出现了新的内容。2006 年，于淼参加了第一届"玄奘之路"商学院戈壁挑战赛。"在风沙中，每天要走三四十公里，这种情况下队伍会拉得很远，往往就是一个人走七八个小时。在冷清的环境里、在戈壁苍茫中感觉到了个人的渺小，与内心走得更近。"于淼从此每年都会去参加戈壁挑战赛。在 2008 年 5 月发生汶川地震后，于淼和队友们在戈壁比赛中休息时，聊起了灾难中人的意识和能力决定了生存机会，大家平时的侥幸心理被打破了，深感人生只要有一次碰到这种灾难就无法挽回。于淼说，"戈友"们立志做有专业能力的救援者。于是组织了一个救援队，专门请中国国家地震救援队队员来培训。当年 6 月他们就作为志愿者进入汶川灾区运送物资。玉树地震时，他们这支救援队第一时间出发，飞到西宁，又连夜开了十几个小时的山路，成为最早到达现场的民间救援队之一。

2010 年在第五次参加"玄奘之路"商学院戈壁挑战赛时，于淼和"戈友"们创办了志愿支教队。就在比赛前，于淼为了给公司寻找一个对口帮扶的希望小学，和同事到贵州黔东南实地考察。由于当地撤点并校，许多学校分布距离很远，山区道路十分崎岖，有的孩子上下学要走 4 个多小时山路，开车也只能一路缓行。于淼在戈壁行走时，跟"玄奘之路"创始人曲向东、程雯以及其他队友们聊起来，得到积极响应，并很快拉起了一批支持者来做这个支教项目。就这样，每一次重走戈壁总会给他带来更多思考，更多公益的想法和行动，并最终改变了他的生活轨迹。

2014 年，于淼又开始着手创办交大安泰 EMBA 读书俱乐部。在他及其核心团队的大

力推动下，EMBA 读书俱乐部从策划到成长，于2014年四月完成两场完美首秀：邀请王石先生来到安泰，成功举办"从古罗马读懂世界——《罗马人的故事》读书分享会"；隆重举办《乡村里的中国》记录电影首场内部点映，好评如潮。为进一步推动平台搭建，智慧分享，EMBA 读书俱乐部在精心筹备下，开始每月定期举办线下读书分享会，目前已成功举办六期，并发展出"心经学习"与"心雨诗社"两大支线组织。

▌ 做一个专业的志愿者

参加商学院 EMBA 戈壁行走的多数是企业家和事业有成者，于淼说，精英的参与很重要，宣讲、捐钱、捐物都需要精英们的支持，因为他们有影响力、传播力，当人们在物质水平达到一定程度后，得到行动和财务的自由，自然而然地内心就会产生这种"做一点更有意义的事情"的动力，只要有人去发动一下，就会水到渠成。当然，的确有的企业家做公益带有秀的成分，但是更多的人本身就有这种公益情怀，一旦有机会，大家就会通过捐款捐物等各种形式释放出来，平时往往被压抑在内心。

于淼把这种现象称为"回归"，他说"回归文明和秩序。文明是跨种族跨国家的。公民意识的觉醒就包括这种对慈善公益的追求，这不是西方文明特有的。每个人都有做公益的想法，只是取决于是不是认真想做。"就像灾难需要专业的救援队，中国的公益事业需要专业的志愿者。戈壁滩上成立的志愿支教队，从一开始就向专业方向靠拢，成立了秘书处，请专职人员来负责日常事务。"他们是用全身心去投入这个事业，很了不起。"于淼评价说，"正是因为有专职公益人士，志愿者们网络连接才更加紧密。有一个坚实的核心，公益项目才有可持续滚动起来的基础。"2011年，于淼作为创始发起人之一，正式在民政部注册成立了"戈友公益援助基金会"，全力支持支教和救援项目。

▌ 公益事业需要社会关注

志愿支教队现在已经基本形成"好校长成长计划"和"志愿者支持"两个项目并行的稳定格局。其中"好校长"项目是资助农村山区中小学校长参加支教队精心策划组织的培训，每年一期，到现在办了四期已培训了近 200 名校长。这些校长也要走上百公里戈壁，"校长课堂"帮其提升教育理念、领导力、管理能力等。于淼解释说，在培训内容设计上，主要考虑到校长是困难地区学校的负责人，培训一个好校长，就能带领一批好教师，做好一个学校的工作。除校长外，支教队还会组织学校的骨干教师参加"好教师培训计划"，最大程度上实现"上下同欲者胜"。

在另一个志愿者支教项目上，于淼团队也是实行一套严格的管理制度。对于报名参加的志愿者，都要实行选拔和统一的培训，并结合走访跟踪支教实绩。课程上使用统一教材、进度有序，特别侧重于音乐、美术、自然、阅读等素质课程。为了保护孩子的心理感受，项目严格限制支教老师，以确保支教不是体验生活，而是心与心的相互影响。于淼谈道："相对闭塞地区的孩子接触外界信息后，正面和负面作用都会产生，但在专业的支教工作中，积极作用远大于消极，最关键是要让孩子从支教志愿者身上感受到正面信息和爱的教育。"

"这是一个需要关注的事业。"于淼指出，"对教育这一块的关注特别重要，教育是推动社会文明进步的最强动力。乡村的孩子迫切需要这种关注。他们面临着严重的教育不平等，政府的关怀又不能全到点子上。虽然志愿者的力量很微弱，只能改变很小的地方，但是在现状下，与其指责和等待，不如身体力行，做一定比不做好。"

于淼坦承自己并不总是那么乐观，但是只有积极地做事才能走出悲观情绪和无力感。他认为，很多人都有这种共识，就是人在物欲功利中往往会迷失，而对内心的认识越清醒，就越有一种想要回归理性、回归良知的愿望。人生路上会有各种不同的诱惑，外在的财富解决不了你内心的挣扎。也许人的成就与天赋机遇有关，但是恻隐之心、推己及人则是与生俱来的，这才是一个正常社会的基本价值观。

陈凤文

EMBA 2003 春 6 班校友

台湾曦爵股份有限公司创始人、董事长兼总经理

远方的梦想，从事业到志业

撰文｜EMBA 中心　编辑｜冯倩

"我喜欢歌唱，从小唱到大；

我热爱公益，但我算不上慈善家；

我有远方的梦想，我愿为它遍走天涯……"

　　她，出生于台湾，拥有一个事业，两个志业。与她交换过名片的人都知道，她总会准备三张名片：一张是曦爵董事长的名片，一张是 Vocal Asia 理事长的名片，另一张则是为中国麻风协会所作的一首歌词。

　　她，口才出众、气质大方、坚韧刚强；她，既拥有出众的艺术涵养，也拥有过人的商业头脑。作为一家制鞋企业的掌门人，30 多年来，她凭着满腔热忱在上海打造了属于自己的鞋业王国。2000 年她的公司首次成为沃尔玛最佳供应商；同年，她成为中国麻风协会终身义工，为大陆的麻风病人服务；并在台湾成立了自己的合唱基金会……十几年间，她不断推动着制鞋"事业"和慈善、音乐"志业"的发展。从事业到志业，远方的梦想从未停歇。

她，就是台湾曦爵股份有限公司创始人、董事长兼总经理，交大安泰 EMBA 首届校友——陈凤文，被同学们尊称为"凤文姐"。不是慈善家，但愿做慈善的桥梁，在陈凤文看来，慈善要亲力亲为。如此，快乐才会来到你身边，收获才会更大，施比受更有福。在她身边，有很多企业家没有时间，却想帮助别人，而正好有人需要帮助，陈凤文就把自己归类于"中介"这样一个桥梁人物。"我不是慈善家，都是随意做、随手做、随时做，从来没有去做什么了不起的事情。"陈凤文总是谦虚地说道。

最初接触麻风病人，是在大学毕业时随唱诗班一起去慰问，她感觉非常震撼。为了给病人更多一些温暖，之后她常去看望他们，"刚毕业时没有任何经济能力，只能在精神上帮一点忙。"直到 2000 年，国外基金会愿意到中国大陆来，而当时她从台湾到大陆已经15 年左右，有了一定经济实力，对这一块了解也比较多，感觉有责任把钱用在对的地方，就正式投入进去。第一次到麻风村，她就明白了自己为什么要来："我是做鞋的，为麻风病人制作适合他们的鞋子，这是我的使命。"十几年来，陈凤文的爱心足迹遍布四川、云南、陕西、甘肃等各个贫困偏远地区。除了捐资，她还为山区麻风村的病人制作特殊的鞋子以便其行走，为麻风病人子女兴建学校而四处奔波筹款。

一开始发现孩子们需要帮助，她不好意思去求人，就自己咬着牙养，也不知道养了多久。"后来想想实在很可笑，其实慈善是需要扩散的，需要让大家都知道、都参与。"在陈凤文的影响下，公司几乎每个员工也都参与进来，帮助处理具体事务。陈凤文给大家一个理念：不要认为没有拿钱出来就没有介入慈善，因为大家在工作上让她放心了，才能去做更伟大的事。"我要上山是因为你们允许我上山，如果公司有各种大事小事需要我去忙，我哪里去得了？所以全公司是我最大的助力！"

但仅靠个人和公司的力量还是微薄的，交大安泰 EMBA 为她提供了坚实的支持平台。"这里集合了很多有能力、有力量为社会奉献爱心的精英人士，能凝聚起他们的爱心共同伸出慷慨之手回报社会，这是我就读 EMBA 的最大收获。"陈凤文说，她要让每一分爱心钱款都落到实处，"我不求做大，但务必要做实"。当时，班级同学每月聚会都有一个比较

特殊的环节：选择两位同学谈谈自己的行业、理念和想法。当轮到陈凤文时，她谈到了正在从事的麻风慈善工作。当场，很多同学表示愿意加入，她便承诺自己一定亲自把每一分钱用到该用的人身上，并每年反馈给大家。也就是从这时开始，因为有了同学们的捐助，她加大了投入力度，真正深入了慈善事业，把自己当成了慈善的桥梁。在她看来，这是一种责任。"我会先认养所有需要帮助的孩子，甚至全班认养，列出名单，再由大家根据各自意愿分担出去，最后自己承养所有剩下的孩子。"目前，陈凤文准备做一个公益基金会，旨在保障未成年儿童的权利。

《远方的梦想》是陈凤文准备开始深入慈善志业时，两个女儿为自己写的一首歌，姐姐作词，妹妹谱曲。这首歌令她感动，女儿和自己的心那么接近，完全写出了自己对山上那群孩子的感觉，诠释了对慈善的热爱、对音乐的追求。陈凤文曾说："快乐不是一个梦想，它可以变成一个事实。从歌词里就可以看出一点一滴的爱心是可以汇聚成海洋的。梦想与其说能否达到，不如说我们永远在路途中，永远有不同的人、不同的对象需要我们给他一个梦想。"

陈凤文从小就对艺术特别喜欢。"我喜欢唱歌，从小唱到大，一直参加合唱团。"大学的合唱团，每一年作为一代，她是第5代，现在是46代。她现在每年还回学校，去看看学弟、学妹，提供一些所需的帮助，几十年下来就像一个家庭。2000年，陈凤文和学弟一起成立了自己的合唱基金会，并在全球考察时于奥地利发现了"阿卡贝拉"。阿卡贝拉拥有几百年历史，曾是教堂清唱的声乐。当时，她便直觉这将会是未来年轻人最流行的音乐形式，便开始在中国台湾积极地推动。十几年来颇有成果，成立了大约60多个团。后来引入上海，并将整个平台扩展到全亚洲，日本、韩国、中国香港、新加坡纷纷加入了这一联盟。

如今，阿卡贝拉舞台不仅是个艺术的舞台，同时也成为一个慈善的舞台。十几年来，陈凤文组织的多支合唱团队与奥地利、欧美等国经常开展文化交流。她也经常利用各种演出的机会，宣传麻风病人的境遇，争取更多社会善心人士的帮助。"实践证明，将文艺与慈善相结合，有时能唤起更多人的共鸣。"陈凤文也曾为交大举办了多场音乐大师讲座，同时她又是维也纳大师班协会的国际赞助人，该会长期为各国有音乐天分的青年作进阶大师级的培育，已有三十多年的历史，许多今日的音乐大师年轻时都曾受惠于此。陈凤文的企业管理模式也得益于音乐与合唱。整个办公环境的布置充满艺术感，上班时背景音乐不停，"我相信音乐的力量，它让大家平和。"同时，合唱除了音感还需要与同伴的配合，这种合唱观念会让人无形之中很自然地关注每一个人，并带动整个团队。"企业负责人就如同一个指挥家，指挥着一场最精彩的演出。"在她看来，企业还要关心员工的家庭状态，关心他们的情绪，给他们温暖的感觉。如果一个企业能够与员工形成这样一种互动，就可以增加很多内聚力。

　　一念之间，拉近心的距离选择交大安泰EMBA继续深造，陈凤文坦言突然感觉整个人的气息都年轻许多。同时，也是选择了一种工作的"退场"机制。她把自己目前的生活状态描述为"不务正业"，"事业是赖以生存的基础，但在努力打拼到一定阶段后，我把更多花费和精力投入到喜欢的慈善和音乐上。"

　　在陈凤文看来，安泰EMBA是一个平台，理论学习只是一个基础，最重要的是大家一起头脑风暴，激发火花，从而创造出更新的事物，这是她觉得最好的一种教育方式。同学们来自各行各业，每个人都勇于表达，很多人还很年轻就在行业里达到了很高的地位。当听他们讲出心声，如同自己的孩子，也更深入地理解了自己的员工，使本就和谐的企业关系变得更为圆融。"交大永远是与时俱进的，随时关注着校友的需求。希望今后的课程与活动中可以增加更多人文方面的因素。"同时，她也希望学弟、学妹们能从现在就开始思考十年、二十年、三十年后自己的志业在哪里，从年轻时开始建立，找到一生的志业。

欧阳泉

EMBA 2003 秋 3 班校友

深圳市宝安华丰实业有限公司董事长

学习是人生真诚的伴侣

撰文 | 欧阳泉　编辑 | 冯倩

编者语：

　　欧阳泉，深圳市人大代表，宝安区政协常委。交大安泰 EMBA 2003 秋 3 班校友，现任深圳市宝安华丰实业有限公司董事长。曾获"宝安区纪念改革开放 30 周年优秀企业家""2010 年第三届深商风云人物""光彩事业奖""首届鹏城慈善奖"等。

　　人生最大的幸福，绝不是拥有了金钱等物质财富；人生最大的乐趣，我觉得是把学习当成了真诚的伴侣。与交大安泰 EMBA 项目结缘，不仅给我带来了知识上的财富，更可贵的是，在这个高端平台上我获得了莫大的乐趣：向智者求知，与强者共进。

犹记创业初期，工作千头万绪，繁忙的事务占据了我大量的时间和精力，随着事业的持续发展，我创建的深圳市宝安华丰实业有限公司逐渐发展成大规模的集团企业，所面对的是更为广阔的天地，同时，也要面对残酷的竞争和激烈的挑战，我意识到：只有学习才能不断提升自己、超越现在。2003 年，我报读了安泰 EMBA。我清晰地记得在报名表中"在为何入读交大 EMBA"一栏中，我是这样回答："我是一名普通的企业经营者，带着诸多的疑问以及把企业做大做强的愿望走进 EMBA 的殿堂，我希望通过 EMBA 的学习开阔我的眼界，丰富我的视野，提高我驾驭企业的能力，为民族企业的发展作出应有的贡献。"

重返校园，不只是空间上的转移，而是个人从企业家到普通学生的身份转变。在这里，我必须收起平日里在企业所有的权力和权威，心态回归平静，抛开种种烦扰，虚心求学，潜心修炼，努力以智者为师，以长者为师，以能者为师。我与其他同学一样，带着经营中积累起来的十万个为什么和经营中的千千结来到安泰寻求破解的办法，在求学的日子里，我们似乎都忘记了年龄、学历、行业、区域等因素，尽情地投入到无穷的书海中。那期间，我们可以为了讨论一个问题而激情碰撞，各抒己见；抑或为了破解一个难题而废寝忘食，全心投入。可以说，交大安泰 EMBA 就是我们企业发展的智囊库，更是良师益友。

为了进一步拓宽自己的视野，2005 年 5 月，我参加了学院组织的赴美国、加拿大游学活动。在历时 15 天的游学期间，我和同学们一道参访了国外的一些著名大学，包括哥伦比亚大学、华盛顿大学、斯坦福大学、旧金山大学和南加州大学等高等学府，考察了美国的波音、微软和 Google 等知名企业，并在硅谷与创业者们及风投专家进行了深入的交流。EMBA 学习不仅丰富了我的理论知识，而且让我体会到了世界知名企业管理创新的精髓，领悟了世界最前沿的经营管理理念。

走出校园，我倍感能量十足，豪情万丈，带着新的经营方式和管理理念回到企业。当时我的企业正走多元化道路，过快的业务增长与内部管理不能同步相长，造成管理缺位、资源分散、资金零散等问题。在老师的指点下和同学们的帮助下，我的企业目前已发展成为集房地产开发、物业经营、矿产开发、商业零售、石油贸易、融资担保和企业管理咨询于一体的大型多元化民营企业集团，是宝安区乃至深圳市最大的外引内资企业，企业也实现了从转型到成熟的过渡，并平稳地走过 2008 年以来的经济危机。时至今日，我依然与

同学中的众多商业强者一块，互通信息，奋力进取，回报社会，践行着上海交大"饮水思源，爱国荣校"的校训。

人生无处不学习，学习已然成为了我人生成长不可缺少的伙伴，时间越久，越显珍贵。交大安泰的熏陶，让我不断获得对人生意义、企业责任思考的智慧源泉，更加深刻体会到个人、企业、社会三者间的整体关系。我们交大安泰 EMBA 学子的责任，就是要在追求人生事业成就的过程中，发扬交大的精神，胸怀天下，团结一致，做大做强企业，履行社会责任，为国家发展、社会进步贡献更大的力量。

吴林元

EMBA 2005 春 1 班校友
苏州林华医疗器械有限公司董事长
交大 EMBA 苏州校友分会理事长

这世界唯一不变的是变化

撰文 | EMBA 中心　编辑 | 冯倩

编者语：

　　20 世纪 90 年代，组合音响和纯平彩电开始走进中国老百姓的家中，西装、时尚皮包让中国人的衣装更具品味，随着 IT 技术的发展，电脑也逐渐走入千家万户。这是中国经济腾飞的黄金时期，对于擅于抓住机遇的吴林元而言，这是他最好的时代。

▌ 抓住机遇，多元发展

　　90 年代初期，吴林元将这个阶段的自己定义为"生意人"，在成为一次性注射器配件

"中国针座护帽大王"后，他于 1996 年成功收购苏州意华塑料制品有限公司（当时为吴县市第一家中外合资企业），由此公司完成了由注射器配件生产商到注射器生产商的转变，他自己也由生意人转变成了商人。

"不要把鸡蛋放在一个篮子里"，90 年代中期开始，吴林元开始了企业多元化发展之路。他的触手由江苏延伸到香港、北京、上海、苏州、广州等地，业务内容涵盖新能源、新技术、健康养生、矿产、有色金属、橡胶制品、家具、工艺蜡烛、基础建设、房地产、医疗器械等多领域多行业，最多时拥有 12 个公司，发展进入了多元化的误区。

Ⅱ 聚焦时代，华丽转身

"2005 年到交大 EMBA 读书，引发了我对于整个公司战略布局思考的极大转变。可以说，在交大 EMBA 的所学所悟，是我制定现在企业发展方式、方法的根源。"吴林元将这一转变总结为三点，从多元化转为专业化，从小而全转变为专而大，从舍近求远转变为聚焦国内市场。

"改革开放以来的时代是需求大于供给的时代，但现在时代已经变了，这就需要我们思考以前的发展方式是否适应现在的时代发展。"少就是多，窄就能深，舍就是得。吴林元将企业定位于专注临床护理产品及服务，"因为只有专家才有可能成为赢家，所以林华要迅速地从产品销售年代跨入品牌营销的时代。"2014 年，企业以生产高分子医用耗材为主，拥有员工 1 000 余人，生产基地占地 68 000 平方米，其中 10 万级净化生产区面积近万平方米。

聚焦时代，华丽转身，吴林元个人也正在从商人转变为企业家。在吴林元的理念中，要成为真正的企业家要包含三个要素：第一，驾驭的企业是一个健康、可持续发展的上市公司；第二，中国市场占有率数一数二，并且有持续好的品牌；第三，企业领导者个人品牌的建立。

Ⅱ 饮水思源，爱国荣校

2010 年，吴林元牵头成立了交大 EMBA 苏州校友会，打造了一个校友之间充分交流与沟通的平台，也充当着校友和母校之间联系的纽带。作为两任会长，吴林元表示，"要做好校友分会的工作，出发点是很重要的。我怀着感恩之心，用心经营。也许这需要我比其他校友投入更多的精力，但是我一直牢记交大'饮水思源、爱国荣校'的校训，并将它贯穿于校友分会工作以及我个人工作、生活之中。"

对于社会公益活动，他也始终以感恩的心态来对待。他表示："参与社会公益活动，不仅是一种义务，更是一份责任。企业只有有了社会责任，才能实现持续长远发展。"近年来他的善举涵盖了社会公益的各个方面，修桥补路、助学济困，探望孤寡老人、抗洪救灾等。对此，他说，"作为民营企业家，我并不是为慈善而慈善，更希望实实在在地做点事，为社会尽绵薄之力。"

他说，"老人、小孩、佛教"是他人生中的三面镜子，折射出他的人生价值取向，也帮助他及时调整心态，用更踏实的脚步前行。"思路决定出路，方向决定速度，胸怀决定格局"，吴林元一直用实际行动践行着自己的人生规划。对于"后EMBA"的学习生活，他希望交大EMBA能搭建一个沟通顺畅的桥梁，通过校友真正感兴趣的活动把大家整合起来，从而培养更多的商业领袖，创造更多的社会价值。

蒋东良

EMBA 2006 秋 1 班校友
江苏宜安建设有限公司董事长

安泰情，宜安梦

撰文 | 蒋东良　编辑 | 冯倩

编者语：

　　蒋东良，江苏宜安建设有限公司董事长，交大安泰 EMBA 2006 秋 1 班校友，交大安泰 EMBA 校友会副主席、秘书长。他将由几十个农民工人组成的乡镇起重安装队，锻造成为今天拥有 6 000 余名从业人员、具有机电安装一级总承包资质和多项单项资质配套的现代规模企业。自 1976 年创办企业至今，他曾 12 度获得中国建筑工程最高奖——鲁班奖。他热心公益，是中国公益事业十大突出贡献人物，也是中国"EMBA 十大社会责任领袖"之一。

2006 年秋天，我来到交大安泰学习，两年求学路，虽不及"脱胎换骨"，却也洗去了旧俗，改变了心智。志存高远，脚踏实地，我以我身为这样的安泰人而自豪。

彼时，我在数十年的管理实践中已经摸索到了一些门道，也有了比较"接地气"的管理方法，但问题也很明显：首先是想法零散不成体系；其次是难以上升到理论的高度；最后，与国内外最前沿的知识不接轨。亦即：深度、高度和广度都有所不足。

《师说》有云："人非生而知之者，孰能无惑？惑而不从师，其为惑也，终不解矣"。我来到安泰，是为解惑，其间时而醍醐灌顶，时而豁然开朗，但终习得"拨云见日"之法，习得"化繁为简"之术。

有两位老师让我印象深刻，其一便是魏杰教授。魏师授宏观经济，常娓娓而谈，但又深刻犀利，直指要害，穿针引线，不离其宗。其二为孟宪宗教授。孟师授战略管理，异思妙想层出不穷，创新观点与时俱进，富有生命力。"所谓大学者，非谓有大楼之谓也，有大师之谓也。"安泰的师者们，除了授业解惑，也以其气度与境界，将处世态度言传身教，让我受益无穷。

安泰 EMBA 以"培养有德的领导者"为使命，这与我一直思考的企业的社会责任课题不谋而合。毕业时，我独辟蹊径，将"企业社会责任"作为毕业论文的选题。我认为，现代企业的百年大计与相关战略的关系可能要进行内涵与形式的扩展，这一方面是源于我对企业经营的实践思考，另一方面也来自对近些年来中外发生着的风云变幻的企业"生死"无常的解读。以我之浅见，现代企业的社会责任这个课题已得到了越来越多的重视，非战略管理领域的研究同样重要。两年多的学习，不仅使我建立了系统的理论基础，具备了发现、分析、解剖问题的研究能力，更使我拓展了视野，明白了不断地学习才是理论创新和实践创新的源泉——我当时也想，写好这篇论文，可能是我向这个时代，向宜安人、向我的老师同学们致敬的最好方式。

2008 年秋季，我的毕业论文顺利通过并获得好评。其间，师长的殷殷鼓励，业界同行的认可赞许，使我有了将论文更为系统化后出版成书的念头，于是，便有了《非战略管理的战略思想——现代企业社会责任观》这一本书。这本书，通过对宜安建设公司在社会责任实践方面的剖析，探讨企业社会责任的内涵，试图建立一个"好"企业的标准，以及传达一种"正其宜不谋其利，明其道不计其功"的精神。一斑窥豹，见微知著，它是我和

宜安人的心血与追求。

从几十年前独自到上海打拼，到今天带领农民兄弟们先后 12 次获得"鲁班奖"，一步步砥砺前行，我也从一开始只想赚钱养家过好日子的穷小子，成为今天希望为社会谋福祉的企业管理者。因此我倡导做好"企业公民"，一个公司要把社会的基本价值观和日常的商业的运作结合起来，才能很好地履行自己的社会责任，并且用自己的商业运作以及自己各方面的行为，来促进整个社会的进步。我认为，对于企业和企业家来说，道德因子和社会责任是企业发展的动力。一个负责任的企业家不但要做物质财富的创造者，更要做精神财富的弘扬者；不仅要发展好企业，更要通过自己对困难群体的救助担当起企业家和企业的社会责任，实现道德追求。

"身边人，眼前事，马上做。"秉承着这个朴实的观点，我们已投入 5 000 多万元用于公益事业。其中，云帆教育基金、上海交通大学社会管理创新人才培养基金、上海宜安梦公益基金会等数十项先后设立的专项基金，为农民致富、帮困助学、社区服务、青年创业、救危助残等公益项目进行资助。因坚持公益事业，2014 年，我获得学院颁发的"年度社会感恩奖"，这是我最为看重的奖项之一，这一奖杯，至今放在我办公室最显眼之处。

"为天地立心，为生民立命，为往圣继绝学，为万世开太平。"横渠先生这四句话，常常引我深思。其思虽远，其力却微，然若每个个体都能摸着良心做好自己的事，则"大同"之日可期也。此时此刻，国家和社会需要我们的企业、我们企业家率先垂范，全面担当，这便是我的风骨。不求闻达于天下，只求安然于己心。这也是安泰教给我的，最重要的道理。

张春霖

EMBA 2006 秋 2 班校友

上海巴安水务股份有限公司创始人、董事长

锲而不舍，不断超越

撰文 | EMBA 中心　编辑 | 冯倩

编者语：

　　张春霖，交大安泰 EMBA 2006 秋 2 班校友。上海巴安水务股份有限公司（股票代码：300262）创始人、现任公司董事长、全国工商联环境常务理事、上海青浦区政协委员、全国化工机械与设备标准化技术委员会委员、《石灰乳液自动配制系统装置》国家标准主要制定者、参编《电去离子纯水制备装置》行业标准。

　　1997 年，年轻的张春霖离开了当时中国最大的电力设计院——华东电力设计院，开始自己创业。那时的华东电力对所有人来说是个"香饽饽"，不仅工作稳定，收入也比较高，在设计院期间，张春霖担任了不少工程的主要设计人员，也参与了一些大型工程项目的谈判。十多年的工作经验，对设计院的工作流程以及技术的掌握已经很熟悉。那时他就感觉应该要有所改变有所突破，去实现自己的理想和人生目标，于是毅然选择了辞职，白手起家。他将英文和法文中最美的两个字组合成了"Safbon"，寓意巴安水务未来美好的发展。

张春霖不顾家人反对开始了自己无法预期的创业之路，遇到了很多困难，但创业对他来说仍是一笔巨大的财富。那时张春霖内心目标非常明确，他飞遍世界各地，向国际同行学习先进经验，寻找项目合作机会，宣传推广技术方案。2001年3月，在塔利班向人类文化遗产——巴比扬大佛开炮、美国向阿富汗塔利班宣战时，张春霖正在底特律转机；"9·11事件"第二天，他直飞美国，受到了史上最为严格的安检；2003年，萨达姆政权倒台的前夜，风声鹤唳，他却飞赴伊斯坦布尔转道约旦，租车前往巴格达……寻知之路充满艰险，然而艰险中也充满欣慰和自豪。他曾七次赶赴印度，两次前往伊朗和中东地区，在伊朗能源部和印度国家电力公司做了三个多小时的技术讲座；多次赴欧美国家用英语去宣传巴安公司具有自主知识产权的凝结水精处理技术，受到了高度评价。回首来时路，他总结为：有了理想就要行动，选择了就不能放弃，就要在行业内做好做大做强。

随着公司的不断发展，管理上也开始出现了一些问题和瓶颈。张春霖选择走进交大安泰EMBA，正好老师所教授的就是实际公司管理中所需要解决的，与他的需求十分契合。课堂上老师为同学们在工作中遇到的一些问题和困难进行了系统梳理，尤其是一些公司战略、管理流程以及财务方面的问题。梳理之后，大家再把学校里学到的东西运用到公司实践中去，进行了各项业务的正规化治理，为公司后期发展奠定了很好的基础。

交大安泰EMBA课程的学习方式比较独特，在整个课程体系中，整合项目的设置使张春霖受益匪浅，其中"公司绩效提升"采用班级同学企业作为研究对象，集课程教授和全班同学之力为企业诊断，献策献力。当年巴安被选为对象企业，为此张春霖专门组成了工作小组，里面包含了公司的管理层和各职能部门的主管，配合教授组织案例、企业情况介绍，并参与到交流与互动中。回忆起那段时间的学习，张春霖表示大家提出来的建议让管理团队受用终身，也就是从那时起，巴安开始迅速发展，并于2011年成功上市。

移动课堂也给张春霖留下了非常深刻的印象。他们班先后到新疆、山东等地进行了移动学习，把教学内容与实际企业的运作结合在一起。很多同学公司做得大，管理的资产和员工比较多，在这样的平台上一是同学之间的交流会更多，二是可以了解同学企业是如何管理和运营的，学习到了很多同学先进的管理思路和方法，还有对公司战略、赢利模式等等方面的思考，启迪颇多。

学习之外，张春霖还是交大安泰EMBA户外俱乐部成员。2011年公司上市之前，他感到很大的压力，急需寻找一个渠道释放。此时户外俱乐部正好组织了一次楠溪江的徒步登山活动，张春霖就参加了。当天，他们通过10个多小时的登山活动，让心灵得到了彻底的休养，身体得到了锻炼，自此他就爱上了户外，并选择参加了2012年的"戈七"挑战赛。

"戈七"对身体和意志都是一次极限考验，要凭借强大的意志走到终点。这次走戈壁的活动让张春霖深切地感受到"理想·行动·坚持"的玄奘之路精神。回到公司后，他把这次经验分享给公司的中高层管理人员，要求积极组织小规模的徒步活动，把这种精神融入到生活和工作中，并不断传递给周边的人，这对自身及公司未来发展都是有益的。

在校期间，张春霖还有一件特别触动的事。2007年底，交大安泰举行了一次"VC"活动。通过这次活动，EMBA项目逐步地把同学们引向了资本市场，巴安水务也开始第一次与资本市场接触，慢慢萌生出上市的念头，并在毕业后一步步走向了现实。公司运营，正是这样一个终身学习、终身受益的过程！

张春霖非常喜欢"静水流深，厚德载物"这八个字。静水流深是一种修养，一种气度。海宽不如心宽，地厚不如德厚，厚德载物是寓意做人要有道德，心胸应当像大地那样宽广厚实，载育万物和生长万物。他把这八个字作为公司的哲学理念，认为创业犹如做人，这也是他成功人生理念的体现。

感谢交大安泰，祝愿安泰新百年更好！

黄平璋

EMBA 2007秋2班校友
怡盛集团董事长

生命不会重来，不要让自己后悔

撰文 | EMBA中心　编辑 | 冯倩

　　2003年，黄平璋的产业开始进入大陆市场，当时已是台湾最大的物业管理集团。因为台湾市场很小，黄平璋判断未来市场一定是在大陆。他说，大陆和台湾是一家人，同一个民族同一个血脉，但分割了几十年，很多文化价值、生活模式、商业模式的落差还是很大的。有人讲"三本"到位，本尊、本事和本钱，本尊就是作决策的人，本事就是专业和能力，本钱就是资金。刚到大陆时，他对市场不了解，犯了很多错误，随后他慢慢去了解文化的差异、客户的需求、同行竞争的差异，发展速度就一直在加快。黄平璋说，人生目标一定要清晰，遇到挫折要勇往直前，一直修正到成功为止。所以，毅力决心和策略眼光很重要，而策略比努力更为重要。

　　公司刚进入大陆时，因为对市场不熟悉，黄平璋选择了交大安泰EMBA，想通过读书先了解市场，了解大陆企业家和整个企业界的思考逻辑和策略是怎样的。"可以说两年的课程安排得很好，开学模块的新生拓展就是让同学们从不熟悉到熟悉的过程，虽然只有三天两夜，但对于同学之间感情的交流很有帮助。最重要的是同学之间有机会一起去讨论、一起去研究一个模块，从不同的角度去看别的产业。""赢利模式大赛对我的影响比较深，因为每个同学都是企业家或者企业领导，每个人都有优点，我又是班长，需要从每个人不同的思考逻辑和做人处事风格去整合所有同学的一切想法，这方面其实给我很大的启发。"说到这两年的学习，黄平璋感悟颇多。

毕业后，班上的同学们还常常聚在一起，给他带来最真切的信息和方向，有很多本地化的思考逻辑和价值判断，帮助非常大。在校期间，黄平璋从未迟到早退过，几乎每次都是全班第一个到学校，每次课前都会预习，上课时与老师的互动会很好，课下则把所学转化为一些方案运用到企业中去。

有一句老话叫"师父引进门，修行在个人"，黄平璋认为，学校把大家带进知识殿堂，便要用心去感悟，当有感悟之后能不能变成持续的行动，那就是个人问题了。学校的每次活动都有它的意义、教学理念以及使命，如果同学们用心去参与领会，一定会有很大的收获。黄平璋是一位爱家之人，他认为，一个人要能够成就伟大的事业，首先要把家人照顾好，"爱就把它讲出来"，与家人共同成长。

在黄平璋看来生命中有三件重要的事，有三种使命："第一，让下一代比你更好，作为父母如何培养更好的下一代。第二，让自己变得更好。今天的我们不是昨天的我们，而是三五年前我们选择的策略成就了今天的我们，我们今天做的任何策略和决定也将在三五年以后成就另外的我们。第三，帮助所有人，包括众生，并回馈社会。每个人都要期望自己有能力去帮助别人，这才是生命的意义。最近我一直鼓励一些同学和朋友在获利的同时去做慈善。慈善是有能力帮助别人的天职，帮助别人不一定是钱，包括一个鼓励、一个赞美、一个眼神，其实都是慈善。别人因为你的一个眼神和一句话而对生命充满期望和动力，那就是慈善。精神层面的力量是超越其他所有一切的。"

一直专注公益事业的黄平璋成立了一些奖学金项目，同时组织一些济贫的活动，帮助安徽省的小朋友继续读书，他还带领班级里的同学们募捐，希望能在这些孩子成长的时候可以一直帮助他们。

信佛的黄平璋，这几年在做心灵禅修和修身养性的功课，会花很多时间在打坐和自我沉思方面。他认为企业家内心要足够沉静，不是多能干，而是多智慧。所谓智慧就是碰到问题后冷静处理事情的能力。很多人为什么会成功？因为冷静。有人说人情绪不好的时候智商只有几岁，所以企业家如果能够保持平静、清净的心去做决策和判断，他认为这样很重要。如何留住黄金岁月，如何给人生、给后代留一点好的榜样和回忆，这是黄平璋要去很努力、很认真把握的事情。

生命不会重来，不要让自己后悔！

张荣华

EMBA 2007 秋 2 班校友

天津荣程祥泰投资控股集团有限公司董事会主席

安泰于我，有比攻玉

撰文 | EMBA 中心　编辑 | 冯倩

编者语：

  2007 年的秋天，张荣华走进了交大，坐在了安泰的教室，她形容这种感觉犹如回到了孩童时代，陌生而亲切。让她刻骨难忘的就是那句"饮水思源，爱国荣校"的校训。在此，她看到了人生的航标，联想到她和先生一路走来所坚持的"感恩社会，传承爱心，自强不息，奋斗不止，永不言败"的宗旨和精神。怀着感恩与坚持的心境，一路走来，并将一路走下去。

‖ 安泰求学，有比攻玉

一生当中，总有一些事会刻骨铭心。然而能够留下深刻心灵痕迹的这些事当中，并非都是惊心动魄的，而有一些可以说是润物无声的。在安泰的两年，对张荣华而言当属这一种的经历。

"我们这一代企业经营者的经历可谓是前无古人，难有来者。经商下海，一切都是从头学起，从实干中学习，向行业标杆学习，从挫折、困难中学习。我们每一分进步，都伴随着困苦和奋斗。这样的经历磨炼了我们经商、治企的经验和能力，也成就了我们知难而上、永不言败、以利他为基准、关心社会、体恤同僚和下属的信念。更加清晰的认知百年的根基在于诚信、利他、创新、感恩和奉献。"

张荣华与先生张祥青，曾经历十分艰辛的创业岁月。1991 年，张祥青怀揣辛苦挣下的 1 万元，加上凑来的 8 000 元，上北京进废钢，投身废钢贸易。没想到，第一笔生意就把本钱亏光了。天生不服输的夫妻俩却决定坚持下去。1994 年，他们创立顺达冶金原料厂，走上实业报国之路；2001 年，仅用短短 14 天时间，改组成立天津荣程钢铁厂，创造了短时间内将一家企业从濒临倒闭转变为迅猛发展的天津奇迹；2003 年，实现集团化经营，开启规模化发展轨道；2010 年，荣程集团实施战略转型、正式启动"做精钢铁，做强科技金融，做大文化健康产业"的转型战略，进入多元化发展新阶段；2013 年，提出"围绕工业实体，结合现代物流，打造电商平台，实现互联网金融新业态"的四位一体、联动联合发展新模式；2014 年开启全面转型升级。

走过了 20 多年的风雨历程，张祥青身任集团董事长，奔走台前、风云叱咤，战略指挥；张荣华位居集团总经理和总裁，运筹帷幄、低调谦和，落实执行。一个濒临破产的小铁厂脱胎换骨，一座现代化的钢城矗立津沽大地。这对情深伉俪，携手缔造了中国钢铁发展史上的传奇。

君子切磋不误琢磨。随着集团公司的不断壮大，张荣华夫妇开始意识到在集团建立现代企业管理制度的重要性。于是，她来到了安泰，接受前沿知识的熏陶。在安泰，张荣华获得了来自三个方面回炉般历练：一流学府的严谨学风；资质出色的同窗互熏；系统的知识加上实战的案例模拟。而其中严谨学风最为紧要而深刻，它在张荣华心中唤起了对知识、学问的敬畏。严谨的学风，也许成型在师资的标准、备课的认真、课堂教学的卓有成效、论文的严格要求，对于张荣华而言，这一切都传承着百年积淀，她说："这里的一切都是厚积薄发，在这里容不得造次、轻慢。所谓百年名校就是在她的基石上铭刻着，在任何风云变幻，世事变迁都不改变的：宣誓学问的尊严，捍卫知识的地位。"

两年的时间，张荣华学习到企业现代化管理的系统知识，不断用新的管理理念来驾驭企业发展。2014 年，荣程集团已成为以钢铁为主业，涉足科技金融、文化健康、资源开发等多领域的大型现代化企业集团，连续多年位列天津市百强私营企业第 1 位。她心中继续描绘着荣程的蓝图——未来，荣程将全面完成厂区规划、绿化、工艺、技术和装备改造升级，使环保治理、循环经济建设达到国内同行业一流水平，实现由传统钢铁企业向精品特钢企业转型，打造绿色生态型优特钢企业。

‖ 为责任而生，为使命而活

2008 年 5 月 18 日，在中宣部等部委联合举办的"爱的奉献"募捐晚会直播现场，原本高举 3 000 万元捐赠牌的张祥青在讲话后，突然提高语调，铿锵有力地说道："我和太太刚刚决定，再追加捐款 7 000 万元，给孩子们建震不垮的学校！"瞬间，这位曾是唐山大地震遗孤的献大爱、行善举的民营企业家走进了亿万国人的心中。然而，天有不测风云，2014 年 8 月，张祥青先生因突发心脏病医治无效，英年早逝。张荣华用瘦弱的肩膀，以女性的柔弱和坚韧，扛起了公司大任，她内心勾画着与先生共同描绘的蓝图，静静地思念着他。

在一直信奉"为责任而生，为使命而活"人生格言的张荣华看来，比财富更重要的是生命，是对社会的沉甸甸责任。"我们的荣程是荣程人的荣程，是社会的荣程，是国家的荣程，我们做大企业，为的是更好地回馈社会，这也是我一直坚持积极投身扶贫济困的公益事业的原因。十年来，我们积极投身社会公益事业，参与建设希望学校、修桥铺路、支持中国残疾人事业、资助天津贫困大学生圆梦行动、捐助西部母亲爱心工程、支持天津体育事业等，累计在社会公益事业方面捐款捐物已达 4 亿多元。而未来，我们还会将公益慈善事业更加坚定地坚持下去。"这是张荣华铿锵有力的信念。

君子之道，如切如磋，如琢如磨。安泰于我，有比攻玉。

王均豪

商界领袖课堂（第 2 期）校友
均瑶集团副董事长兼总裁
中国 CEO 俱乐部会长

创业者最幸福

撰文 | 陈丽伟、冯倩

编者语：

已经过去 25 年，王均豪依然清晰地记得 19 岁那年，在长沙机场，跟着两个哥哥，均瑶集团的另两位第一代创业者王均瑶、王均金，看着承包的从长沙到温州的直航班机冲向天际时，自己深深的幸福感。

这是均瑶集团航空事业的开始，当时媒体为这三兄弟的包机壮举惊呼：温州农民"胆大包天"！20 多年过去了，王均豪和兄长最自豪的是，均瑶集团没有成为天空中一闪即逝的短暂光亮，而是一直保持着较高的发展高度和速度。今天的均瑶集团，除了旗下的吉祥航空，还发起创办了华瑞银行，国际化教育等也都成为中国民营企业的领军者，并认真践行着建设百年老店的企业目标。

今天的王均豪，作为均瑶集团副董事长兼总裁、中国 CEO 俱乐部会长，最早就读于交大安泰商界领袖课堂（第 2 期）的著名民营企业家之一，身上的标签不断增加。但他认为最根本的，自己是一个始终怀有创新梦想的企业家。

‖ 当下是最好的创业时机

"现在回想起来我仍然觉得非常幸福，我们做了前人没有做过的事。"25 年前那一幕留给王均豪的，不仅是自豪，更是第一次感受到作为一个创造者、创新者的精神满足。

在王均豪看来，企业家精神的核心正是对创新的不懈追求："我们在温州第一次创业，在上海第二次创业，现在为了高科技新材料，我们正在第三次创业。创业者必须具备这种永远在路上的心态。"

随着上海正在加快建设有全球影响力的科创中心城市，王均豪透露，他正带领团队抓住这一契机，正式进军高科技材料板块。王均豪将团队所研发出的新材料笑称为"材料中的伟哥"——达到钛合金的硬度，而重量却只和铝相当，应用在汽车或飞机上，能实现减轻减重节能减排。

为了将这种超级材料推向市场，王均豪亲自带领团队冲在市场一线："我亲自去和李书福谈，我很自信，我们的材料能让他的车身减重三分之一。你看，这就是改变世界，这让我感到非常幸福。"

在王均豪看来，这种幸福感正是创业者的源动力，"创业者是很幸福的，一个'空想'，只要实干，就可能实现。我想办个银行、我有一个商业计划书……从想法开始，只要你能一步一步努力，每年达成目标，就会不断有惊喜。今天国家和社会都非常鼓励创业创新，正是最好的创业时机。"

作为中国 CEO 俱乐部会长，王均豪在这里接触了许多交大的创业校友，他鼓励创业者持之以恒。多年来，他也一直呼吁社会"鼓励创业、宽容失败"："创业失败没什么可怕的，这是一个经验和人生阅历的积累过程。中国未来经济的可持续发展跟民营企业息息相关，而民营企业能不能可持续发展，关键在于创业者。"

‖ 在"良心之家"里凝聚下一代

对创新精神的推崇，也让王均豪为自己设计了一个特别的"墓志铭"：明哲保升、智童道合。王均豪这样解读自己的"墓志铭"，"明哲保升"是用中国的儒释道加上西方哲学，明白这些哲理，保持自己精神不断升华。"智童道合"是保持童心中的本善、本真和好奇。"道合"就是天时地利人和，在合适的时间、合适的地点做合适的事情。

"我热爱创新，而创新精神就来自于这个本真和好奇。"王均豪如是说。王均豪认为，一个成功的企业家，不仅要有智慧，更难得的是能保持童心，在社会上找到自己做事的"道"："一是生活的意义，二是商业的交易。我们做企业要平衡好家庭、事业、个人爱好，而不是光做生意和赚钱。"

很多朋友知道王均豪的微信签名就是这八字"墓志铭"，其实，他的朋友圈里还藏着这个提倡生活与事业平衡的企业家的家庭教育的"秘密"。"我们总是铭记父亲的教导，要做有良心的人，对社会有贡献的人。我们大家庭有一个微信群，就叫'良心之家'。"王均豪的女儿在选择大学专业的时候，就曾在群里开过民主、热烈的家庭讨论会。

王均豪介绍，自己对下一代的教育是引导式的。女儿选择大学专业时，他和女儿一起讨论，分析不同专业的前景，给女儿介绍集团发展的远景，侄子也一起参加进来。经过家人深入的讨论，女儿最终自己决定学习商科，为打造百年老店的家族事业尽自己的力量。

作为家族企业，均瑶集团是最早提出建设百年老店的民营企业之一。越来越多的企业家、学者向王均豪请教培养企业接班人的秘诀。王均豪表示，企业规划一定要有长远考虑，同时，培养出优秀的企业接班人也是企业长青的重要因素。而家族企业更需要树立一种民主、和谐、向上的家风，才能为培养优秀下一代奠定良好基础。

‖ "中国制造"是供给侧改革关键

作为最早就读于交大安泰商界领袖课堂的著名民营企业家之一，王均豪非常重视企业家的知识更新，他认为，在商学院的学习、研讨和参观，一直启发着自己的思路，使自己在企业建设百年老店的过程中，不断思考新的命题，以更丰富的角度审视企业发展。

作为中国 CEO 俱乐部会长，多年来，王均豪充分利用这一平台，为校友企业家创造合作交流的机会，自己也经常与大家分享对经济、创业的经验、观点。这一平台也成为交大，乃至中国优秀企业家群体中最具声望和凝聚力的团体之一。

2016 年，中国最热门的经济关键词莫过于"供给侧改革"，对这个问题的看法也成为每一次校友交流、论坛上，王均豪被问到的最多的话题。王均豪认为："每一位中国企业家都要认真的思考，我们的产品和国际品牌相比，差距在哪里？如何才能成为世界一流？这些问题解决了，我们的供给侧改革就能成功。如果每个企业家能在自己的细分领域里做到国际水平，中国的竞争力就会提升，经济才能可持续发展。比如我们的新材料，能够帮助汽车、航空等众多行业变革，从某种意义来说，这也是对供给侧体制改革的推动。"

"知者不惑，仁者不忧，勇者不惧"，王均豪将《论语》里的这句话作为自己的座右铭，无惧未来挑战，欣然接受考验，创业者的坦然与自信，成功者对卓越的不懈追求，这份无惧与智慧也正是王均豪对自身，对中国企业家群体的精神解读。

周　中

上海市"专精特新"中小企业领军人才培训班
（浦江 16 期）校友
上海安科瑞电气股份有限公司董事长兼总经理

精神盛宴是母校最珍贵的馈赠

撰文 | 冯倩

　　生于苏南名城江苏江阴的周中，不仅有着江南子弟的聪慧，更有一股坚韧不拔、追求卓越的劲头。周中是交大安泰上海市"专精特新"领军人才培训班（浦江 16 期）的班长。20 世纪 80 年代，勤奋好学的他考入长春光学精密机械学院应用电子系，成为村里少有的大学生。1990 年，他从大学毕业后，回到江阴长江电子实业公司旗下的长江电器公司，从基层技术员做起，之后又成功转型为市场销售，短短几年里，迅速成长为电器销售科长。

　　长期在市场里摸爬滚打的实战经验，再加上周中那股要做就做最好的精神，他成为公司领导非常器重的骨干人才。2000 年，公司领导决定将销售业绩出色的周中调任到另一家亏损的子公司，长江斯菲尔电力仪表有限公司担任总经理。凭借扎实丰富的技术技能和经验，加上敏锐的市场洞察力，和对品牌宣传推广的重视，只用了 3 年，周中便将这家亏损企业发展成国内的行业领军企业。而这段经历，也为他后来自主创业，奠定了坚实的基础。

‖ 民企应拥抱市场

2003 年初，经过综合考虑，周中下定决心走出家乡，出去闯一闯。他观察发现，上海是一个容易创品牌，创业干扰相对较少，各种管理也比较规范的城市，他把自己创业地的目标瞄准了上海。

2003 年，周中创办安科瑞电气股份有限公司。公司一开始主营"缩写电类仪表"，相当于用数字信号的采频来替代模拟信号，那时的模拟信号就是指针表的动。目前，安科瑞主要将缩写电类仪表安装在用户的配电系统当中，帮助用户解决电网问题，提供管理效率，提高安全性，保障用户电网的安全。谈到企业未来的发展发现，周中充满信心地做出了一个前瞻性的判断："我们接下来要做的，是用采集到的用户的能耗数据，为用户服务。将意味着，我们将越来越侧重于通过软件、数据来创造价值，而未来的工业 4.0、智慧城市，也都将更多地建立在这种 010101 的代码上。"

对于当下的市场经济环境，周中有自己的观察。他认为，目前的中国市场经济还有很多需要完善的地方，"比如市场资源的自由配置，政府往往还是把一些东西'管'起来，政府要建一个机场、建一条高速公路，这就是计划经济，它不是从需求出发，大家只能到发改委去拿项目，围绕他的这个项目来做。"周中还举了一个例子，表面来看，好像民营企业的人力成本是市场决定的，可以自由定价，其实人力成本中有相当大一部分也是由政府管控的，比如社保、最低工资，企业只能上调，不能低于政府要求，民企能动脑筋的地方就只有生产效率。

对于未来发展，周中认为，只有靠脑力的竞争效率的提高，靠创新，科技民营企业才能保持活力。安科瑞一直围绕实际应用，重视国家刚性需求的产品，如漏电火灾监控系统、消防设备定位监控系统等，严格控制价格、成本、库存。未来，公司还将围绕着新能源、储能、灯光智能控制等方面开展工作。在周中看来，这些都是硬件软件的结合体，附加值主要集中在软件，应用广泛，具有很强的生命力。

对于很多民营企业一直关注的国家垄断性行业，周中则非常谨慎，并表示安科瑞暂时也不会涉足这些行业。他认为，目前的市场，仍有一些空间给民营企业较大的机会。比如水泥、纺织、建材、轻工、酒店、写字楼等里面的方案，没有一个家能够完全解决，而这就给了民营企业的生存创造的空间。

‖ 良好的激励机制增强凝聚力

推动企业进步的，除了追求利润，还有哪些更为重要的内在动力？周中认为，一家有追求的企业还应该有崇高的理念。他强调："企业要为客户创造价值，所以我们要考虑产品卖给客户之后能不能给客户降低成本。"周中认为，就像通信行业，随着成本的降低，人们传递信息的方式从打电话到倾向于发短信，而QQ、微信等方式出现后，信息传递的成本进一步降低。这说明技术进步会从根本上推动价格降下来，并打破垄断的局面。"所以马云就能把零售店铺打到'垃圾箱'里去。所以只要给企业空间和机会，就可以促进社会进步。比如现在的上海自贸试验区，政府规定不能做的就不做，没有规定的都可以做，这就会逐渐颠覆央企的绝对利益。因为民营企业更有活力，有效率，更懂得创新。"周中如是说。

企业要发展光有产品思路是不够的，还必须靠人才，靠机制。据介绍，安科瑞公司刚刚创立时，正值"非典"时期，市场环境非常艰难，但由于"非典"时期就业形势不乐观，招聘大学生反而比较容易，员工也比较安心工作。但公司刚起步时，招聘人选范围较小，层次有限。如何提高员工素质，吸引顶尖人才，成为周中在公司发展过程中最关注的问题之一。

周中认为，企业的激励机制是第一位的，建立起良好的激励机制，人才才能主动"择良木而栖"。安科瑞创立之后不久便着手建立人才激励机制。2003年，公司推动自然人入股。2008年，公司推出"扎根"计划，尽管当时公司实力还很薄弱，依然给很多员工买房、奖车、补助房贴等。公司甚至提出一个"消灭无产阶级"的口号。对于这些措施，周中不无幽默地解释："无产的阶级不会讲信用，不会遵守游戏规则，人家会流动，流动就带来了不稳定因素，没事干就会闹事，他不讲信用，成本也很低。所以我们要'消灭无产阶级'，把他们变成有产阶级，车子、房子就是他们的财产。"2008 年下半年，公司又推出"自主"计划，33 个员工以自然人入股，原来 6 个股东变成现在的 33 个股东，小集体变成了大集体。2010 年 10 月，公司筹划上市时，又动员了一批员工加入股东行列。2012 年，公司上市后为 70 位员工进行了股权激励。这些人才激励机制大大增加了员工对公司的认同感和团队凝聚力。

除了物质激励，公司还非常重视对员工的职业培训。对于员工培训，周中特别强调，要根据企业的自身实际情况，因为每个企业关注的方向不一样，不能盲目跟风去做培训，一定要有针对性，才能取得良好的效果。

‖ 校友活动更注重精神收获

公司驶入发展快车道后，作为企业掌门人，周中对自己提出了更高的要求。他选择走进交大安泰进行学习，拓展自己的国际化商业眼光和现代商业管理能力。

对于"商学院热"，社会上有不同的看法。周中坦言，他也注意到，一些企业家去读 MBA 或 EMBA，最重要的原因就是为了认识很多校友，建立更广的人脉关系。周中认为，人脉不是不重要，但如果一个企业认为找到关系就是找到生产力，忘记企业的使命，而围绕人脉去开展工作，那就绝对是错误的。一个企业只有把精力放在锤炼自己的市场竞争力上，才能变得更强，发展得更好。

谈到在安泰学习的收获时，作为班长的周中表示，自己最大的收获还是"思想"。比如班级搞活动，不会选择旅游、吃饭一类的纯休闲活动，而是更注重思想的交流。周中介绍了一项很受大家欢迎的活动："我们有 16 个同学，每个人把自己关注的问题写下来，大家投票，每人可以投两票，得票最高的问题，我们就以此为主题畅所欲言的讨论。通过这种方式，大家都很有收获。"周中认为，"如果集体活动只是单纯地聚餐，对于这些忙碌的企业家、管理者来说，大家都会觉得意义不大。换一个角度看，同学们来自不同的行业，大家各有所长，如果把各自企业发展中遇到的问题提出来讨论，互相激发思想的火花，从他人的经验中吸取养分，取长补短，那么活动将对大家的事业非常有帮助。"

今天，每一位来到安科瑞的拜访者，都可以在公司优美的环境中，感受到一种蓬勃向

上、充满活力的气氛，无论是员工用餐、培训、图书馆的环境，抑或是休闲场所，处处都展现着安科瑞人勇于创新，拥抱挑战的积极态度，而这也是周中一直传递给员工的精神信条。

图书在版编目(CIP)数据

足迹与风采：上海交通大学安泰经济与管理学院优
秀校友访谈录/上海交通大学安泰经济与管理学院编.
—上海：格致出版社：上海人民出版社，2018.5
ISBN 978 - 7 - 5432 - 2863 - 4

Ⅰ.①足… Ⅱ.①上… Ⅲ.①上海交通大学-校友-
访问记 Ⅳ.①G649.285.1

中国版本图书馆 CIP 数据核字(2018)第 082567 号

责任编辑 程 倩
封面设计 路 静

足迹与风采
——上海交通大学安泰经济与管理学院优秀校友访谈录
上海交通大学安泰经济与管理学院 编

出 版 格致出版社
上海人民出版社
(200001 上海福建中路 193 号)
发 行 上海人民出版社发行中心
印 刷 上海中华商务联合印刷有限公司
开 本 787×1092 1/16
印 张 23.5
字 数 390,000
版 次 2018 年 5 月第 1 版
印 次 2018 年 5 月第 1 次印刷
ISBN 978 - 7 - 5432 - 2863 - 4/C·197
定 价 128.00 元